# MÉMORANDUM

## DE

## POLICE ADMINISTRATIVE

### A L'USAGE

de MM. les Maires. Adjoints, Procureurs du Roi, Juges de Paix, Officiers de Gendarmerie, Secrétaires de Mairie, Commissaires de Police, Gardes champêtres, Gardes particuliers. et généralement de tous les Officiers et Agents de police administrative et judiciaire;

### Par F.-A. RAMEL,

#### Chef de bureau à la Sous-Préfecture d'Aix.

*Ouvrage utile à MM. les Propriétaires, ayant des gardes ou des troupeaux, aux Avocats, Avoués, Hommes d'affaires et industriels.*

---

LE MÉMORANDUM embrasse, dans un résumé clair et substantiel, tous les services de police administravive et judiciaire. - Les arrestations. - Les condamnés libérés. - Les passe-ports. - Les réfugiés politiques. Les commissaires de police. - L'Algérie. - La louveterie. - La chasse. - Les gardes champêtres et particuliers. - La police locale. - Les épizooties. - Les poids et mesures. - Les événements divers. - La gendarmerie. - Le régime intérieur des prisons départementales et communales. - La garde nationale. - La police judiciaire. - Les écoles royales, Polytechnique, Navale, Arts et Métiers et La Flèche.

A Paris, chez Paul Dupont, Imprimeur-Libraire.
Marseille, chez M. Camoin, Libraire.
Aix, (B-du-R.) chez Nicot et Pardigon, Imprimeurs-Libraires et Éditeurs.

# MÉMORANDUM

## DE

## POLICE ADMINISTRATIVE

A L'USAGE

de MM. les Maires, Adjoints, Secrétaires de Mairie,
Commissaires de Police, et généralement de tous
les Officiers de Police Administrative
et judiciaire.

Par F.-A. RAMEL,

Chef de bureau à la Sous-Préfecture d'Aix.

La police administrative est
le principe de l'ordre public.

AIX.

CHEZ PARDIGON, LIBRAIRE, RUE DU GRAND-BOULEVARD, 5.

1847.

1848

# MÉMORANDUM

DE

## POLICE ADMINISTRATIVE

À L'USAGE

Des Maires, Adjoints, Secrétaires de Mairie,
Commissaires de Police, et généralement de tous
[...] dont les fonctions se rattachent aux
[...] d'administration publique.

IMP. DE NICOT ET PARDIGON. RUE PONT-MOREAU, 1847.

# AVANT-PROPOS.

Une pratique de quinze années dans l'administration départementale m'a donné lieu de remarquer souvent, non-seulement des irrégularités dans diverses parties du service administratif; mais une insuffisance prononcée dans la majorité des communes rurales qui provient de certaines causes que nous allons signaler.

Les administrations municipales ne sont pas dépourvues d'instruction et de documents pour faire marcher le service, de tant s'en faut ; les divers livres de droit administratifs qu'elles se sont procurées ; les recueils des préfets, les bulletins du ministère de l'intérieur, suffisent pour les éclairer sur la marche des affaires et l'accomplissement de la mission qui leur est confiée ; mais dans quelque parties du service, par exemple, dans la transmission des documents officiels statistiques qui sont demandés par l'autorité supérieure d'une manière périodique, il y a évidemment des erreurs manifestes ; lorsque l'on n'a pas de modèles placés immédiatement sous la main, on répugne à faire dans les recueils des recherches souvent longues et fastidieuses qui n'aboutissent à aucun résultat, par l'ignorance dans laquelle on se trouve de la date précise, des circulaires , et on préfère naturellement imaginer un état qui ne contient que des renseignements incomplets.

D'un autre côté, lorsqu'il s'agit de se prononcer immédiatement sur des questions de police administrative, de demandes de passeports ou de visas par des assujettis à la surveillance ou des étrangers, il arrive maintes fois que l'on ne se souvient plus de la date de la circulaire préfectorale ou ministérielle qui traite de cette délivrance de titres et qui contient un grand nombre de restrictions, et l'on commet sans le vouloir , des infractions qui, quelquefois, peuvent être d'une nature fort grave et compromettante.

Nous avons donc pensé qu'en commentant et reproduisant les diverses circulaires de M. le ministre de l'intérieur, dans un recueil spécial, pour ces sortes d'affaires, les lois et ordonnances qui traitent de ce service public tout-à-fait journalier, nous éviterions à MM. les maires, ainsi qu'à MM. les commissaires de police et autres agents de ce service , des recherches, des embarras et une foule d'erreurs que notre vieille expérience nous a mis à même de constater dans le plus grand nombre des communes.

L'accueil inespéré qui a été fait à notre livre, de toutes les parties de la France, le grand nombre d'adhésions que nous avons reçues des villes les plus importantes comme des communes les plus humbles, nous ont prouvé que nous ne nous étions pas trompé dans nos prévisions et que ce recueil comblait une lacune

en même temps qu'il était appelé à rendre
d'importants services aux administrations
départementales. — La modicité de son prix,
la clarté de sa rédaction le rendant accessible
à toutes les intelligences, comme à toutes les
fortunes.

L'idée a été donc heureuse, l'œuvre d'une
utilité incontestable puisqu'elle intéresse tout
à la fois, la sécurité, la santé, et l'ordre public.
— Nous avons été récompensé de nos labeurs.
en rencontrant, sur cette route, l'accueil et
la sympathie du public.

# ARRESTATIONS.

## CHAPITRE I<sup>er</sup>.

*Liberté individuelle. — Modification au prin-*
*cipe. — Fonctionnaires municipaux et judi-*
*ciaires ayant droit d'arrestations. —For-*
*malités. — Pénalité pour les arrestations*
*arbitraires. — Arrestation pour défaut de*
*papiers. — Observations. — Péremption du*
*titre légal de voyage. — Arrestations de dé-*
*serteurs, d'insoumis. — Modèle de prime.*

**Liberté individuelle.** — L'article 4 de la
charte constitutionnelle porte :

« La liberté individuelle est garantie, personne
ne pouvant être arrêté et poursuivi que dans les cas
prévus par la loi et dans les formes qu'elle prescrit. »

Cette garantie précieuse que la France doit à ses
progrès politiques est le principe de toute liberté
civile. Dans ce système, l'arbitraire cesse d'exister,
et tous se trouvent également soumis à l'empire de
la loi commune.

**Modification.** — Nul ne peut donc être arrêté
qu'en vertu d'un acte légal, émané de l'autorité
ayant droit d'opérer l'arrestation, à moins que l'individu ne soit surpris en flagrant délit ou poursuivi
par la clameur publique. C'est là la seule modification apportée au principe général (1).

_________________

(1) La gendarmerie peut toujours par motif de *fla-*
*grant délit*, arrêter les mendiants, vagabonds, gens
sans aveu et les déférer au ministère public, ainsi que
ceux qui voyagent sans passe-ports, qui sont mis à la
disposition des maires les plus rapprochés du lieu où
l'arrestation aura été opérée.

**Officiers municipaux et judiciaires ayant droit d'arrestation.** — Les articles 8 et 9 du Code d'instruction criminelle contiennent la nomenclature des officiers de police judiciaires qui peuvent ordonner les arrestations, rechercher les crimes, les délits, les contraventions, en rassembler les preuves et livrer leurs auteurs aux tribunaux ordinaires chargés de les punir.

Ces officiers sont :

Les maires et leurs adjoints,

Les procureurs du roi et leurs substituts ,

Les juges d'instructions,

Les officiers de gendarmerie,

Les juges de paix et leurs substituts.

Les gardes-champêtres et les gardes-forestiers,

Les commissaires de police ,

Les préfets des départements (1) ,

Le préfet de police à Paris.

La validité des actes d'arrestation est subordonnée à certaines formes que nous décrirons ci-après.

**Actes.** — Il faut 1° : que l'acte d'arrestation ou mandat d'amener, exprime formellement le motif et la loi, en vertu de laquelle elle est ordonnée; 2° qu'il émane d'une personne ayant qualité pour l'ordonner ; 3° et que la notification en soit faite à la personne arrêtée. Copie doit lui en être laissée.

---

(1) Quelques auteurs ont affirmé que les sous-préfets sont investis du droit d'arrestation en qualité d'officiers de police judiciaire, ils citent même l'art. 10 du code d'instruction criminelle, à l'appui de cette affirmation. — Nous avons sous les yeux cet article , qui ne fait nullement mention des sous-préfets. — Nous sommes étonnés que des hommes graves aient prêté au législateur une pensée qui ne rentrait probablement pas dans son esprit, puisqu'il ne nomme pas ces administrateurs.

**Formalités.** — Les gardiens des prisons ne peuvent écrouer aucun individu sans la représentation de cette pièce, qui doit être transcrite sur leurs registres.

**Pénalité pour les arrestations arbitraires.** — La loi qui a pourvu à la sûreté des citoyens, en entourant les arrestations de formalités indispensables qui en sont la garantie, inflige des peines fort sévères aux fonctionnaires publics qui se rendraient coupables d'arrestations arbitraires, qu'elle punit de la dégradation civique et du bannissements, sans préjudice des dommages-intérêts, des amendes, et de l'emprisonnement pour les gardiens et concierges des maisons d'arrêt, de justice et de dépôt ( Code pénal, art. 114-122. )

**Arrestations de simple police.** — Nous nous occuperons dans ce chapitre, des arrestations de simple police administrative qui sont opérées ordinairement par les commissaires de police , la gendarmerie et les gardes champêtres et notamment de celles qui ont lieu pour défaut de passe-port.

**Arrestation pour défaut de papiers.** — Les individus arrêtés pour défaut de papiers sont mis à la disposition des maires des localités les plus rapprochées de l'arrestation, qui après interrogatoire, décide, s'il y a lieu à les mettre en liberté, ou à les faire conduire par réquisition adressée à la gendarmerie, devant le sous-préfet, pour que ce magistrat puisse procéder à un nouvel interrogatoire , faire examiner les déclarations de l'inculpé et statuer sur sa position:

Lorsque les renseignements ne sont pas arrivés au bout des vingt jours de la détention légale , ce dernier magistrat met l'individu arrêté pour défaut de passe-port à la disposition du procureur du roi.

**Observations.** — Les personnes qui subissent ces arrestations sont ordinairement des ouvriers et cultivateurs, qui, soit par imprévoyance, perte du titre légal de voyage, ou dettes contractées dans les auberges ou cabarets, pour lesquelles ils ont laissé leurs passe-ports en nantissement, expient quelquefois par une détention assez prolongée, un oubli, une perte, une imprévoyance, une dette à laquelle ils n'ont pu satisfaire. — Quelquefois ces arrestations amènent avec elles la découverte de repris de justice, de criminels, de vagabonds, et en ce sens seulement la législation sur les passe-ports mériterait d'être conservée, s'il n'existait pas d'ailleurs d'autres considérations (1) , qui en imposent l'obligation.

---

(1) Mais il est un fait que nous devons révéler, qui nous semble contraire aux principes de l'équité et du sens commun, c'est la détention excessivement prolongée que subissent souvent des individus arrêtés pour un délit aussi peu grave.

Ce prolongement de leurs séjours dans les prisons, dérive non-seulement du peu d'empressement que MM. les maires en général mettent à expédier les affaires qui leur sont soumises; et de la lenteur qu'ils apportent dans l'envoi des renseignements qui leur sont demandés; mais aussi du défaut de franchise de correspondance qui existe dans les lois postales, même pour ce service de police qui ne devrait souffrir aucun retard.

Ainsi, par l'effet de cette loi, le sous-préfet ne peut écrire directement au maire de la commune où les renseignements sur le délinquant doivent être pris. Il est obligé de s'adresser au préfet de son département, lequel informe son collègue du département où se trouve cette commune; mais comme les préfets ne correspondent directement avec les maires que pour des cas exceptionnels et d'urgence, il s'ensuit que la demande de renseignements est obligée de passer par la filière du sous-préfet de l'arrondissement, qui s'adresse alors au maire, de telle sorte que la demande fait un

Les ouvriers, les compagnons voyagent ordinairement avec leurs livrets seulement; quoique la loi
leur fasse une obligation d'avoir également un
passe-port. — Il existe des départements où l'on se
montre peu rigoureux à cet égard. —Dans d'autres,
la gendarmerie ou la police procède à l'arrestation;
si le livret est régulier, une détention de peu de
durée est suffisante, car elle leur donne une leçon
dont ils profitent pour l'avenir, et il est inutile de
prolonger leur séjour dans les prisons.

**Péremption du titre légal de voyage.**
— D'autres laissent encourir la péremption à leurs
titres de voyage, sans le renouveler , et se voient
arrêtés et incarcérés pour ce motif. — Ils ont for-
fait seulement à la loi fiscale, et je ne pense pas que
l'on doive se montrer bien rigoureux à leur égard,
lorsqu'ils donnent des renseignements satisfaisants
sur le défaut de renouvellement, sur leur position
et leur moralité.

circuit énorme, et que, renvoyée par la même filière
hiérarchique , elle met un temps fort considérable
dans son retour; si cette demande de renseignements
est prise au milieu ou à l'extrémité du royaume, l'individu arrêté pour défaut de passe-port et qui n'a
commis presque toujours aucun autre délit, se voit
dans la triste nécessité d'attendre trente et quarante
jours dans les prisons, ce qui équivaut à une condamnation par suite de jugement. Évidemment, dans ce
cas, la peine n'est pas proportionnée au délit.

Ainsi, dans ce système, que la loi fiscale impose for-
cément à l'administration; peine très forte pour un
délit fort léger, le département qui paye les frais de
séjour de ces détenus dans les prisons, se trouve cons-
titué dans une dépense qui pourrait être réduite facilement au quart, s'il était fait une modification dans la
loi qui régit le service des postes, relativement aux
arrestations pour défaut de papiers.

### Arrestation de déserteurs, d'insoumis.

— Lorsqu'une arrestation amène la découverte d'un déserteur ou d'un insoumis.—Il doit être mis immédiatement à la disposition de M. le commandant de la gendarmerie, qui le dirige sur le corps auquel il appartient pour être traduit en conseil de guerre. — La prime de 25 fr. qui revient au capteur ne lui est due que lorsque le procès-verbal d'arrestation constate que l'inculpé a été arrêté comme soupçonné de désertion. Lorsqu'il n'est pas fait mention de cette circonstance, M. le ministre de la guerre refuse la perception de la prime.

La demande des primes est établie par le modèle n° 1, annexé à ce livre; il doit accompagner le procès-verbal d'arrestation.

# PASSE-PORTS.

## CHAPITRE. II.

*Motifs de la législation.—Mode de délivrance.
—Passe-ports à l'intérieur.—Arrestations.
— Désignation des lieux. — Formalités. —
Arrivée des navires. — Représentation des
passe-ports.—La délivrance pour l'intérieur
dévolue aux maires. — Uniformité des formules.— Coût.— Restrictions apportées dans
la délivrance. — Passe-ports à l'étranger,
pour les colonies. — Visas. — Passe-ports
étrangers. — Déclaration. — Passes provi-
soires, courriers.— Surveillance. — Passe-
ports d'indigents, formules. — remises des
passe-ports d'indigents. — Changements de
direction. — Feuilles de route. — Faux.—
Pénalité.*

**Motifs de la législation.** — La législation
sur les passe-ports (1) établie en principe, comme
mesure de sûreté générale, et par l'effet de circonstances politiques accidentelles, a été conservée et
mérite de l'être. Elle est en effet dans l'intérêt de
l'état auquel il importe de connaître les mouvements qui s'opèrent dans le Royaume, soit de la
part des étrangers, soit de la part des régnicoles,
et en même temps elle assure à l'individu qui voya-

---

(1) Cette législation se trouve consignée dans les lois
des 18 février et 20 juillet 1792, 26 février 1793, 14
ventôse an IV et 29 ventôse an VIII.

ge protection et garantie et un moyen simple de reconnaissance pour constater son état ou sa position.

**Modes.** — Nous allons présenter l'analyse succincte des diverses dispositions législatives et ministérielles qui régissent cette matière. — Nous la diviserons en six parties distinctes, savoir :

1° Les passe-ports à l'intérieur;

2° Les passe-ports à l'étranger ;

3° Les passe-ports étrangers;

4° Les passe-ports de condamnés libérés, servant de feuille de route, avec ou sans secours de route;

5° Les passe-ports d'indigents avec secours de route ;

6° Les feuilles de route.

Nous établirons ensuite, quant à ces deux dernières catégories, la marche à suivre par MM. les maires pour faire rentrer les fonds avancés par les percepteurs dans la caisse municipale, pour le payement des passe-ports d'indigents avec secours de route.

**Passe-ports à l'intérieur.** — Toute personne qui veut voyager dans le royaume est tenue de se munir d'un passe-port; nul ne peut, dispose l'article 1 de la loi du 10 vendémiaire an IV, quitter le territoire de son canton, ni voyager sans être muni d'un passe-port signé par les officiers municipaux de la commune.

**Arrestation des individus voyageant sans papiers.** — Tout individu voyageant, et trouvé hors de son canton sans passe-port, est mis sur-le-champ en état d'arrestation et détenu jusqu'à ce qu'il ait justifié de son domicile ( art. 6 ); à défaut de cette justification dans les 20 jours, il est réputé vagabond, sans aveu, et traduit comme tel devant les tribunaux compétents.

Cette disposition de la loi, dictée par les circonstances, n'est en réalité pas mise strictement à exécution, mais cependant peut l'être dans des positions particulières.

**Désignation des lieux où l'on dirige les personnes.** — Les passe-ports doivent toujours désigner les lieux où les individus qui en sont porteurs veulent se rendre ( L. 28 vend. an VI ). En conséquence, les voyageurs qui, par suite de circonstances nouvelles, changent le but de leur voyage, sont tenus de faire changer sur leurs passe-ports l'indication des lieux où ils veulent se rendre. Et pour ce, ils doivent se présenter devant l'autorité municipale du lieu où ils se trouvent. Quiconque a perdu son passe-port doit en faire la déclaration à la municipalité du lieu où il se trouve; si les renseignements qu'il donne paraissent suffisants, il lui en est délivré un nouveau.

**Formalités à remplir dans la capitale.** — A Paris, la déclaration se fait devant le commissaire de police.

Tous les voyageurs qui arrivent à Paris sont tenus, dans les trois jours de leur arrivée, de déclarer, devant l'autorité municipale de leur arrondissement, leur noms, profession et domicile, et d'exhiber leurs passe-ports ( L. 27 vent. an IV ).. Indépendamment de cette déclaration, les habitants domiciliés qui logent un étranger sont tenus d'en faire la déclaration dans les vingt-quatre heures.

**Arrivée des navires. — Visites.** —Lorsque des bâtiments entrent dans un port du royaume, l'officier commandant le port doit conduire les passagers devant l'administration municipale du lieu, qui vérifie leurs passe-ports et prend à leur égard les mesures de surveillance prescrites par la loi.

**Exhibition des passe-ports.** — Les

voyageurs sont tenus d'exhiber leurs passe-ports à toute réquisition qui peut leur en être faite par les autorités municipales, la gendarmerie et autres agents de l'autorité publique ( L. 10 vend. an IV ).

**Les formalités ne doivent pas être vexatoires.** — Toutes les formalités que nous venons d'indiquer sont de rigueur. Cependant, elles ne doivent pas dégénérer en vexations inutiles; et il est de principe que les erreurs ou négligences qui peuvent quelquefois se glisser dans la délivrance des passe-ports et dans les visas qui y doivent être apposés, sont laissées à l'appréciation des autorités locales, dont le devoir, dicté par la prudence et la justice, est toujours de les rectifier et non pas de les faire payer par une rigueur inutile aux individus qu'elles peuvent arrêter.

**La délivrance pour l'intérieur dévolue aux maires.** — Les passe-ports sont exclusivement délivrés par les maires des communes ( Paris excepté ), qui sont tenus d'en tenir un registre spécial (1).

**Signalement.** — Tout passe-port contient le signalement de l'individu qui en est porteur, sa signature, ou la déclaration qu'il ne sait pas signer, il doit être renouvelé tous les ans ( L. 10 vend. an IV, art; 6. ).

**Uniformité des formules.** — Les passe-ports sont donnés individuellement et, comme nous l'avons déjà dit, doivent désigner les lieux où les voyageurs veulent se rendre. Ils ne peuvent être délivrés que sur un papier fabriqué spécialement à cet effet et sur un modèle uniforme, conformément au décret du 18 septembre 1807.

---

(1) Voir le modèle du registre, tableau n° 2.

**Coût des passe-ports.** — Le prix des passe-ports à l'intérieur, y compris les frais de timbre, est de 2 fr. seulement, sans qu'il puisse être exigé aucun autre droit.

**Interdiction pour certaines personnes.** — Les autorités chargées de la délivrance des passe-ports ne doivent pas en donner :

1° Aux jeunes soldats qui ont à se pourvoir de feuilles de route ;

2° Aux personnes placées sous la surveillance de la haute police, qui ne peuvent se déplacer que par l'autorisation du ministre de la justice qu'elles demandent par l'intermédiaire du préfet ;

3° A ceux qu'ils ne connaissent pas , à moins qu'ils ne soient assistés de deux témoins connus ;

4° Aux mineurs , interdits , femmes mariées , sans le consentement du tuteur, curateur ou mari;

5° Aux domestiques sans le consentement du maître;

6° Et Aux soldats fesant partie de la réserve, sans le consentement de l'autorité militaire. — Instruction ministérielle du 16 novembre 1833.

**Cas exceptionnels.** — Une lettre du ministre de l'intérieur au préfet de police , du 10 avril 1829, sur les oppositions à la délivrance des passe - ports , décide , en outre , que la faculté de voyager étant de droit commun, les passe-ports ne peuvent être refusés à ceux qui ne sont point l'objet de poursuites judiciaires ; mais que cependant , en matière commerciale , on doit s'abstenir de délivrer un passe-port lorsqu'une tierce-personne s'y oppose en vertu d'un jugement qu'elle aurait obtenu et qui emporterait contrainte par corps contre son débiteur.

**Passe-ports pour l'étranger, mode de délivrance.** — Les passe-ports pour aller à l'étranger ou dans les colonies françaises sont délivrés dans les départements, par les préfets, sur l'avis motivé des maires ; à Paris, par le préfet de police sur l'avis motivé du commissaire de police du domicile du requérant. (L. 14 vent. an IV).

Pour obtenir un passe-port à l'étranger, le requérant doit se présenter à la mairie, ou à Paris devant le commissaire de police avec deux témoins.

Il remet une pétition adressée au préfet, énonciative de la demande et des motifs ; et, au bas de cette pétition, le maire ou le commissaire inscrit le certificat qu'il délivre sous le cautionnement de deux témoins. (L. 14 vent. an IV) (1).

**Passe-ports pour les colonies françaises.** — Les passe-ports pour les colonies françaises sont délivrés par les préfets sur des formules de passe-ports à l'intérieur : ils sont soumis ordinairement à la formalité du visa d'embarquement, qui est apposée soit par le ministre de la marine, soit par les administrateurs des ports. (Circul. de l'int., 15 décemb. 1819).

L'ordre de départ tient lieu de passe-port à ceux qui passent dans les colonies comme fonctionnaires publics ou employés. (Arr. 19 vend. an VIII).

A Paris, le préfet de police remplace le préfet du département. (Arr. 3 brum. an IX).

**Les préfets des départements sont autorisés à délivrer des passe-ports pour l'étranger.** — Les préfets dans les départements comme nous l'avons dit, sont autorisés à délivrer des passe-ports à l'étranger sans l'autorisation préalable du ministre de l'intérieur : il leur suffit de lui en donner avis en lui adressant un état indicatif des noms, prénoms, âge, domicile, profession et destination des demandeurs. Ils doivent toutefois

---

(1) Le prix du passe-port à l'étranger est de 10 fr.

s'abstenir d'en donner aux personnes qui se trouvent dans les positions suivantes, si elles ne justifient pas qu'elles sont autorisées par qui de droit :

**Interdiction pour certaines personnes.** — 1° Les mineurs doivent produire le consentement de leurs parents ou tuteurs ;

2° Les femmes, le consentement de leurs maris ;

3° Les comptables et dépositaires de deniers publics, une permission de leurs chefs respectifs ;

4° Les militaires en retraite et en disponibilité, un congé du ministre de la guerre ou de l'officier supérieur commandant la division dans laquelle ils résident.

Si des individus étrangers au département réclament des passe-ports pour l'étranger, les préfets doivent s'adresser pour avoir des renseignements, au préfet du département où ils déclarent avoir leur domicile, ou même faire droit sans délai à leur demande sur l'attestation de deux administrés offrant les garanties convenables.

Quant aux étrangers non naturalisés, qui ne justifient pas d'une autorisation légale de résider en France, on doit les renvoyer à se pourvoir devant un agent diplomatique de leur nation. Néanmoins s'ils ne pouvaient s'en faire reconnaître, ou s'ils voulaient éviter les retards et les frais d'un déplacement, les préfets ont aussi la faculté de leur délivrer des passe-ports sur formules à l'intérieur, sur l'attestation de deux témoins bien connus. (Cir. de l'int., 11 mars 1828).

Ces formalités ne sont pas les seules qui soient nécessaires.

**Visas.** — La faculté de voyager est bien de droit commun ; cependant, à l'extérieur, elle est essentiellement subordonnée à la volonté et à l'autorisation des puissances dont on veut parcourir les états.

Chaque nation est libre d'exiger, des étrangers

qui viennent les visiter, des garanties en rapport avec ses craintes, ses mœurs ou sa législation, car c'est ici une mesure d'ordre public , et il est de principe chez toutes les nations que ces mesures obligent tous ceux qui se trouvent sur le territoire.

Ainsi, plusieurs puissances étrangères exigent que les passe-ports délivrés par les autorités françaises soient de plus visés par les agents diplomatiques ou consulaires qui résident dans le pays de départ.

Faute de ce visa, les voyageurs ne pourraient être admis à voyager, et l'omission de ces formalités les exposerait à être arrêtés aux frontières.

**L'autorité doit le faire connaître aux voyageurs.** — Il est donc du devoir de l'autorité d'avertir de ces dispositions les personnes auxquelles elle délivre des passe-ports pour ces contrées.

Une circulaire ministérielle, du 24 juin 1829, a donné les règles à suivre dans ce cas.

1° Les formalités du visa sont impérieusement requises pour les voyageurs qui se rendent notamment en Autriche, Bavière, Hollande, Prusse, Confédération germanique et Brésil (1).

Pour l'Autriche, les passe-ports doivent être visés par la légation d'Autriche. Cette formalité est de rigueur. Le visa d'un consul Autrichien ne peut en aucun cas suppléer celui de l'ambassadeur. Les passe-ports doivent de plus indiquer d'une manière spéciale , le lieu de la destination ; la désignation générale pour voyager en Autriche serait insuffisante.

---

(1) Les visas qui nécessiteraient un trop grand déplacement pour les personnes, seront demandés par les préfets au ministre de l'intérieur, qui les fera apposer dans les ambassades.

Pour la Prusse, les voyageurs, outre le visa de la légation prussienne dont ils doivent justifier, **sont tenus** de prouver qu'ils ont des moyens d'existence. Dans l'impossibilité de fournir cette preuve, l'entrée du royaume leur est interdite. (Avis de la préfecture de police. Trebuchet, dict. de pol. )

**Passe-ports étrangers.** — Si la loi a pris des mesures sévères pour garantir la sûreté publique, en obligeant les regnicoles à se munir de passe-ports soit à l'intérieur, soit à la sortie du royaume, elle doit à plus forte raison se montrer difficile à l'entrée du royaume.

Il peut se présenter deux cas :

Ou l'individu qui arrive en France est français et muni d'un passe-port étranger ;

Ou bien, il est étranger et muni d'un passe-port du pays d'où il vient.

**Déclaration.** — Dans le premier cas, il est tenu de faire sa déclaration devant l'autorité compétente, et ne peut continuer son séjour sans une permission expresse du ministre de l'intérieur. ( Arr. 25 thermidor an VIII. )

Dans le second, l'étranger qui arrive dans un port ou dans une ville frontière doit déposer son passe-port à la municipalité ou à la préfecture.

**Cartes de sûreté.** — Ce passe-port est de suite transmis au ministre de l'intérieur, et il lui est donné en échange une carte de sûreté provisoire. jusqu'à la décision ultérieure , il reste en surveillance. ( L. 23, messidor an II; arr. 4 niv. an V. )

Ces mesures ne sont point applicables indistinctement à tous les voyageurs étrangers.

**Courriers et autres.** — Ainsi , les courriers et chargés de missions auprès du gouvernement, les négociants voyageant pour leurs affaires, peuvent immédiatement continuer leur route, en la désignant à l'avance. Une copie collationnée du passe-port est toutefois immédiatement transmise au ministre. (L. 23 mess. an II, art. 10.)

**Surveillance des étrangers.** — Tout étranger voyageant en France, sans mission reconnue ou avouée, est toujours sous la surveillance de l'autorité; les passe-ports peuvent toujours lui être retirés avec ordre de sortir. (L. 28 vend., an IV.)

**Passe-ports d'indigents.** — Si un indigent est hors d'état d'acquitter le prix d'un passe-port, il peut, lorsque son indigence est constatée, en obtenir un gratuitement. (Av. C. d'état, 22 décembre 1811.)

Les porteurs de ces passe-ports reçoivent, de dix en dix lieues, les secours déterminés par la loi, c'est-à-dire, 15 centimes par lieue : c'est devant les maires qu'ils doivent se présenter pour en toucher le montant. Mention de ce paiement doit être faite au dos du passe-port. Les communes sont ensuite remboursées sur l'ordonnance des préfets.

**Formules des passe-ports d'indigents.** —Les formules de passe-ports aux indigents sont remises sur la présentation des certificats donnés par les maires, les sous-préfets ou préfets. (Circul. int., 5 fév. 1835. )

Les passe-ports sont délivrés par les préfets qui doivent en informer le ministre, et les préfets des départements à parcourir.

**Remise de ces passe-ports.**— L'indigent doit, à la fin de son voyage, faire remise de son passe-port qui cesse d'être valable.

Le passe-port pour cause d'indigence, avec ou sans indemnité de route, indique le motif du voyage du porteur et contient l'itinéraire qu'il doit suivre pour arriver à sa destination.

**Changement de destination.** — Si des circonstances imprévues exigent un changement de direction, les fonctionnaires qui l'autorisent font connaître par leurs visas les causes qui l'ont dé-terminé.

**Passe-ports avec indemnité.** — C'est aux préfets seuls qu'appartient le droit de délivrer des passe-ports gratuits avec secours de route. Tout acte de cette nature délivré par une autre autorité ne serait pas valable ( circul. de l'int., 22 nov. 1825, 25 oct 1833. )

**Distinction.** — Les secours de route ne s'accordent pas à tous les membres indistincte-ment des familles pauvres et qui obtiennent des passe-ports gratuits; quelque nombreuse que soit la famille, le père, la mère et un seul enfant ont droit au secours de 15 cent. par lieue. Cette me-sure, recommandée par la circulaire précitée , a pour but de faire disparaître une source d'abus qu'il est facile d'apercevoir.

**Feuilles de route.** — Les feuilles de route remplacent les passe-ports :

1° Pour les militaires ;
2° Pour les condamnés libérés.

Les feuilles de route sont délivrées aux militaires voyageant en corps ou isolément, en formules im-primées qui contiennent l'extrait des règlements sur la marche des troupes et militaires, et indi-quent les lieux de passage par cases, dans lesquel-les les sous-préfets et les maires insèrent les men-tions des visas et des fournitures.

**Restriction.**—Les maires n'ont pas la faculté de délivrer des passe-ports ou feuilles de route aux officiers en non activité, à moins de l'autorisation du préfet pour les passe-ports et du commandant de la division militaire pour les feuilles de route ( Circ. 21 mai 1821 ).

Les militaires qui ne seraient pas porteurs de feuilles de route ou de congés en bonne forme, peuvent être arrêtés par les agents de la force publique. ( Ord. 21 oct. 1821. art. 179. )

Il en est de même pour les condamnés libérés.

**Faux. — Falsification.** — Le code pénal, dans ses articles 153 et suivants, établit une législation à part sur la falsification des passe-ports et feuilles de route.

Tant que les délits ne nuisent pas à autrui , il ne les punit que d'une peine légère : elle est aggravée dès que l'intérêt d'un tiers ou celui du gouvernement est lésé par ces manœuvres.

Ainsi le fabricateur d'un faux passe-port, celui qui falsifie un passe-port originairement véritable, ou qui fait usage d'un passe-port fabriqué ou falsifié , est puni d'un emprisonnement de un à cinq ans. C'est un faux pourtant , mais ce faux ne suppose pas le même degré de perversité dans son auteur, que les autres faux caractérisés par la loi.

**Pénalité** — Celui qui prend un nom supposé dans un passe-port, ou qui concourt comme témoin à faire délivrer un pareil passe-port, est aussi puni d'un emprisonnement, mais pour un temps beaucoup moindre ( de trois mois à un an ).

La même peine diminue encore lorsqu'il s'agit de l'appliquer à un officier public qui délivre un passe-port à une personne qu'il ne connaît pas, sans s'être fait attester cette connaissance ( un mois à six mois ); mais elle est aggravée si l'officier pubilc est instruit de la supposition du nom (bannissement).

La peine de l'emprisonnement (un an à cinq ans), est pareillement infligée à celui qui fabrique] une fausse feuille de route , ou falsifie une feuille de route originairement véritable, ou fait usage de cette pièce fabriquée ou falsifiée , surtout si cette falsification n'a eu pour objet que de tromper la surveillance de l'autorité publique.

Mais si le porteur de cet acte s'est fait payer par le trésor public, des frais de route qui ne lui étaient pas dus, alors il commet un vol, et son crime est puni soit de la peine du bannissement, soit de celle de la réclusion, dans la proportion de la quotité des sommes indûment reçues.

Les peines sont les mêmes contre ceux qui se seraient fait délivrer une feuille de route sous un nom supposé et suivant l'usage qu'ils en ont fait; mais si l'officier qui l'a délivrée était instruit de la supposition de nom, il doit être puni de peines infamantes ou de peines afflictives et infamantes, (bannissement, réclusion, travanx forcés à temps), selon les résultats qui seraientla suite de ce crime.

Telles sont les peines applicables à la falsification des passe-ports et feuilles de route. Quelquefois cependant les circonstances rendent cette falsification passible de peines plus graves; lorsque, par exemple, elle prend le caractère de faux.

Ainsi, celui qui fabriquerait un passe-port pour se soustraire à la surveillance de la police. ( Cass., 26 mars 1807, ) ou dans le dessein de soustraire un conscrit à la loi, ( Cass., 16 août 1806, ) ou qui se ferait délivrer un passe-port sous un nom supposé, ayant pour but d'accréditer et de consolider un faux nom précédemment pris dans un acte de l'état civil, ( Cass., 28 déc. 1809, ) ou encore qui fabriquerait un passe-port dans le but de soustraire un prévenu aux poursuites de la justice, ( Cass., 10 déc. 1807, ) et dans une foule de circonstances qu'il est facile de saisir par analogie, se rendrait passible des peines attachées par la loi au faux caractérisé.

Les fonds avancés par les maires aux voyageurs indigents et forçats libérés, étant remboursables par les départements; MM. les maires adresseront aux sous-préfets, au commencement de chaque trimestre, un état nominatif de ses avances, à double expédition, conforme au modèle n° 3

La distance à payer sera calculée à raison de 5 myriamètres.

Il est bon d'observer que les passagers, porteurs de titres avec indemnité de route, n ont droit aux secours de route avancés par les commnnes, qu'autant qu'ils sont sur la ligne tracée par leur itinéraire.

Lorsque le voyageur arrive à destination, le retrait de son passe-port doit être opéré par le maire.

Les souches à talons de passe-ports sont recueillies par ce fonctionaire, et leur collection peut tenir lieu de registre exigé par la loi du 10 vendemiaire an IV.

# Condamnés libérés, assujettis à la surveillance de la police.

## CHAPITRE III.

*Délivrance des passe-ports ou des visas de passe-ports aux assujétis à la surveillance de la police. — Destinations interdites. — Signe récognitif. — Instructions diverses.*

**Instructions générales.** — Les condamnés libérés, assujétis à la surveillance, ne peuvent être dirigés que sur les destinations qui ne sont pas interdites par les instructions ministérielles.

Les lettres majuscules, placées en tête de leurs passe-ports, indiquent la catégorie de leur condamnation et en sont le signe récognitif.

Tout assujetti à la surveillance, qui serait rencontré hors la route prescrite par l'itinéraire consigné dans sa feuille de route, ou le passe-port dont il est porteur, se trouve nécessairement en état de rupture de ban, et, comme tel, il doit être arrêté et mis à la disposition de M. le Procureur du Roi.

Nous allons mettre sous les yeux du lecteur, la circulaire de M. le Préfet des Bouches-du-Rhône, relative aux assujettis, reproductive des dispositions ministérielles qui les concernent et rappelant la législation qui régit la matière ; elle est sous la date du 26 avril 1841.

**Ruptures de ban**. — « M. le ministre de l'intérieur, par sa circulaire du 1er avril courant, me fait connaître qu'il a été frappé de la multiplicité des condamnations qui sont prononcées par les tribunaux contre des repris de justice soumis à la surveillance pour cause d'infraction de ban ; il a remarqué aussi qu'un grand nombre de ces individus profitent de la liberté que la loi du 28 avril 1832 leur a laissée, de changer de résidence à leur gré, pour se livrer au vagabondage et faire perdre ainsi leurs traces.

**Rappel de la jurisprudence relative aux assujettis**. — L'inexécution des articles 44 et 45 du Code pénal et des instructions ministérielles lui paraît être une des causes principales de cet état de choses. Il a reconnu que dans certaines localités, les autorités municipales ne connaissent pas suffisamment ou perdent de vue la jurisprudence relative aux libérés à surveiller, et n'apportent, par conséquent, ni la sévérité ni l'exactitude désirables dans l'exercice de cette partie importante de leurs attributions. Ainsi, sans attendre l'expiration du délai prescrit par la loi, et sans avoir adressé préalablement les avis nécessaires aux autorités des lieux que les libérés vont parcourir, MM. les Maires délivrent souvent à ces individus des passe-ports dépourvus de l'itinéraire obligé jusqu'à destination, et des lettres indicatives de la classe de condamnés à laquelle le titulaire du passe-port appartient.

**Inconvénients de l'inexécution des instructions à leur égard**. — C'est à ces omissions fâcheuses que M. le Ministre attribue en partie la présence de tant de condamnés libérés dans les villes où il leur est défendu de paraître, et le séjour prolongé qu'ils y font, à l'insu des autorités locales, presque toujours avec impunité, parce que, ne se trouvant pas positivement en état d'infraction réelle, ils échappent aux peines légales.

Cet état de choses m'impose l'obligation de remettre sous vos yeux les principales dispositions des instructions ministérielles des 18 juillet 1833 et 29 avril 1834.

**Modifications apportées pour la nouvelle loi.** — La loi du 28 avril 1832 a modifié d'une manière notable les dispositions des articles 44 et 45 du Code pénal, en ce qui concerne la surveillance des condamnés libérés. En conséquence de ces nouveaux principes, de nouvelles instructions vous furent adressées.

Et d'abord, on vous fit remarquer les différences que présentaient l'ancien et le nouveau système de surveillance.

Jusques alors, l'effet du renvoi sous la surveillance de la haute police avait consisté dans le droit conféré au gouvernement d'exiger des condamnés une caution solvable de bonne conduite. A défaut de caution, les condamnés pouvaient être éloignés de certains lieux ou assujettis à une résidence fixe. En cas de désobéissance, le gouvernement avait le droit de les détenir pendant un laps de temps qui pouvait s'étendre à toute la durée de la surveillance.

**Les assujettis choisissent les résidences qui ne leur sont pas interdites.** — Actuellement, plus de résidences obligées, plus de détentions administratives. L'effet du renvoi sous la surveillance de la haute police est de donner au gouvernement le droit de défendre aux condamnés de paraître dans certains lieux, après qu'ils ont subi leur peine. Si l'on en excepte les localités interdites, les condamnés sont libres de s'établir dans toutes les autres et de changer de résidence à leur gré. Seulement ils sont assujettis, dans un intérêt de sûreté publique, à certaines formalités dont l'omission les rend passibles d'un emprisonnement qui peut s'étendre à cinq années. Cette peine doit être prononcée par les tribunaux.

**Ils n'ont plus à comparaître devant l'autorité municipale.** — Ainsi, les condamnés sont dispensés de toutes ces mesures de police qui, en donnant au fait de la surveillance une publicité inévitable, les frappait d'une sorte de réprobation universelle et les mettait dans l'impossibilité d'amender leur conduite. Ils ne sont donc plus assujettis à se représenter à des époques périodiques, comme on leur en avait imposé l'obligation dans certaines villes. On a voulu qu'ils soient toujours connus de l'administration, mais qu'ils restent, autant que possible, inconnus du public.

**Dispositions particulières.** — Il a été établi encore que les individus déjà condamnés par des arrêts ou jugements ayant acquis l'autorité de la chose jugée, avant la loi du 28 avril 1832, restent soumis à l'effet du renvoi sous la surveillance de la haute police, auquel ils avaient été condamnés, ou qui était la suite nécessaire de leur condamnation, tel qu'il avait été déterminé par l'ancien article 44 du Code pénal; mais que l'administration supérieure, usant de la faculté que lui confère cet article, substituerait le simple éloignement de certains lieux, sous les formalités prescrites par le nouvel article 44, à la résidence obligée dans un lieu déterminé, pour ceux des individus auxquels il avait été assigné une résidence.

Que les mêmes individus, lorsque, mis en surveillance avant la loi du 28 avril 1832, ils n'auraient violé leur ban que postérieurement à la publication de cette loi, devaient, conformément au nouvel article 45 du Code pénal, être renvoyés devant les tribunaux correctionnels, pour y être condamnés à la peine indiquée dans cet article; qu'il en est de même de ceux qui ont violé leur ban antérieurement à la publication de la loi du 28 avril 1832, si l'administration ne les avait point encore fait arrêter, en vertu de l'ancien article 45; mais que ceux qui, ayant violé leur ban avant la promulgation de la loi du 28 avril 1832, avaient déjà été arrêtés et détenus avant la même époque, en exécution de l'article 45 du Code pénal, doivent rester soumis à la peine qu'ils avaient encourue d'après cet article; que toutefois, l'administration limiterait à cinq ans la détention qu'elle aurait ordonnée.

Enfin que les condamnés déjà mis en surveillance avant la publication de la loi du 28 avril 1832, qui avait déjà fourni caution, en vertu de la faculté que leur accordait l'ancien article 44 du Code pénal, conservent le bénéfice qui leur était acquis par cet article et ne peuvent être soumis aux nouvelles mesures prescrites par cette loi; et que la faculté de fournir caution restait acquise à tous ceux qui avaient été condamnés par arrêts ou jugements, ayant obtenu l'autorité de la chose jugée antérieurement à la loi du 28 avril 1832, soit que la mise en surveillance n'ait pas encore commencé pour eux, soit qu'ils se trouvassent déjà placés en surveillance, faute d'avoir usé de cette faculté.

Cela posé, on a examiné les garanties que la loi nouvelle a stipulées dans l'intérêt de la sûreté publique.

L'article 44 du Code pénal modifié, donne au gouvernement, le droit de déterminer certains lieux dans lesquels il sera interdit au condamné de paraître après qu'il aura subi sa peine.

« En 1833, le gouvernement borna l'interdiction à douze principales villes de France qui vous furent désignées.

### Nomenclature des séjours interdits.

—« Aujourd'hui, le gouvernement s'est vu dans la nécessité d'étendre les interdictions par mesure générale, et la liste des localités interdites est aujourd'hui composée telle qu'elle est indiquée ci-après par départements, savoir :

Aisne. { L'arrondissement de Château-Thierry. / Le canton de Villers-Cotterets.

Bouches–du–Rhône. { Aix. / Marseille.

Charente-Inférieure. — Rochefort.

Corse. { L'interdiction du département de la Corse s'applique uniquement aux corses qui ont été condamnés par les tribunaux du pays.

Finistère. { Brest. / Lambézellec.

Gironde. — Bordeaux.

Isère. { Villeurbane. / Venissieux. / Brun.

Loire. — Saint-Etienne.

Loire-Inférieure. { Nantes. / Doulon. / St-Sébastien. / Chantenay.

Manche. — Cherbourg.

Morbihan. — Lorient.

Nord. — Lille.

Oise. { L'arrondissement de Compiègne. / L'arrondissement de Senlis.

Rhin (bas). — Strasbourg.

Rhône.
{
Lyon.
La Guillotière.
La Croix-Rousse.
Vaise.
Caluire.
Sainte-Foix.
Oullins.
}

Seine.
{
Paris et toutes les communes du département.
}

Seine-et-Marne. — Melun et tout le départem.
Seine-et-Oise. — Versailles et tout le départem.
Var. — Toulon.

**Les interdictions ne sont pas absolues.** — Ces interdictions ne sont pas absolues. M. le Ministre se réserve de statuer sur les cas d'exception qui peuvent être invoqués, mais seulement après une information faite par moi.

Les condamnés sont libres, à certains égards, de se fixer dans toutes les autres localités; le gouvernement n'en est pas moins autorisé à les contraindre de s'éloigner de leur résidence, lorsqu'ils s'y conduisent de manière à compromettre la sûreté publique; mais il faut pour cela des motifs d'une gravité réelle.

**Changements de résidence.** — Les condamnés libérés peuvent changer de résidence, mais ils ne peuvent le faire sans avoir indiqué, trois jours à l'avance, au maire de la commune, le lieu où ils se proposent d'aller résider, et sans avoir reçu de lui une nouvelle feuille de route sans secours.

**Nature des secours à leur accorder.** — La plupart des libérés sont dénués de ressources pécuniaires, et, en général, ils se croient autorisés à demander le secours de route; mais on ne peut le leur accorder qu'à leur sortie de prison, pour se rendre soit au lieu de leur naissance, soit à celui de leur domicile ordinaire, dûment constaté, ou bien encore dans une commune de leur choix, éloignée au plus de 15 à 20 myriamètres de celle où ils sont détenus, et ceux qui refuseraient l'une de ces trois destinations, recevront de simples passe-ports gratuits, sur lesquels l'autorité indiquera que l'indemnité de route ne devra, sous aucun prétexte, leur être accordée pendant toute la durée de leur voyage. La condamnation qu'ils ont subie n'est pas, sans doute, un titre d'exclusion, mais M. le Ministre a recommandé de prendre beaucoup de précautions pour prévenir les abus dans cette partie du service.

**Feuilles de route.** — En ce qui concerne la feuille de route à délivrer aux condamnés libérés, après la déclaration qu'ils auront faite à la Mairie, il est nécessaire qu'au-dessous de ces mots : *passe-port d'indigent*, il soit ajouté ceux-ci : *Servant de feuille de route*; la classe à laquelle le condamné appartiendra sera indiquée immédiatement après par un F pour les forçats, par un R pour les réclusionnaires, et par un C pour les condamnés correctionnels, vagabonds et autres.

Je vous invite, M. le Maire, à vous bien pénétrer des instructions qui précèdent, afin que vous puissiez concourir le plus efficacement possible à la stricte exécution des règles de la surveillance.

D'après la recommandation de M. le Ministre de l'intérieur, je tiendrai rigoureusement la main à ce que les diverses dispositions dont l'exécution vous est confiée soient observées à l'avenir de manière à prévenir le retour des abus dont on se plaint et qui menacent de péril la sûreté publique.

**Instruction pour les maires.** — Lorsqu'un passe-port a été délivré à un assujetti à la surveillance pour une destination non interdite par les instructions ci-dessus relatées, il faut en aviser immédiatement le Préfet et le sous-Préfet, et en leur donnant la date de la délivrance du passe-port ou du visa, lui fournir en même temps les noms, prénoms, profession de l'assujetti, son âge, la nature de sa condamnation et la destination qu'on lui aura donnée, d'après sa demande.

**Célérité dans la transmission des renseignements.** — La célérité dans l'envoi de ce renseignement est impérieusement exigée pour mettre l'autorité supérieure en mesure de suivre les traces de l'assujetti à sa nouvelle destination, où il doit être annoncé avant son arrivée. Lorsque le sous-Préfet avise le Maire de l'arrivée d'un assujetti dans sa commune, il devient convenable d'en prendre notre pour s'en souvenir, afin que, si dans un délai moral, il n'arrivait pas à sa résidence, on puisse le signaler et le faire rechercher et poursuivre pour rupture de ban (1).

**Signe récognitif.** — La lettre initiale, placée en tête des passe-ports, implique toujours la surveillance. Il arrive quelquefois que les assujettis, pour s'y soustraire, grattent cette lettre, y répandent une liqueur noirâtre ou lacèrent le passe-port à l'endroit où elle se trouve placée, et y collent un morceau de papier blanc. Il faut que MM. les maires, commissaires de police et la gendarmerie, examinent soigneusement le titre de voyage qui leur est présenté et qu'ils ne délivrent des passe-ports et des nouveaux visas qu'après s'être convaincus de la validité. S'ils avaient le moindre soupçon de supercherie ou de falsification, nous leur conseillons de procéder à l'arrestation et de déférer le prévenu au ministère public.

------

(1) Au commencement de chaque trimestre, MM. les Maires adresseront au Sous-Préfet, un état des assujettis à la surveillance, conforme au modèle n° 4.

# CHAPITRE. III.

# RÉFUGIÉS POLITIQUES.



**Réfugiés espagnols.** — Les partis politiques qui divisent l'Espagne et les guerres civiles qui en ont été la suite pendant un si grand nombre d'années, ont amené en France une foule de réfugiés. Ces émigrations se sont accrues, pour ainsi dire, chaque année, et la France s'est vue littéralement inondée d'étrangers appartenant à cette nation.

**Nécessité des mesures de surveillance.** —Le gouvernement a fait très sagement de prendre des mesures pour la surveillance des individus appartenant à l'émigration espagnole. Il eut été bien dangereux pour la sûreté publique de ne soumettre ces émigrés à aucun contrôle, à aucune surveillance particulière. Réduits la plupart aux expédients pour se procurer l'existence, trouvant difficilement un travail quotidien qui manque quelquefois aux nationaux; constamment en butte à des privations et à des souffrances résultant de leur position au milieu d'une nation étrangère dont ils ignorent la langue, la sécurité publique pouvait en recevoir de rudes atteintes, et la sûreté individuelle, celle des propriétés, réclamait impérieusement une surveillance constamment active et quelquefois rigoureuse.

**Intérêt moral et Politique.** — D'un autre côté, un intérêt politique se trouvait naturellement mêlé à la surveillance, mais il serait superflu dans un ouvrage, aussi élémentaire que celui-ci, d'aborder ce sujet et de démontrer sous le point de vue politique la nécessité d'une surveillance déjà suffisamment justifiée par le principe de la sûreté publique.

Les fluctuations politiques auxquelles ce malheureux pays a été constamment en proie, ont conduit au sein de la nation des émigrations politiques, de caractère divers et tout-à-fait opposés. Il existe encore en France des *Christinos*, des *Carlistes*, et les évènements de la Catalogne ont réduit à l'expatriation une classe de réfugiés qui a reçu la dénomination de *Progressistes*.

**Emigrations diverses** — Ces différentes émigrations ont été accueillies avec bienveillance. La France est grande, forte, elle tend une main

amie à tout les peuples malheureux, et leur accorde
sans marchander une hospitalité toujours large et gé-
néreuse. Les émigrations ont-elles constamment ré
pondu à ses intentions philantropiques? Je voudrais
pouvoir l'affirmer, malheureusement, les registres
des cours d'assises et des tribunaux correctionnels
seraient là pour contredire mon assertion. — Ces
étrangers, il faut bien le dire , n'ont pas toujours
assez compris qu'ils devaient de la déférence et du
respect aux autorités constituées chargées de surveiller leurs actes, et qu'en retour de l'hospitalité
qui leur était accordée, ils devaient naturellement
se soumettre aux lois qui régissent le pays.

Je vais produire, ci-après, un circulaire ministériel qui les concerne , et dont ce préambule fera
sentir à MM. les maires et commissaires de police
la nécessité d'exécution ; Cette circulaire reste en
vigueur malgré des instructions postérieures qui
ne concernent que les publications d'amnistie et la
suspension que le gouvernement espagnol a cru
devoir apporter au bénéfice de ces décrets.

**Circulaire du 22 novembre 1844. —**
La loi du 24 juillet 1839 et les circulaires des 1er
juin, 5 et 22 juillet, 23 août 1841 et 2 janvier 1844,
ont désigné les départements dans lesquels les réfugiés espagnols ne pouvaient se rendre, sans l'autorisation du gouvernement ou sans le consentement de l'administration locale.

**Départements interdits aux réfugiés
Espagnols.** — Sur ces départements au nombre
de 30, il en est 12, ceux de l'Ouest, dont le séjour
a été interdit d'une manière absolue, par une décision spéciale du 27 novembre 1843, relatée dans
la circulaire du 2 janvier 1844.

Les dix-huit départements dans lesquels les réfugiés espagnols ne peuvent se rendre sans la per-

mission du gouvernement ou l'agrément du préfet,
sont les suivants :

| | |
|---|---|
| 1° Arriège. | 10° Basses-Pyrénées. |
| 2° Aude. | 11° Hautes-Pyrénées. |
| 3° Bouches-du-Rhône. | 12° Pyrénes-Orientales. |
| 4° Cher. | 12° Rhône. |
| 5° Gard. | 14° Seine. |
| 6° Haute-Garonne. | 15° Seine-et-Oise. |
| 7° Gironde. | 16° Tarn. |
| 8° Hérault. | 17° Tarn-et-Garonne. |
| 9° Landes. | 18° Vaucluse. |

Les douze départements dont le séjour même
temporaire est interdit d'une manière absolue, sont
les suivantes :

| | |
|---|---|
| 1° Cotes-du-Nord. | 7° Mayenne. |
| 2° Finistère. | 8° Morbihan. |
| 3° Ille-et-Vilaine. | 9° Sarthe. |
| 4° Loire-Inférieure. | 10° Deux-Sèvres. |
| 5° Maine-et-Loire. | 11° Vendée. |
| 6° Manche. | 12° Vienne. |

**Infractions à la règle.** — Contrairement
aux prescriptions de la loi et de diverses instructions ci-dessus datées, il arrive fréquemment
que les réfugiés espagnols sont dirigés sur les départements compris dans la première série, sans
que l'autorisation ou le consentement exigé ait été
obtenu ni même demandé. Il y a plus encore, bon
nombre de ces étrangers obtiennent des passe-ports
ou des visas de passe-ports pour se rendre dans les
départements où il leur est expressément interdit
de pénétrer.

Ces infractions à la règle ont donné lieu, depuis
quelque temps, à des observations sérieuses et
pourraient occasionner de graves inconvénients. Il
importe donc d'y mettre un terme, et c'est pour y
parvenir, que je vous recommande de tenir la main

à la stricte exécution des mesures relatives au déplacement des réfugiés espagnols.

**Instructions.** — Votre premier soin, monsieur le préfet, devra être de rappeler à MM. les
maires, que d'après les dispositions de l'art. 8 de
l'*Instruction du 22 juillet* 1843, *pour causes politiques*, c'est à vous seul, qu'il appartient de délivrer
des passe-ports ou des visas aux réfugiés espagnols.
Le même article porte, il est vrai, que, dans certains cas, MM. les préfets pourront charger MM.
les maires de l'expédition de ces titres, mais il ne
faut pas perdre de vue que cette faculté n'est qu'une
exception et qu'elle ne peut être exercée par MM.
les maires, qu'en vertu d'une délégation du préfet,
délégation dont il devra être fait mention dans le
passe-port ou le visa.

Ces précautions auront, sans doute, pour résultat, d'empêcher les réfugiés espagnols de se rendre
dans les départements interdits. Il est à remarquer
en effet, que la plupart de ces étrangers sont porteurs de titres de voyageurs délivrés ou visés par les
maires et même par les commissaires de police, qui
n'ont aucun caractère pour une semblable formalité, et auxquels d'ailleurs, il est surabondamment
défendu par le même article, cité déjà deux fois,
d'accorder aucun visa de déplacement aux réfugiés. Vous ne saurez trop apporter de soins à prévenir l'abus que je signale et dont le moindre
est de laisser les préfets dans l'ignorance des mutations ainsi opérées irrégulièrement dans leurs
départements.

J'appelle toute votre attention sur la nécessité
d'assurer l'exécution des règles prescrite en ce qui
concerne le déplacement des réfugiés espagnols.
Donnez immédiatement les instructions qui vous
paraîtront utiles pour atteindre ce but, et dans l'oc-

casion conformez-vous exactement aux prescriptions de ma circulaire du 6 juillet 1843.

**Instructions pour les maires et commissaires de police.**—Le service des réfugiés espagnols étant confié exclusivement aux préfets et dans certains cas exceptionnels aux sous-préfets et maires, ce qui arrive fort rarement; il faudra donc que les fonctionnaires soumis à la règle générale, s'abstiennent désormais d'accorder aucun visa de déplacement. Il sera utile de prévenir les réfugiés qu'ils doivent formuler leurs demandes de déplacement à l'avance, et dans un délai moral jugé suffisant par MM. les sous-préfets et maires, pour obtenir l'autorisation préfectorale, qu'ils attendront dans les communes où ils auront fixé leur résidence.

**Déplacement des réfugiés espagnols.** — Avant de soumettre au préfet la demande de déplacement, on devra examiner soigneusement si la résidence proposée ne se trouve pas frappée d'interdit, afin de ne pas s'exposer à un rejet de la demande et prolonger inutilement le séjour du réfugié.

**Destination.** — A mesure que le réfugié arrivera à sa destination, il doit se présenter devant le maire de la commune, ou devant le sous-préfet s'il arrive au chef-lieu de l'arrondissement. Sa passe-provisoire, ou passe-port lui sera retiré et une carte de sejour contenant son signalement devra lui être délivrée en échange de son titre de voyage.

Dans les communes rurales, les garde champêtre à défaut du commissaire de police, devra s'assurer de temps en temps de leur présence et signaler leur disparition au maire aussitôt qu'elle aura été constatée. Le maire en préviendra aussitôt le préfet ou sous-préfet.

**Devoirs des commissaires de police.** — Dans les villes d'une certaine importance, on

-devra confier le service des réfugiés espagnols à un commissaire de police, que le maire ou le sous-préfet désigneront, si cette ville est un chef-lieu d'arrondissement. Cette mesure aura pour résultat de faire connaître plus particulièrement ces réfugiés à ce fonctionnaire et de rendre conséquemment la surveillance plus facile.

**Etats de quinzaine**. — Des états de quinzaine, conformes au modèle n° ( 5 ) seront transmis par MM. les maires ou commissaires de police chargés de ce service du 1er au 15 de chaque mois et du 16 au 30 ou 31.

Du reste, voici les dispositions des diverses lois concernant les réfugiés politiques, que nous ferons suivre de l'instruction ministérielle du 22 juillet 1843, portant règlement de ce service.

« **Loi du 21 avril 1832**. — Art. 1er. Le gouvernement est autorisé à réunir dans une ou plusieurs villes, qu'il désignera, les étrangers réfugiés qui résident en France.

Art. 2. Le gouvernement pourra les astreindre à se rendre dans celle de ces villes qui leur sera indiquée; il pourra leur enjoindre de sortir du royaume, s'ils ne se rendent pas à cette destination, ou s'il juge leur présence susceptible de troubler l'ordre et la tranquilité publique.

Art. 3. La présente loi ne pourra être appliquée aux étrangers réfugiés qu'en vertu d'une ordonnance signée par un ministre.

**Loi du 1er mai 1834**. — Art. 1er. La loi du 21 avril 1832, relative aux réfugiés étrangers, est prorogée jusqu'à la fin de la session de 1836.

Art. 2. — Tout réfugié étranger qui n'obéira pas à l'ordre qu'il aura reçu de sortir du royaume, conformément à l'article 2 de ladite loi, ou qui, ayant été expulsé, rentrera sans autorisation, sera puni d'un emprisonnement d'un mois à six mois.

Toutefois, le tribunal pourra, s'il y a lieu, appliquer les dispositions de l'article 463 du code pénal.

Cette peine sera appliquée, dans le premier cas, par le tribunal de police correctionnelle du lieu où le réfugié avait sa résidence quand il a reçu l'ordre de sortir, et, dans le second cas, par le tribunal de police correctionnelle du lieu où le réfugié aura été arrêté.

**Loi du 24 juillet 1839.** — Art. 1ᵉʳ. Les lois des 21 avril 1832 et 1ᵉʳ mars 1834, relatives aux étrangers réfugiés, sont prorogées, jusqu'à la fin de 1840.

**Faculté accordée de déplacement.** — Art. 2. Toutefois, les étrangers réfugiés qui auront demeurés en France ou servis sous les drapeaux pendant cinq années, et qui n'auront subi aucune condamnation criminelle ou correctionnelle, pourront, en donnant avis préalable de leur déplacement au préfet du département, changer de résidence sans l'autorisation du gouvernement (1).

**Restriction.** —Cette autorisation continuera de leur être nécessaire pour résider dans le département de la Seine et dans un rayon de seize myriamètres de la frontière des Pyrénées.

**De la résidence et des déplacements à l'intérieur.** — Art. 1ᵉʳ. — Les préfets sont chargés de la surveillance des réfugiés civils ou militaires, subventionnés ou non subventionnés, qui résident dans leurs départements; ils prennent les mesures nécessaires pour maintenir l'ordre parmi ces étrangers.

**Réclamations.** — Art. 2. Toute réclamation que des réfugiés subventionnés seraient dans le cas

------

(1) Ils devront se munir d'un passe-port délivré par le préfet ou d'après son ordre.

de former auprès du ministre de l'intérieur devra parvenir par l'intermédiaire du préfet du département, qui y joindra ses observations, propositions ou avis.

Les réfugiés qui résident dans le département de la Seine feront parvenir leurs pétitions par l'intermédiaire de M. le préfet de police.

**Mode de réclamation.** — Les demandes des réfugiés qui habitent l'Algérie seront transmises à M. le ministre de la guerre par M. le gouverneur général des possessions françaises en Afrique.

Ceux qui ne résident pas au chef-lieu du déparment remettront l'avis écrit de leur déplacement au sous-préfet ou au maire du lieu de leur résidence, qui le transmettra au préfet.

**Interdiction du département de la Seine.** — Art. 4. Néanmoins les réfugiés appartenant aux catégories mentionnées ci-dessus ne pourront, sans une autorisation du ministre de l'intérieur, résider, ni se rendre, même temporairement, dans le département de la Seine, ni dans un rayon de seize myriamètres de la frontière des Pyrénées. La demande motivée de cette autorisation devra être adressée au préfet du département de la résidence des réfugiés, qui la transmettra au ministre avec des renseignements et son avis.

**Subsides.** — Art. 5. Quand les réfugiés subventionnés voudront user des dispositions de la loi pour se rendre dans les départements des Bouches-du-Rhône, de la Corse, du Haut-Rhin, du Bas-Rhin, du Rhône et de Seine-et-Oise, les subsides ne continueront à leur être payés qu'en vertu d'une autorisation spéciale du ministre de l'intérieur.

Les demandes, pour obtenir cette autorisation, seront adressées au ministre par les préfets.

Art. 6. Les réfugiés à quelque catégorie qu'ils appartiennent, qui, en se rendant à la destination indiquée sur leurs passe-ports, chercheraient à séjourner indûment à Paris, seraient contraints de continuer leur route.

**Perte des subsides par abandon de la résidence.** — Art. 7. Tout réfugié subventionné qui abandonnera sa résidence sans avoir rempli les formalités exigées, sera censé avoir renoncé aux subsides. Le préfet rayera son nom des contrôles où il ne pourra plus être rétabli sans une autorisation spéciale du ministre de l'intérieur.

Dans ce dernier cas, le réfugié perdra ses droits aux subsides pour le temps écoulé entre le jour de son départ irrégulier du lieu de sa résidence et celui de sa réintégration sur les contrôles.

**De la délivrance des passe-ports à l'intérieur et à l'étranger.** — Art. 8. La délivrance des passe-ports aux réfugiés, et celle des visas qui en changeraient la destination primitive, sont réservées à MM. les préfets, qui pourront, dans certains cas, charger MM. les maires de l'expédition de ces titres.

**Défense aux commissaires de police de viser les passe-ports des réfugiés.** — Il est expressément défendu aux commissaires de police d'accorder aux réfugiés aucun visa spécial de déplacement.

**Formules payées.** — Aucun passe-port à l'intérieur ou pour l'étranger ne sera délivré gratis à un réfugié, subventionné, sans l'autorisation du ministre de l'intérieur.

**Mode de la délivrance.** — Art. 9. Tout titre de route délivré à un réfugié mentionnera :

1° Sa nationalité ;

2° L'époque de son arrivée en France, ou la durée de ses services sous les drapeaux.

3° Sa destination.

Si le titulaire est subventionné, le passe-port indiquera, en outre, la date et la quotité du dernier payement de ses subsides.

Art. 10. Sous aucun prétexte les préfets n'expédieront de passe-ports qu'avec le libellé ci-après : pour circuler ou voyager dans l'intérieur du royaume.

**Indications nécessaires**. — Les passe-ports délivrés aux réfugiés qui, dans un intérêt quelconque, auraient à parcourir plusieurs départements, devront indiquer les départements dans lesquels les titulaires se proposent de séjourner.

Art. 11. Aussitôt qu'un réfugié aura obtenu un passe-port ou un visa de changement de destination, avis en sera donné au ministre de l'intérieur ainsi qu'au préfet du département où le titulaire aura demandé à se rendre.

**Avis des déplacements**. — Si le réfugié est subventionné, les lettres d'avis de déplacement contiendront la date du dernier payement de ses subsides et, au besoin, les renseignements nécessaires sur la retenue à exercer en vertu de l'article 20 ci-après, pour acquittement de dettes, ainsi que les noms, qualités et domicile des créanciers du réfugié. Dans ce dernier cas, le préfet du département que le réfugié devra quitter, notifiera le changement de résidence au payeur, afin que ce comptable transmette à celui de ses collègues du département où se rend le réfugié, le dernier décompte relatif à cet étranger, ainsi que l'expédition de la décision ministérielle qui aura autorisé la retenue.

**Etat des mutations**. — Indépendamment de ces avis particuliers, les préfets adresseront mensuellement au ministre de l'intérieur l'état nominatif des mutations survenues pendant le mois précédent parmi les réfugiés placés sous leur surveillance (1).

**Algérie.** — Art. 12. Des feuilles de route seront délivrées, par les soins de l'autorité militaire, aux réfugiés résidant en Algérie qui désireraient venir sur le continent, mais seulement après que ces étrangers auront justifié de leurs titres à profiter du bénéfice de la loi.

**Direction.** — Ces feuilles de route dirigeront les réfugiés sur le département du Var ou sur celui des Bouches-du-Rhône, où l'autorité civile accordera aux titulaires les visas qu'ils réclameront pour continuer leur voyage.

Art. 13. Les réfugiés qui demanderaient à se rendre en Algérie recevront des passe-ports, et continueront à percevoir dans la colonie, s'ils en ont besoin, les subsides auxquels ils participaient en France.

**Sortie temporaire du royaume.** — Art. 14. Ceux que des affaires personnelles appelleraient, pendant un intervalle de trois mois au plus, **hors du royaume**, obtiendront des passe-ports limités, avec faculté de retour. Ils ne seront point rayés des contrôles; mais ils ne pourront recevoir la subvention qu'à dater du jour de leur rentrée en France, sans être admis, sous aucun prétexte, à réclamer les subsides échus pendant leur absence.

Art. 15. Les réfugiés, subventionnés, qui décla-

----

(1) Un état contenant des renseignements sur la position des réfugiés politiques, subventionnés, conforme au modèle n° 6, est produit chaque année, par **MM. les Maires.** — Ces fonctionnaires ne devront pas hésiter à demander la suppression des subsides, de ceux des réfugiés politiques, qui, par leur profession ou leur industrie peuvent se passer des secours du gouvernement.

reraient vouloir quitter définitivement le royaume seront avertis qu'ils ne seraient point réadmis aux subsides s'ils se représentaient en France.

**Secours de route.** — Art. 16. A moins d'une autorisation spéciale du ministre de l'intérieur, aucun secours de route ou moyen de transport ne doit être accordé aux réfugiés, quels qu'ils soient, qui changeront de résidence. MM. les préfets veilleront à ce que les autorités municipales de leurs départements se conforment exactement à cette prescription. (Circulaire du 25 nov. 1834.)

**Du payement et de la comptabilité des subsides et de la radiation sur les contrôles.**— Art. 16. Tout réfugié admis aux subsides doit être muni, par les soins du préfet, d'un extrait de son bulletin individuel, revêtu du sceau de la préfecture, et indiquant :

1° Son nom, ses prénoms et son âge ;

2° Son grade, sa qualité et sa position sociale ;

3° Les noms, prénoms et l'âge des membres de sa famille qui l'accompagnent ;

4° Le taux du secours régulier ou exceptionnel qui est accordé à lui et à chacun des membres de sa famille ;

5° Son signalement ;

6° La date de son arrivée en France et, s'il y a lieu, la durée de ses services dans les armées françaises ;

7° La nature de ses occupations actuelles ;

8° Sa signature.

**Bulletin individuel.** — Cet extrait devra être présenté par le réfugié pour recevoir ses subsides ; la date de chaque payement y sera mentionnée dans les cadres disposés à cet effet. Chaque année il sera renouvelé.

**Femmes et enfants des réfugiés.** — Art. 18. Les femmes et les enfants étrangers qui ont quitté volontairement leur pays pour rejoindre leurs maris et leurs pères réfugiés en France, ne participent point aux secours.

**Femmes françaises épouses des réfugiés.**— Les femmes françaises, ou de toute autre nationalité, que des réfugiés ont épousées depuis leur émigration, sont également sans titres à l'assistance du gouvernement. Les enfants qui sont nés de ces mariages, postérieurement au 1er janvier 1837, ne doivent recevoir aucun subside.

**Enfants.** — Depuis le 1er janvier 1840, les enfants nés de réfugiés mariés avant leur émigration cessent, à 21 ans révolus, de participer aux subsides.

Les enfants nouveaux-nés des réfugiés mariés avant leur émigration ne sont point admis aux subsides. (Circulaire du 17 mai 1841.)

**Payement des subsides.** — Art. 19. Les subsides sont payés à l'expiration de chaque mois. MM. les préfets peuvent néanmoins mandater tous les dix jours les allocations attribuées aux sous-officiers et soldats les plus nécessiteux.

**Avances.** — Toute avance sur les subsides à échoir est formellement interdite.

Les préfets ne délivreront les mandats de payement pour les secours supplémentaires, qui sont accordés à certains réfugiés, à titre de frais d'études ou d'apprentissage, qu'autant que ces étrangers justifieront, à l'époque des payements, par des certificats authentiques, qu'ils continuent de se livrer avec exactitude aux travaux qui ont déterminé en leur faveur des allocations exceptionnelles.

**Dettes, retenues.** — Art. 20. Une retenue d'un dixième sera exercée sur les subsides des réfugiés qui auront contracté des dettes dans leur résidence. Cette retenue ne pourra être opérée qu'en vertu d'une décision ministérielle, **et au** profit seulement des personnes qui auront logé, nourri ou vêtu les réfugiés.

**Modes des retenues.** — Art. 21. Si Les créanciers du réfugié n'habitent pas le département où la retenue a eu lieu, le préfet adressera, avec les indications nécessaires, la somme disponible en un mandat, sur le receveur-général, à l'ordre de son collègue du département de la résidence des ayants droit, auxquels ce dernier en distribuera le montant.

Si les créanciers demeurent à Paris, le mandat devra être à l'ordre de M. le préfet de police, et être adressé au ministre de l'intérieur.

En cas de déplacement d'un réfugié passible de la retenue au profit de ses créanciers, la somme restant à prélever sur les subsides et la date de la dernière retenue seront indiquées au dos de l'extrait du bulletin du réfugié.

Art. 22. Aucun payement de subsides ne sera fait, sans l'autorisation du ministre de l'intérieur, à tout réfugié qui le réclamerait avant d'être arrivé à la destination indiquée sur son passe-port.

**Pertes de passe-ports.** — Si à son arrivée dans une nouvelle résidence, le réfugié déclarait avoir égaré son passe-port ou l'extrait de son bulletin individuel, ses subsides seront suspendus jusqu'à ce que le préfet ait reçu l'avis du dernier payement qui lui a été fait avec ou sans retenue.

**Admission dans les hôpitaux.** — Art. 23. Les réfugiés admis dans les hôpitaux civils et militaires où le traitement n'est point accordé gratuitement subiront, sur leurs subsides, la retenue du prix de chaque journée de présence dans ces établissements. Si ce prix est supérieur au taux journalier du subside, le surplus sera complété par le préfet, au moyen d'une imputation sur les fonds de secours, mais seulement en ce qui concerne les remboursements à faire aux hôpitaux civils.

**Maladies syphilitiques.** — Les réfugiés atteints de syphilis sont admis dans les hôpitaux militaires, lorsque les hospices civils du département où ils résident ne reçoivent point les individus atteints de cette maladie.

**Frais.** — Les frais d'hôpitaux militaires sont remboursés directement par le département de l'intérieur à celui de la guerre. (Circulaire des 23 avril et 24 décembre 1833.)

**Interdiction des hôpitaux de la Seine.** — Les réfugiés ne sont point admis dans les hôpitaux militaires des départements de la Seine et de Seine-et-Oise.

**Décès.** — Art. 24. En cas de décès, le préfet mandatera, au nom de la veuve ou de l'aîné des enfants du réfugié, le montant des subsides échus au jour du décès. Si le défunt est sans héritiers directs en France, la portion de subsides échue pourra, s'il y a lieu, être mandatée, à titre de secours extraordinaire, au nom d'un de ses compatriotes, qui sera chargé du payement des dettes ou des frais funéraires dont il justifiera. Dans l'un et l'autre cas, le mandat ne fera point mention du réfugié décédé.

# CHAPITRE IV

# COMMISSAIRES DE POLICE.

*Difficultés de ces fonctions. — Nécessité des mutations. — Qualités indispensables. — Instruction, capacité. — Attributions.—Fonctions de police judiciaire.— Nomination, révocation. — Commissaires de police spéciaux, de chemin de fer, de canaux. — Police des ouvriers sur les grands chantiers de travaux. — Arrêté relatif. — Mesures générales.*

**Difficultés de ces fonctions.** — De tous les fonctionnaires publics qui concourent par leurs actes à l'exécution des lois et réglements relatifs à la police municipale et administrative, il n'en existe pas dont les fonctions soient plus multipliées, plus laborieuses, plus délicates, que celle du commissaire de police. Le citoyen qui se dévoue à une pareille mission, assume sur sa tête une grave responsabilité en même temps qu'il accepte un mandat dont la parfaite exécution est hérissée de difficultés, de troubles et quelquefois de dangers. On ne saurait trop entourer d'estime et de respect, l'homme qui sait l'accomplir avec la fermeté, la patience, le zèle, le sang-froid et le dévouement qui lui sont si nécessaires. Et cependant, bien peu rencontrent dans les sympathies et la bienveillance de l'opinion publique, une récompense méritée de tant de

labeurs et de sacrifices au maintien de l'ordre
public! C'est au gouvernement à réparer les in-
justices des populations à l'égard de ces utiles et
honorables fonctionnaires, à leur accorder de l'a-
vancement quand ils le méritent, et des signes de
distinction dont on se montre si avare; à augmenter enfin, par les moyens qui sont en son pouvoir,
des traitements d'une modicité fabuleuse, qui ne
suffisent pas toujours à leur existence et peuvent
les rendre accessibles à la corruption.

**Nécessité des mutations.** — On devrait,
ce me semble, pour assurer une bonne police, principe de l'ordre et de la sécurité publique, adopter
un système de mutation pour ces fonctionnaires,
qui n'est pas en vigueur, et qui amènerait pourtant
d'excellents résultats. Tel commissaire de police,
exerçant dans une localité qui l'a vu naître, et au
milieu de personnes avec lesquelles il est plus ou
moins familier, se montre tiède, peu empressé,
sans zèle, sans énergie, faisant tout au plus que ce
qui est strictement nécessaire·pour ne pas encourir
une destitution, dont le service deviendrait plus
intelligent et plus énergique, si, au lieu d'être employé dans son pays natal, il était dirigé sur une
commune étrangère, où il serait complètement
inconnu. — Personne n'ignore que les relations de
famille, d'amitié, d'intérêt, s'opposent très souvent
au bien de ce service.

**Qualités indispensables.** — Un commissaire de police, désireux de s'attirer l'estime et le
respect des populations, et la bienveillance de l'autorité supérieure, doit, avec la fermeté de caractère
qui lui est indispensable, se montrer bon et affec-
tueux dans l'exécution de ses actes. Il doit posséder, avec le calme sévère qui en impose et provoque
l'obéissance, les formes polies et douces qui savent
briser les résistances et anéantir les murmures.

Son zèle ne doit pas être tracassier, et dégénérer en vexations inutiles sans profit pour le service; il doit plutôt chercher à prévenir le délit qu'à le réprimer. — Ses exhortations, qui ont beaucoup plus d'influence qu'on ne le croit, doivent être toutes paternelles, et s'adresser plutôt au bon sens qu'à l'esprit du délinquant. — S'il est bon que le commissaire de police sache gourmander et menacer au besoin, il faut qu'il y ait de la sobriété dans ses paroles. Des longs discours produisent toujours un effet contraire, et la menace souvent répétée n'exerce plus qu'une vaine intimidation.

**Instruction, capacité.** — Un commissaire de police ayant des rapports journaliers, soit oraux, soit écrits, avec l'administration supérieure et avec les parquets, doit posséder assez d'instruction pour rédiger d'une manière convenable les différents actes de son ministère. L'absence de cette instruction si nécessaire est un motif de déconsidération, et le public lui-même, qui sait l'apprécier mieux que personne, tient peu de compte d'un fonctionnaire qui en est dépourvu. — Malheureusement, les facultés intellectuelles ne marchent pas toujours de pair avec les facultés morales, et il est fort difficile de les réunir.

Nous allons parler maintenant de la partie technique du métier, c'est-à-dire des attributions.

**Attributions.** — Une circulaire du ministre de la police, du 27 ventôse an IX, a établi en principe que les commissaires de police sont subordonnés aux maires dans l'exercice de leurs fonctions relatives aux objets de police municipale; mais qu'ils sont indépendants, pour tout ce qui concerne leurs fonctions d'officiers de police judiciaire.

Les fonctions des commissaires de police sont de deux genres : fonctions administratives ou municipales et fonctions de police judiciaire.

**Caractère administratif**. — Comme officiers de police administrative et municipale, ils sont spécialement chargés de prévenir les délits : ils surveillent et assurent l'exécution des lois et réglements, en ce qui concerne les objets confiés à la vigilance et à l'autorité des corps municipaux ; mais ils n'ont pas le droit de prendre des arrêtés ou de faire des proclamations pour rappeler l'exécution des lois et réglements de police.

**Inspection des régistres**. — Ils sont tenus de parapher les registres que doivent tenir les aubergistes et logeurs pour l'inscription de tous ceux qui couchent chez eux ; de veiller à la sévère exécution de la loi sur ce point ; de se faire représenter ces régistres tous les quinze jours et plus souvent s'il est nécessaire (lois des 19, 22 juillet 1791, art. 5 ; 2 germ. an IV, art 9).

De veiller également à ce que nul citoyen non domicilié dans le canton ne puisse s'y introduire sans passe-port ; de faire arrêter les individus qui voyageraient sans en avoir (loi 2 germ. an IV, art. 3).

**Visites et tournées**. — De faire des visites et tournées pour assurer la tranquillité et l'observation des réglements ; de dresser procès-verbal des contraventions (loi des 19 et 20 juillet 1791, art. 7 et 12).

De veiller à ce que les poids et mesures légaux soient seuls employés dans le commerce ; d'assister les inspecteurs, et d'obtempérer à leurs réquisitions pour les visites et la rédaction des procès-verbaux de contravention (arr. 29 prair. an IX, art. 16).

**Grande voirie**. — De constater par procès-verbaux les contraventions en matière de grande voirie (loi 29 flor. an X, art. 1 et 2).

De prendre les mesures nécessaires pour qu'on ne se réunisse pas ailleurs qu'à la bourse, et à d'autres heures qu'à celles fixées, pour proposer et faire des négociations commerciales et d'effets publics (arr. 27 prair. an X, art. 3).

A Paris, les commissaires de police sont sous les ordres du préfet de police.

**Procès-verbaux.** — Les procès-verbaux dressés par les commissaires de police, en matière de contravention aux lois de police, font foi jusqu'à preuve contraire, encore que ces commissaires n'aient pas été revêtus du costume et des marques distinctives de leur qualité. Ils ne sont pas nuls par cela seul qu'ils seraient parents du prévenu de la contravention (cass. 10 mars 1815. — 4 nov. 1808), ou qu'ils n'auraient pas été assisté des voisins en constatant les contraventions (cass. 6 juin 1807 § 7, 2, 123).

**Costume.** — Lorsque les commissaires de police exercent leurs fonctions, ils sont en habit noir et portent une écharpe (loi 17 flor. an VIII, art. 4).

**Caractère judiciaire.** — Comme officiers de police judiciaire, ils recherchent les contraventions, les crimes et les délits qu'ils n'ont pu prévenir, en rassemblent les preuves et en livrent les auteurs aux tribunaux chargés par la loi de les punir; alors ils deviennent entièrement indépendants, comme il convient à des juges, et ils ne relèvent plus de l'autorité administrative ou municipale. Bien que la loi de 1790 ne les autorisât d'abord, à ce dernier titre, qu'à dresser procès-verbal en cas de flagrant délit, cependant ils ont été chargés plus tard de constater tous les crimes et délits qui viennent à leur connaissance, et d'en rendre compte sur-le-champ aux officiers du ministère public, qui ont droit de poursuivre.

**Arrestation.** — Le droit d'ordonner l'arrestation leur appartient également, mais au cas de flagrant délit seulement ou sur clameur publique. Hors ces deux circonstances, le commissaire de police qui ordonnerait une arrestation, se rendrait coupable d'arrestation arbitraire. Dans ce cas, ils sont sous la surveillance des procureurs généraux.

Il en serait autrement sous le rapport de l'autorité administrative; ils dépendent alors des administrateurs supérieurs, et ne pourraient être poursuivis devant les tribunaux pour crimes, délits et contraventions commis dans l'exercice de leurs fonctions, qu'après une décision spéciale du gouvernement, rendue en vertu de l'art. 75 de l'acte du 22 frimaire an VIII.

**Fonctions collectives.** — Indépendamment de leurs fonctions de police judiciaire et de police administratives, les commissaire de police peuvent encore exercer d'autres fonctions judiciaires qui tiennent à l'exercice même de la justice, c'est-à-dire lorsqu'ils occupent les fonctions du ministère public devant les tribunaux de simple police. Ils en ont tous les droits et doivent en remplir tous les devoirs en requérant l'application des lois (C. inst. crim., art. 144). Dans les communes où il n'y a pas de commissaire de police, les fonctions du ministère public, près le tribunal de police, sont remplies par l'adjoint. Enfin les commissaires de police doivent tenir un répertoire côté et paraphé par les maires, sur lequel ils inscrivent sommairement, jour par jour, par ordre de numéros et de dates, tous les actes et procès-verbaux qu'ils rédigent.

**Nomination à ces emplois.** — Il n'y a pas de commissaire de police dans les communes dont la population est au-dessous de 5,000 habitants (1).

-----

(1) Les communes d'une population moindre, qui

Ce sont les maires eux-mêmes qui en remplissent les fonctions dans ces communes.

Il y a un commissaire de police dans les communes de 5 a 10,000 habitants, et chaque excédant de 10,000 habitants donne lieu à l'établissement d'un commissaire de police de plus ( loi 28 pluv. an VIII, art. 12 ).

Dans les communes où il n'y a qu'un commissaire de police, ce fonctionnaire, lorsqu'il est légitimement empêché, est remplacé par le maire ou supplétivement par l'adjoint, tant que dure l'empêchement ( C. inst. crim. art. 14 ).

**Conditions d'admission.** — Pour être éligible aux fonctions de commissaire de police, il faut être âgé de 25 ans au moins (loi 5 fruct. an III, art. 5 ).

Ils sont nommés par le Roi ( arr. 10 nivôse an VIII).

**Subordination.** — Les commissaires de police, étant subordonnés à l'autorité municipale, ne peuvent cumuler leurs fonctions avec aucun office qui en fasse partie ou en dépende (loi 24 vend. an III, tit. 2, art. 1). Leurs fonctions sont, par le même motif, incompatibles avec celle de l'autorité judiciaire, à laquelle ils sont subordonnés; cependant, un arrèt de la cour de cassation du 27 juin juin 1807 a déclaré qu'elles n'étaient pas incompatibles avec celles de juge suppléant.

**Prestation de serment.** — Ils ne peuvent entrer en fonctions qu'après avoir prêté serment entre les mains du président du tribunal civil de l'arrondissement. La loi du 21 nivôse an VIII, qui consacre ce principe, n'établit pas d'une manière

---

demandent la création d'un commissaire de police, qu'elles payent de leurs deniers, en obtiennent l'autorisation facilement.

formelle quelle est l'autorité qui doit recevoir le serment. Il est d'usage dans les grandes localités que cette prestation s'exécute devant les présidents des tribunaux civils, à cause des fonctions de police judiciaire exercée par MM. les commissaires ; mais dans quelques localités de moindre importance , le serment du commissaire est reçu par le Maire seulement.

**Durée des fonctions.** — La durée des fonctions des commissaires de police n'est pas limitée. Le ministre et les préfets peuvent suspendre de ses fonctions un commissaire de police lorsqu'il y a motif de le faire; mais au Roi seul, qui l'a nommé , appartient le droit de le révoquer. Cette révocation a lieu le plus souvent par le fait seul de l'ordonnance de remplacement.

**Bulletins moraux et politiques.** — Les préfets doivent adresser tous les six mois un état présentant des renseignements sur les commissaires de police de leur département, et notamment sur la manière dont chacun d'eux remplit les devoirs de sa place (circ. min. 26 mai 1820) (1).

**Outrages envers ces fonctionnaires. — Punition.** — Les commissaires de police , chargés concurremment avec d'autres fonctionnaires de l'exercice de la police judiciaire, et appelés, en vertu de l'article 144 du Code d'instruction criminelle, à remplir les fonctions du ministère public près le tribunal de police, ne peuvent être rangés dans la classe des officiers ministériels ou agents dépositaires de la force publique.

Conséquemment, si un commissaire de police ,

---

(1) Les bulletins individuels contenant les signalements moraux et politiques des commissaires de police, ne se transmettent actuellement que tous les ans , au commencement de janvier.

revêtu d'une telle autorité, a été outragé dans l'exercice de ses fonctions, le prévenu doit être puni, conformément à l'article 222 du Code pénal, d'un mois à deux ans de prison, comme coupable d'outrages envers un fonctionnaire de l'ordre judiciaire, et non pas seulement à 16 fr. d'amende (cass. 30 juillet 1812).

**Distinction dans quelques-unes de leurs attributions.** — Jugé dans le même sens que sans examiner si le commissaire de police qui, s'étant rendu en certain lieu pour constater un empiètement sur la voie publique, doit être considéré comme magistrat dans le sens de l'article 223 du Code pénal, au moins il ne doit pas être regardé comme officier ministériel, conformément à l'art. 224; il doit être réputé fonctionnaire public; et, s'il est outragé par menaces ou paroles, et, par exemple, par une provocation en duel, il doit être fait application au provocateur des peines portées par l'article 6 de la loi du 25 mars 1822 contre l'auteur d'outrages envers un fonctionnaire à raison de ses fonctions ou de sa qualité, et non de celles prononcées par l'art. 224 du Code pénal (cass. 13 juin 1828. D. 28, 1, 278.)

« Les commissaires de police surveillent le maintien habituel de l'ordre public, dans le but de prévenir les délits. Sous ce premier rapport, ils sont les magistrats de première instance auxquels les citoyens de toute classe peuvent avoir recours à tous les instants du jour et de la nuit, pour le maintien de leur sûreté personnelle, et pour la répression de tous les désordres qui leur portent préjudice. Leur autorité, protectrice de la liberté et de la sûreté individuelle publiques, est en même temps répressive de toutes les contraventions et délits qui blessent l'ordre public ; enfin, ils sont les premiers confidents des individus lésés

dans leur personne ou leurs propriétés; ils ont la
surveillance et l'exécution de toutes les mesures
de police administrative ordonnées par les Préfets,
les sous-Préfets et les Maires. Dans la police administrative peuvent être classés tous les objets ci-
après désignés, pour lesquels les commissaires de
police ont une surveillance journalière à exercer :
1° la sûreté et commodité de la voie publique et de
la petite voirie, ce qui comprend le nettoiement et
l'illumination des rues; les dépôts de matériaux,
leur enlèvement, les bâtiments en péril; les objets
exposés sur les croisées; les gouttières et enseignes
saillantes; les auvents et toute espèce de saillie; les
précautions à prendre par les maçons, les couvreurs
et autres ouvriers; les échoppes, les étalages, le
stationnement des voitures de louage; les ports et
chantiers; les halles et marchés; 2° la vérification
des demandes en permission pour les établissements
de boucheries, boulangeries, charcuteries, brasse-
ries, distilleries, fonderies, vacheries, magasins de
fourrage, chantiers de bois de chauffage, etc. ; pour
les dissections, les exhumations; pour les ateliers
et les manufactures insalubres par leur odeur;
pour les bals, concerts, spectacles et fêtes publiques; pour les porte-fallots, les colporteurs; pour
les travestissements; pour l'usage des presses,
moutons, balanciers et laminoirs; 3° les précautions
contre les incendies, les secours à y porter; les
inondations et autres calamités; les insensés, les
animaux malfaisants, les maladies contagieuses, et
tout ce qui peut altérer la salubrité et la santé; 4°
les secours à donner aux noyés et aux asphyxiés;
la levée des cadavres, le transport dans les hôpitaux
et hospices des malades indigents et des blessés; 5°
la conservation et la préservation des monuments
publics; la protection due à l'exercice des cultes;
le maintien des mœurs publiques; 6° la délivrance

des bulletins et certificats pour la délivrance des passe-ports, des permis de séjour, cartes de sûreté et ports d'armes; 7° le visa des registres de hôteliers et logeurs, des marchands et fabricants d'ouvrages d'or et d'argent, des brocanteurs et frippiers, des pharmaciens et droguistes; les visites fréquentes dans les maisons garnies; 8° le visa des livrets des ouvriers; les contestations entre les maîtres et les ouvriers, dans les lieux où il n'y a point de conseil de prud'hommes, l'inscription des individus en état de domesticité, et la délivrance à chacun d'eux d'un bulletin d'inscription ou livret; les commissaires stationnant sur la voie publique; 9° l'arrestation des femmes publiques, des mendiants valides, des vagabonds et gens sans aveu; enfin tous les objets intéressant le maintien du bon ordre, de la tranquillité et de la sûreté publique.

« Pour tous les objets ci-dessus, les commissaires de police exercent leurs fonctions sous l'autorité immédiate des municipalités auxquelles ils sont subordonnés dans l'exercice habituel et journalier de leurs fonctions; ils ne sont indépendants de l'autorité administrative qu'en ce qui concerne l'exercice de la police judiciaire. Ils instruisent le sous-Préfet ou le Préfet de tout ce qui intéresse l'ordre et la tranquillité; mais les ordres de ces derniers leur sont transmis par les Maires. (Inst. du Ministre de la police du 7 ventôse an 9-26 février 1801).

**Commissaires de police spéciaux de chemins de fer, de canaux.** — La construction des canaux, des chemins de fer, a nécessité la création de commissaires de police spéciaux pour la surveillance des ouvriers sur les grands chantiers de travaux. — Ces fonctionnaires dont les attributions spéciales ne sont encore définies par aucune loi, et qui sont entretenus par les administrations instituées pour l'exécution de ces

travaux, se trouvent conséquemment dans la même
constitution que les commissaires de police ordinaires, pour tout ce qui a trait aux fonctions de
police judiciaire et administrative; mais comme
ils sont chargés spécialement d'un service de surveillance; l'on conçoit qu'ils ne soient tenus d'obtempérer aux invitations pour la constatation d'autres crimes ou délits, que ceux commis par les ouvriers confiés à leur surveillance qu'autant que
leur service personnel ne puisse pas en souffrir.—
Ils doivent de la déférence aux avis donnés par les
autorités municipales avec lesquelles ils peuvent
se trouver en relation; ils peuvent au besoin leur
venir en aide et assistance dans certains cas; mais
je ne pense pas que MM. les maires soient en droit
de les y contraindre, et que, placés dans une commune point d'intersection des travaux, ils puissent
être considérés par l'autorité locale comme des
commissaires de police ordinaires.

**Police des chantiers.**— La surveillance des
ouvriers sur les grands chantiers de travaux, importe essentiellement à la sécurité publique, à celle
des personnes et des propriétés. On sait combien
les agrégations composées seulement de travail-
leurs, la plupart étrangers au pays, sont passibles
de commettre des désordres. Une discipline sévère, une surveillance active et de tous les instants
est évidemment nécessaire pour comprimer et arrêter les mauvaises tendances, prévenir les disputes, les rixes, les rebellions, les assassinats. La
mission du commissaire de police spéciaux est pénible, elle demande une volonté ferme, un caractère inflexible; une intelligence peu commune; de
la fermeté sans raideur; de la bonté sans faiblesse;
c'est par la réunion de ces qualités que la discipline se maintient, que la propriété est sauvegar-
dée et les intérêts matériels de l'administration
conservés.

Nous transcrivons ci-après l'arrêté de M. le préfet des Bouches-du-Rhône, prescrivant des mesures de police sur le chemin de fer de Marseille à Avignon.— Cet arrêté est fort sage; nous conseillons à MM. les commissaires de police spéciaux de s'en bien pénétrer dans leur intérêt privé, comme dans l'intérêt public.

« Nous conseiller d'Etat, préfet du département des Bouches-du-Rhône.

Vu la loi du 10 vendémiaire an IV, sur les passe-ports ;

Vu celle du 28 vendémiaire an VI, sur les étrangers ;

Vu la déclaration du roi, du 23 mars 1728, sur les armes offensives cachées ;

Vu la loi du 24 mai 1834 ;

« Considérant que les travaux à faire pour l'établissement du chemin de fer de Marseille à Avignon occasionneront une réunion de nombreux ouvriers dans les ateliers qui se formeront sur la ligne ;

**Surveillance des ouvriers.** — « Considérant que la réunion de ces ouvriers exigera une surveillance attentive, alors surtout que la plupart sont étrangers au pays, et que ceux qui les emploient n'ont aucun moyen de s'assurer de leur moralité ;

« Considérant qu'il serait à craindre qu'il n'existât parmi cette foule d'ouvriers inconnus des hommes disposés à se livrer à des entreprises contre la sûreté des personnes et des choses; qu'il est nécessaire de prendre des mesures, non-seulement pour connaître, autant que possible, ceux qui composent les ateliers du chemin de fer, mais surtout pour s'assurer qu'aucun d'eux ne puisse s'éloigner sans que l'autorité en soit instruite ;

**Armes offensives, prohibition.** — « Considérant, d'autre part, qu'ainsi que cela est arrivé sur un point de la ligne du canal de Marseille, des rixes pourraient avoir lieu, dans lesquelles il serait fait usage d'armes offensives cachées, telles que pistolets de poche, couteaux en forme de poignard, etc. ;

« Considérant que la possession de pareilles armes par des hommes inconnus peut être la cause de graves abus, soit dans des rixes, soit dans toute circonstance ;

« Considérant que la loi défend cette détention et cet usage à toutes personnes. »

Avons arrêté et arrêtons ce qui suit :

**Passe-ports.**—Art. 1er. Il est défendu à tout entrepreneur, chef d'atelier ou régisseur, de recevoir pour ouvrier aucun individu étranger à la localité non muni de passe-port régulier.

**Dépôt de ces titres.**— Art. 2. Le passe-port de tout ouvrier devra être retiré des mains de celui-ci par l'entrepreneur, chef d'atelier ou régisseur, et envoyé au dépôt à la mairie dans le ressort de laquelle sera situé l'atelier, où il sera échangé contre une carte de sûreté délivrée par le maire.

Art. 3. Le passe-port, ainsi déposé, ne pourra être rendu que sur la présentation et le retrait de la carte de sûreté donnée en échange et après que le maire aura été averti, vingt-quatre heures à l'avance, du projet de départ de l'ouvrier.

**Registres d'inscriptions.** — Art. 4. Il sera tenu, dans chaque mairie, un registre constatant, jour par jour, et avec un numéro d'ordre répété sur le passe-port et la carte de sûreté, la délivrance et la rentrée desdites cartes, avec une colonne indiquant les avertissements de départ.

**Mutations.** — Art. 5. Quand, par l'avancement des travaux, les ouvriers passeront sur le territoire des communes limitrophes de celles où ils auront pris leur carte de sûreté, ils ne seront pas obligé de renouveler les formalités ci-dessus, et leur carte primitive suffira.

**Arrestations.** — Art. 6. Tout ouvrier trouvé sans passe-port à son arrivée ou à son départ, et sans carte de sûreté ; lorsqu'il aura été admis dans l'atelier, sera arrêté et, s'il y a lieu, considéré comme vagabond ; le tout conformément à la loi du 10 vendémiaire, an IV, sans préjudice des autres délits dont il pourrait être prévenu.

**Rappel de la loi sur la prohibition des armes.** — Art. 7. Sont rappelées et seront publiées avec le présent arrêté, les dispositions prohibitives de la déclaration du roi du 23 mars 1728, et les articles 1er et 10 de la loi du 24 mai 1834, dont la teneur suit :

Déclaration du 23 mars 1728.

« Ordonnons qu'à l'avenir, toute fabrique, commerce, vente, débit, achat, port et usage de poignards, couteaux en forme de poignards, etc., de baïonnettes, pistolets de poche, épées en bâtons, bâtons à ferrements, etc., et autres armes offensives cachées ou secrètes, soient et demeurent pour toujours généralement abolies et défendues. »

Loi du 24 mai 1834.

**Pénalité.** — Art. 1er. Tout individu qui aura fabriqué, débité ou distribué des armes prohibées par la loi ou par des réglements d'administration publique, sera puni d'un emprisonnement d'un mois à un an, et d'une amende de seize francs à cinq cents francs.

Celui qui sera porteur desdites armes sera puni d'un emprisonnement de six jours à six mois, et d'une amende de seize francs à deux cents francs.

Art. 10. Les peines portées par la présente loi seront prononcées sans préjudice de celles que les coupables auraient pu encourir comme auteurs ou complices de tous autres crimes. Dans le cas de concours des deux peines, la plus grave seule sera appliquée.

**Responsabilité des entrepreneurs.** — Art. 8. Tout entrepreneur, chef d'atelier ou régisseur, qui aura contrevenu aux articles 1er et 2 du présent arrêté, ou qui aura sciemment gardé un ouvrier porteur d'armes prohibées, sera déféré aux tribunaux pour être poursuivi conformément au paragraphe 15 de l'article 314 du Code pénal (1).

**Expulsion du royaume.** — Art. 9. Sans préjudice de l'exécution des dispositions ci-dessus, tout ouvrier étranger qui nous sera dénoncé comme troublant ou pouvant troubler par sa présence l'ordre et la tranquillité publique, pourra être, par nous, privé de son passe-port et dirigé hors du territoire français, conformément à l'article 7 de la loi du 28 vendémiaire, an VI.

**Concours de différentes autorités à l'exécution.** — Art. 10. Tous les officiers de police judiciaire et spécialement les commissaires de police du chemin de fer, et la gendarmerie sont expressément chargés de surveiller et d'assurer l'exécution du présent arrêté, qui sera inséré au Recueil des actes de la préfecture, imprimé en placard, publié et affiché aux endroits accoutumés, dans toutes les communes et hameaux où passe le chemin de fer et, en outre, publié dans tous les ateliers de la ligne, à la diligence de MM. les maires.

**Conclusion.** — Nous avons réuni dans ce

---

(1) La loi du 24 mai 1834 a modifié la pénalité de cet article, qui est fixée d'un mois à un an d'emprisonnement et d'une amende de 16 à 500 fr.

chapitre tous les renseignements qui nous ont paru propres à éclairer MM. les commissaires de police sur la partie si importante de leurs attributions et de leurs devoirs; nous désirons que ces divers objets, quoique traités d'une manière sommaire dans un ouvrage aussi élémentaire que celui-ci, leur paraissent néanmoins assez explicites et dignes de leurs méditations.

# CHAPITRE V.

# ALGÉRIE.

*Avenir de la colonie. — Irrégularité des pièces fournies aux émigrants. — Description sommaire de l'Algérie. — Circulaire ministérielle. — Emigrants ouvriers. — Demande de passages gratuits. — Pièces à produire. — Lieux d'embarquement. — Arrivée des émigrants. — Concessionnaires. — Capitalistes. — Petits propriétaires. — Demandes de concessions de terrains. — Réalisation des ressources avant le départ. — Obligations qu'imposent les terrains concédés. — Modèles de pétitions et certificats.*

**Avenir de la colonie.** — Depuis que nos possessions françaises, en Afrique, ont acquis l'état de sécurité, sans lequel les exploitations agricoles deviennent impossibles, un grand nombre de nos indigènes transportent leurs pénates vers cette nouvelle France, destinée à un avenir prospère, quels que soient les temps d'arrêt qui aient pu contrarier et qui peuvent encore retarder l'impulsion donnée à sa colonisation.

Plusieurs émigrants dénués de ressources et voulant profiter de la faveur du permis d'embarquement gratuit pour la colonie que le gouvernement délivre aux indigents, ainsi que les secours de route, qui leurs sont accordés dans certains cas, se présentent devant MM. les maires, dans le but de les obtenir.

**Envoi de pièces irrégulières.** — La Correspondance, à ce sujet, atteste que ces fonctionnaires oublient souvent l'esprit des instructions sur cette matière. Ils transmettent des pièces ou incomplètes ou irrégulières, et dirigent quelquefois sur la colonie, des condamnés libérés, assujettis à la surveillance, ce qui est tout à fait contraire à la lettre des décisions ministérielles.

Nous allons donc leur fournir des renseignements explicites sur cette partie de leur service administratif, que nous puisons dans une instruction ministérielle, nous les reproduisons ci-après.

Mais avant d'aborder ce document, nous croyons faire plaisir à MM. les maires de leur présenter un aperçu sommaire sur l'Algérie qui les mettra à même de renseigner les émigrants sur la nature et l'étendue de nos possessions en Afrique.

**Description sommaire de l'Algérie.** — Désignées sous le nom collectif et récent de l'Algérie : elles se composent des provinces d'Alger, Titteri, Oran et Constantine qui, sous la dénomination de Beiliks, composaient l'ancienne régence d'Alger.

L'Algérie occupe une longueur de côtes d'environ 960 kilomètres (240 ou 250 lieues commune), depuis Trcount, à l'ouest, jusqu'auprès de Tabarka, à l'est. La longueur du nord au midi, c'est-à-dire du rivage de la mer jusqu'au désert du Sahara est inégale et assez indéterminée par les géographes eux-mêmes, on l'évalue toutefois de 200 à 240 kilomètres (50 lieues) la partie de la province d'Alger, à laquelle jusqu'à ce jour l'occupation s'est étendue, renferme :

1° Un massif presque isolé appelé Sahel, qui s'élève immédiatement sur la côte et sur lequel la ville est bâtie;

2° Une plaine qui s'étend du nord-est au sud-oues, nommée plaine de la Mitidjah;

3° Une chaîne de montagnes parallèles à la mer, que l'on appelle commencement petit Atlas.

Le Sahel, dont les deux tiers de la circonférence sont bordés par la mer, forme l'éventail en arrière d'Alger; puis la plaine de la Mitidjah et le Sahel, dans un magnifique et immense hémicycle.

Cette heureuse disposition du pays place, pour ainsi dire, sous les yeux et la main de l'administration, qui siège à Alger, une vaste étendue de territoire sur laquelle ses soins et sa vigilance doivent s'exercer.

D'un autre côté, en considérant cette admirable configuration du sol, on trouve que la variété des terrains et du climat, qui en est la conséquence, offre à la colonisation toutes les chances désirables. Il y a des plateaux élevés, les coteaux et les vallons pour la salubrité et les petites cultures, les plaines pour les grandes.

Aussi le gouvernement a placé le point de départ de la colonisation dans le Sahel qui vient d'être décrit, situé au cœur même de nos possessions du nord de l'Afrique, et dont l'étendue est de plus de 64,000 hectares, les Européens y seront certainement à l'aise et pourront s'y établir progressivement en masses nombreuses.

Les points principaux de la province d'Alger, sont Alger, Douera, Blidah, Koléah, Dellys, Bouffarik; Cherchel et Tenez.

La province de Titteri, située entre celle de Constantine et d'Oran, et bornée au nord par celle d'Alger, s'étend au midi jusqu'au désert. Médéah est la capitale de cette province où se trouve la ville de Milianah.

La province d'Oran à l'ouest, commence au Cheliff et s'étend jusqu'à la frontière du Maroc.

Les principaux points de cette province, sont : Oran, Mers-el-Kebir, Arzew, Mazouna, Mascara, Nedrouma, Callah, Mostaganem et Tlmecen.

La province de Constantine, à l'est, est la plus grande et la plus peuplée de l'Algérie. Baignée au nord par la Méditerranée, elle est bornée à l'est par la régence de Tunis, à l'ouest par la chaîne haute et escarpée du Jurjura, et elle s'étend vers le sud jusqu'au désert.

Les points principaux du littoral, sont : Bougie, Philippeville, Stora, Bone et la Calle.

Outre ces points, cette province compte un certain nombre de villes sur les plateaux supérieurs, savoir : Constantine, Milah, Sétif, Guelma, Tmsila et Tebessah.

Les principaux cours d'eau de l'Algérie sont : dans la province d'Alger, l'Oued-Jer, la Chiffa, la Mazafran et l'Arach.

Dans la province d'Oran, la Chetiff, rivière la plus considérable de la régence, tant par la longueur de son cours que par le volume de ses eaux, la Mouta, le Rio-Salado et la Tafna, et dans la province de Constantine, la Seybouse, la Boudji-mah et la Magffrang.

**Circulaire ministérielle.** — La circulaire du ministre de l'intérieur du 15 juin 1846, que je produis ci-après, et dont les dispositions n'ont été modifiées par aucune autre circulaire postérieure, donne des instructions fort claires et fort précises sur la condition d'admissibilité dans la colonie, soit comme ouvriers ou colons concessionnaires, soit pour les demandes en concession de terrains et d'exploitations agricoles. Nous la ferons suivre des modèles de lettres et certificats nécessaires pour l'obtention.

Paris, 15 juin 1846.

**Instructions générales.** — M. le préfet, les instructions qui vous ont été adressées à diverses reprises, par mon département, au sujet des émigrations en Algérie remontent déjà à une date ancienne, je viens, en conséquence, vous faire connaître les modifications que l'expérience a fait juger convenable d'y apporter.

Comme vous le savez. l'émigration comprend deux catégories distinctes de personnes :

1° Les simples ouvriers qui se rendent en Algérie pour y travailler librement, soit chez les particuliers, soit dans les ateliers du gouvernement;

2° Les colons qui vont ou qui demandent à aller, en qualité de concessionnaires, exploiter les terres mises par le gouvernement à leur disposition.

**Émigrants ouvriers.** — Les ouvriers qu'il est utile de diriger sur l'Algerie sont les ouvriers spécialement propres aux travaux de constructions et de cultures, tels que carriers, maçons, tailleurs de pierres, tuiliers, briquetiers, chaufourniers, charpentiers, menuisiers, plâtriers, marbriers, serruriers, forgerons, scieurs de long, peintres en bâtiments, plombiers, charrons, charretiers, maréchaux-ferrants, taillandiers, et fabricants d'outils aratoires, ferblantiers, chaudronniers, calfats, cordiers, terrassiers, manœuvres, garçons de labours, jardiniers-maraichers, pépiniéristes et greffeurs, fontainiers et foreurs de puits.

Il est aussi quelques professions qui assurent un prompt et avantageux emploi aux femmes qui les exercent, telles sont les couturières, les lingères, les cuisinières, les filles de fermes, les dévideuses de cotons.

Ce n'est qu'à des ouvriers exerçant les professions ci-dessus énumérées que M. le ministre de la guerre délivrera à l'avenir des permis de passage gratuit.

Toute demande, à fin de passage, devra toujours lui parvenir par votre intermédiaire exclusif.

**Les demandes de passage sont adressées par les préfets au ministre.**— Il ne sera donné aucune suite aux demandes qui seront adressées directement par des individus, soit à mon département soit à celui de la guerre.

A chaque demande devront être annexés :

**Pièces à fournir.** — 1° Un certificat délivré par le maire de la commune et visé par le sous-préfet de l'arrondissement, indiquant le sexe, l'âge, la profession, la moralité, les ressources pécuniaires du pétitionnaire, s'il est célibataire, et s'il est marié, la composition de sa famille, l'âge, le sexe de ses enfants; et leur profession.

2° Un certificat de médecin constatant l'état de santé de toutes les personnes qui figurent dans la demande.

Il ne sera point délivré de permis aux chefs de famille qui auraient des enfants en bas âge, c'est-à-dire au-dessous de 12 ans, à moins toutefois qu'ils ne s'engagent à les laisser en France, sauf à les faire venir plus tard, ou qu'ils ne justifient qu'ils sont appelés en Algérie par des personnes aisées et qui s'engagent à les entretenir eux et leurs enfants.

Comme le mouvement de l'émigration varie selon les besoins, il arrive souvent, vu le grand nombre de demandes en instance, qu'il n'est pas possible de donner suite à chacune d'elles que quelques mois après son arrivée.

Les pétitionnaires ne doivent donc sous aucun prétexte, faire leurs préparatifs de départ et réaliser leurs ressources qu'après avoir reçu leurs permis de passage. Ils s'exposeraient autrement à des pertes fâcheuses de temps et d'argent comme, cela est déjà arrivé.

**Arrivée en Algérie.** — A leur arrivée en Algérie, les ouvriers sont reçus dans les dépôts spéciaux où ils sont nourris et logés en attendant qu'ils aient trouvé un placement. Leur séjour doit y être très-court, et chaque émigrant doit s'empresser de se procurer de l'emploi, attendu que le dépôt lui serait fermé s'il s'obstinait à n'en pas chercher.

**Dépôts.** — Il existe des dépôts à Alger, à Philippeville, à Bone et à Oran.

**Lieux d'embarquement.** — Les passages s'effectuent de Toulon à Alger, de Marseille à Alger, à Stora ( port de Philippeville) et à Oran. Le port d'embarquement est indiqué sur le permis, et c'est sur ce port que les émigrants doivent toujours être dirigés.

Chaque ouvrier est admis à embarquer un poids de 25 kilogrammes.

Lorsqu'un émigrant s'est établi en Algérie et qu'il veut faire venir auprès de lui, soit sa femme et ses enfants, soit des parents, il doit en faire la demande aux autorités locales.

**Émigrants concessionnaires.** —La fertilisation et le peuplement des campagnes se font par exploitations réunies et groupées dans des centres spéciaux, bourgs, villages ou hameaux et par des exploitations isolées.

Les centres agricoles se constituent à l'aide de quatre éléments, savoir : des capitalistes, de petits propriétaires, des fermiers ou métayers, des industriels.

**Capitalistes.** — Le capitaliste est celui qui, ne voulant pas se livrer exclusivement à la culture, établit des familles sur les terres que l'état lui concède. et les pourvoit de maisons, de matériel d'exploitation, etc.

**Petit propriétaire.** — Le petit propriétaire est celui qui se fixe sur son lot, y bâtit sa maison, y fait valoir ses terres à l'aide de sa famille ou de domestiques.

**Fermier.** — Le fermier ou métayer est celui que le capitaliste installe sur ses terres.

**Colon industriel.** — Le colon industriel est l'aubergiste, le boucher, le boulanger, le menuisier, le charpentier, le forgeron, le tuilier, etc. etc., qu'il faut dans toute agglomération d'habitants.

Il est de règle générale que les concessions sont toujours proportionnées, quant à l'étendue, aux ressources réelles des colons.

**Dépenses approximatives pour la mise en valeur des terres.** — On a calculé que, toutes dépenses comptées, construction, matériel, etc., un hectare de terre, pour être mis complétement en valeur, exige 4 à 500 fr.

Les ressources des capitalistes devront être proportionnées à l'importance des entreprises qu'ils veulent fonder, on ne peut pas leur assigner un chiffre précis.

Quant au petit propriétaire, il est indispensable, pour être admis à obtenir une concession, qu'il possède des ressources s'élevant au moins à 4 ou 5,000 fr., selon les localités. Il peut recevoir de 10 à 25 hectares, suivant le chiffre de ses moyens d'exploitation calculés d'après cette base.

Les cultivateurs qui ont moins de 4 à 5,000 fr., sont destinés à devenir fermiers ou métayers. Ils

se mettent, à cet effet , en rapport avec les capitalistes et les grands propriétaires.

**Demandes en concession de terres.**
— Les industriels sont admis à obtenir de petites
concessions, par exemple, un lot à bâtir et 2, 3 4
jusqu'à 5 hectares de terres s'ils possèdent 2,000
francs au moins.

Toute demande de concession, quelles que soient
l'étendue des terres et la qualité des pétitionnaires, doit être adressée à M. le ministre de la
guerre, avec les pièces suivantes, et par votre intermédiaire. Vous aurez soin d'y joindre tous les
autres renseignements qui pourraient vous être
fournis sur la véritable position et la réalité des
ressources des demandeurs.

**Production de pièces.** — 1° Un certificat délivré par le maire et visé par le sous-préfet constatant la moralité, la position sociale, la
profession, l'âge des pétitionnaires, ainsi que le
nombre, le sexe et l'âge de ses enfants.

2° Un acte de notoriété passé par-devant no-
taire et indiquant la somme exacte qu'il pourra,
soit par lui-même, soit avec l'aide de tiers, consacrer à la mise en valeur des terres qui lui seront
concédées.

Les mêmes justifications devront être faites par
ceux qui voudraient s'établir en dehors des nouveaux centres de population et former des exploitations isolées.

**Réalisation des ressources avant le
départ.** — Comme il ne peut pas être donné
immédiatement suite aux demandes en concession, attendu que des dispositions et une instruction prépartoires doivent être faites sur les lieux,
il est de toute nécessité que les pétitionnaires atten-
dent, pour se préparer à partir et pour réaliser
leurs ressources, que M. le ministre de la guerre

leur ait envoyé, par votre intermédiaire, des permis de passage et qu'il leur ait fait connaître que des lots leur sont assignés.

**Capitalistes importants.** — Quant aux personnes disposant de capitaux importants et qui, par conséquent, ont intérêt à visiter l'Algérie, afin de fixer leur choix en parfaite connaissance de cause, des permis leur sont délivrés lorsqu'elles en font parvenir la demande à M. le ministre de la guerre.

**Permis de passage gratuit.** — Tout concessionnaire a droit au permis de passage gratuit, non-seulement pour lui, mais encore pour sa famille et ses domestiques.

Quant au transport de son matériel d'exploitation, il doit recourir aux bâtiments de commerce, attendu que l'état ne dispose pas des moyens qui lui permettent d'effectuer des transports de cette nature.

A son arrivée le concessionnaire, s'il est dans la classe des petits colons, est admis dans le dépôt des ouvriers jusqu'au jour où il est mis en possession de sa terre. Il doit, sitôt après son débarquement, s'adresser, selon les indications qui lui sont données avant son départ, à M. le directeur de l'intérieur et de la colonisation à Alger, ou au sous-directeur à Oran, Philippeville et Bone, s'il est dirigé de France sur l'un de ces points.

**Obligations qu'imposent les terrains concédés.** — Toute concession emporte l'obligation de faire des constructions, des cultures, des plantations, dans un délai déterminé, et de servir une redevance légère. Dès que les conditions stipulées dans l'acte de concession sont remplies, le colon devient propriétaire incommutable de sa concession.

Toute concession de 25 hectares et au-dessus,

oblige à construire une maison d'exploitation pour les concessions d'une étendue supérieure, l'établissement d'une famille est exigé par chaque 20 hectares, à moins que la nature de l'exploitation ne comporte pas une pareille division de la propriété, par exemple, une exploitation qui aurait pour objet l'élève en grand, d'animaux domestiques.

Veuillez, je vous prie, donner toute la publicité possible aux renseignements que je viens de vous communiquer, en faisant insérer cette circulaire dans le Recueil des actes administratifs de votre préfecture, ou dans un journal de votre département, pourvu toutefois qu'il n'en résulte aucun frais pour mon ministère.

Je désire que vous soyez, en outre, exact à m'accuser réception de la présente circulaire.

Recevez, M. le préfet, l'assurance de ma considération distinguée.

Pour le ministre,<br>
Le sous-secrétaire d'état de l'intérieur,<br>
A. Passy.

Modèle de certificats et pièces à fournir pour obtenir, soit le passage gratuit, soit des concessions de terrains, tant pour les français que pour les étrangers (1).

## PIÈCE N° 1.

Modèle de demande de concession gratuite de terres en Algérie, formée par un français.

A          le          184

------

(1) La présente demande doit être sur papier non timbré, et porter en marge : *Ministère de la guerre, division des affaires de l'Algérie, bureau de la colonisation.* Elle sera remise par le solliciteur au maire de sa commune, chargé de la transmettre au sous-préfet de l'arrondissement qui la fait passer au préfet.

A Monsieur le ministre de la guerre.

Monsieur le ministre,

Le sieur (nom, prénoms et profession), âgé de ans, demeurant à                , canton de            , département d
a l'honneur de vous exposer qu'il a formé le projet d'aller s'établir en Algérie en qualité de colon-concessionnaire.

Sa famile se compose :

1° De (nom et prénoms) sa femme âgée de ans ;

2° Indiquer successivement, les nom, prénoms, âge, sexe et profession, de chacun des enfants, ainsi que des parents, alliés ou domestiques que le pétitionnaire désire emmener avec lui dans la colonie.

Le postulant déclare, en outre, qu'il pourra disposer au moment de sa prise de possession en Algérie, de la concession que lui sera faite d'une somme en argent de            (indiquer le chiffre de la somme.)

A l'appui de ce qui précède il vous adresse ci-joint; le certificat qui lui a été délivré par M. le maire de la commune d

Le sieur (nom et prénoms) a l'honneur de vous prier de vouloir bien le faire comprendre au nombre des colons-concessionnaires de terres en Algérie ; il s'engage de son côté à se mettre en route avec sa famille, pour le port d'embarquement qui lui sera indiqué, aussitôt qu'il en aura reçu l'invitation.

Il a l'honneur d'être, etc.

## PIÈCE Nᵒ 2.

Modèle de demande de concession gratuite, de terres en Algérie, formée par un étranger (1).

A          le          184

A Monsieur le ministre de la guerre.

Monsieur le ministre,

Le sieur ( nom, prénoms et profession) âgé de          ans, demeurant à                    ( indiquer avec la plus grande précision le lieu du domicile, la province et l'état auquel le pétitionnaire appartient), a l'honneur de vous exposer qu'il a formé le projet d'aller s'établir en Algérie en qualité de colon-concessionnaire.

Sa famille se compose :

1° (Nom et prénoms), sa femme âgée de ans;

2° Indiquer successivement les noms, prénoms et profession de chacun des enfants, ainsi que des parents, alliés ou domestiques que le pétitionnaire désire emmener avec lui dans la colonie.

Le postulant déclare, en outre, qu'il pourra disposer, au moment de sa prise de possession en Algérie, d'une somme de          ( *indiquer ici le chiffre de la somme*) en monnaie de France.

A l'appui de ce qui précède il vous adresse ci-joint le certificat qui lui a été délivré. (Désigner l'autorité locale qui a fourni l'attestation.)

Le sieur (nom et prénoms) a l'honneur de vous prier de vouloir bien le faire comprendre au nombre des colons-concessionnaires de terres en Algérie.

---

(1) Mêmes recommandations, avec cette différence, que la pétition doit être remise à l'agent diplomatique ou consulaire français le plus voisin de son domicile.

6.

Il s'engage, de son côté, à se mettre en route pour le port d'embarquement qui lui aura été désigné aussitôt qu'il en aura reçu l'invitation.

Il a l'honneur d'être, etc.

(Signature du pétitionnaire.)

## PIECE N° 3.

Modèle de demande d'autorisation de passage gratuit en Algérie (1).

A　　　　　　le　　　　　　184

A Monsieur le ministre de la guerre, à Paris.

Monsieur le ministre,

Le sieur (nom, prénoms, profession), âgé de ans, demeurant à , canton de , département de a l'honneur de vous exposer qu'il est dans l'intention d'aller exercer sa profession en Algérie.

(Indiquer ici les nom, prénoms, profession de sa femme et de ses enfants en état de travailler s'il en a, le passage gratuit n'étant pas accordé aux enfants en bas âge.)

Conformément aux instructions de M. le ministre de l'intérieur, il vous adresse ci-joint, un certificat de bonne conduite délivré par M. le maire de la commune d et un certificat du médecin constatant sa validité, et s'il y a lieu celle de la femme et des enfants.

Le sieur ( nom et prénoms) vous prie de lui faciliter le voyage en lui accordant un permis gratuit d'embarquement (2).

---

(1) Même recommandation que pour les pièces précédentes.

(2) Voir les modèles d'états n°s 7 et 8.

# CHAPITRE VI.

# LOUVETERIE.

*Chasse des animaux féroces. — Augmentation des loups et nécessité de leur destruction. — Mesures générales. — Instructions. — Chasses particulières. — Primes. — Secours pécuniaires accordés aux blessés. — Acquittement des primes. — Tarif. — Modes d'obtention des primes. — Battues. — Pièges. — Précautions. Empoisonnement des loups. — Noix vomiques. Son usage. — Voracité des loups. — Devoirs des gardes champêtres. — Avis. — Contrôle des animaux détruits. — Résumé. — Indiscipline des battues. — Insuccès de ce mode. — Emploi de la troupe de ligne. — Mode actuel des perceptions de primes. — Amputation. — Modèles des certificats.*

**Chasse des animaux féroces.** — La législation sur la chasse des animaux féroces ou nuisibles, tels que loups et renards, etc. etc., remonte à une époque assez reculée. Il existe une ordonnance du 16 janvier 1698, qui autorise une chasse aux loups dans la province du Berri et prescrit le mode d'exécution. La législation moderne a confirmé et renouvelé ces dispositions; les arrêtés des 19 pluviose an V et 7 prairial an XI, autorisent des battues à des époques déterminées; elles fixent le chiffre des primes (1).

---

(1) Le chiffre était fort élevé; un seul loup était payé 200 francs.

Une circulaire du ministre de l'intérieur du 9 juillet 1818, que nous reproduisons ci-après, contient des dispositions fort sages, soit pour la destruction des loups, soit pour le réglement des chasses. Nous la ferons suivre de quelques observations qui en constateront pleinement l'opportunité. Voici la circulaire :

**Augmentation des loups.— Nécessité de leur destruction.**— Il paraît constant que le nombre des loups est augmenté en France depuis quelques années. Parmi les causes qui ont pu y contribuer, on doit compter, comme une des principales, la négligence avec laquelle on a exécuté, dans ces derniers temps, les lois et réglements concernant la destruction de ces animaux. La suite de cette négligence a été funeste ; des accidents nombreux ont eu lieu ; non-seulement l'agriculture, mais l'humanité a eu à gémir sur les ravages causés par les loups, dont la hardiesse et la férocité se sont accrues, et qui attaquent les hommes plus fréquemment que par le passé. Le roi, a la sollicitude de qui rien n'échappe, veut que l'on s'occupe promptement et avec suite de la destruction des loups, et il a chargé M. le Grand-veneur et moi des mesures à prendre à cet effet.

**Nomination d'une commission pour arriver à ce résultat.** — Sur la demande officielle qui m'a été faite par le grand-veneur, une commission présidée par lui, composée de MM. Huzard et Bosc, de l'académie des sciences et de la société royale et centrale d'agriculture, Fauchat, chef de la 3ᵐᵉ division de mon ministère, membre de la même société, et Bournouville, chef du bureau d'agriculture, a été nommée pour rechercher et discuter ces mesures, indiquer celles qu'elle jugerait les plus efficaces, et rédiger une instruction concernant leur emploi. Je

vais vous faire part du résultat de son travail. C'est
vous spécialement qui, en qualité de chef de l'administration dans votre département, devez diriger la mise en exécution des moyens à employer.
Cette exécution exige de l'activité dans le principe, de la persévérance dans l'application : notre
but doit être, sinon de purger entièrement le
royaume de loups, ce que la position de la France
ne permet guère d'espérer, au moins d'en débarrasser entièrement les pays situés le long des côtes
ou dans l'intérieur, et d'en réduire le nombre dans
les autres départements limitrophes de l'étranger,
à un point tel, qu'avec un peu de surveillance on
puisse les empêcher de pénétrer trop avant sur
notre territoire. Je vous ai fait connaître les intentions de Sa Majesté à cet égard ; vous vous em-
presserez de vous y conformer, et nous éprouve-
rons, le grand-veneur et moi, beaucoup de plaisir
à vous citer avantageusement dans le compte qui
sera rendu au roi de l'accomplissement de ses ordres.

**Mesures générales.** — La destruction des
loups a été l'objet de mesures générales, qu'il est
à propos de rappeler ici, ainsi que les divers
moyens dont on fait usage pour opérer cette destruction.

Les mesures générales sont :

1° L'établissement des officiers de louveterie ;

2° Celui de primes décernées à toute personne
qui a tué un loup suivant l'âge et le sexe de l'animal détruit ;

3° Des chasses générales ou battues ordonnées
par les préfets, sur les rapports qui leur sont
faits.

Les moyens de destruction sont les chasses à
courre et celles à tir faites, soit isolément, soit en
battue, les pièges, traquenards et trappes et, dans
quelques lieux, l'empoisonnement.

Il s'agit d'examiner et d'apprécier le parti qu'on tire et celui qu'on peut espérer d'obtenir de ces différents moyens.

**Instructions.** — Le grand-veneur, dans ses instructions adressées aux officiers de louveterie, leur a souvent rappelé les devoirs auxquels les oblige le titre dont ils sont revêtus. Il ne leur a pas laissé ignorer que de leur zèle et de leur activité à remplir ces devoirs, dépendait la conservation de leurs commissions. Il s'est fait un plaisir de faire connaître au roi ceux qui s'étaient distingués plus particulièrement par leurs efforts et leurs succès, et plusieurs ont reçu des marques de la satisfaction de Sa Majesté.

Comme vous êtes dans le cas de vous entendre avec le grand-veneur, sur le résultat des chasses faites par ces officiers, il est à propos que, dès qu'ils sont informés qu'il existe des animaux nuisibles dans le département, ils vous en préviennent, afin que vous prescriviez des mesures pour leur destruction. Lorsque des battues générales sont ordonnées, il est naturel de leur en confier la direction. Il est de leur devoir d'y coopérer de tous leurs moyens, comme aussi de déférer à toutes les invitations que vous seriez dans le cas de leur faire pour le service dont ils sont chargés.

**Chasses particulières.** — On ne peut guère espérer de détruire beaucoup de loups par les chasses particulières. Cependant, suivant les états publiés en dernier lieu, des animaux dont on s'est défait par ce moyen, ne serait pas à négliger. Ainsi vous exciterez l'émulation des officiers de louveterie, vous constaterez les succès obtenus par eux, et vous en informerez le grand-veneur et moi.

Les primes d'encouragement ont aussi produit quelque effet, mais pas autant qu'il y avait lieu

de l'espérer, ce qui, d'après les renseignements
qui me sont parvenus, doit s'attribuer surtout à la
négligence et à la lenteur avec lesquelles les primes méritées se règlent et s'acquittent.

**Primes.** — Elles se prélèvent sur les fonds
des dépenses imprévues et, par conséquent, il dépend de vous d'en accélérer le payement; il peut
même s'effectuer de suite si la prime demandée
est conforme au taux fixé par la circulaire de l'un
de mes prédécesseurs du 25 septembre 1807, sauf
à m'en informer ensuite, afin que je régularise
l'emploi des fonds.

Si la prime doit excéder le taux ordinaire à
cause des circonstances qui ont accompagné la destruction de l'animal, vous m'en soumettrez la demande, et ma réponse ne tardera jamais à vous
parvenir.

**Secours pécuniaires à accorder aux
blessés.** — Si quelque personne est blessée par
des loups et qu'elle ait besoin de secours, vous pou-
vez lui faire toucher provisoirement un accompte
sur la somme que vous aurez jugée nécessaire, et
vous me trouverez toujours disposé à approuver
de pareilles dépenses.

**Acquittement des primes.**— Je suis con-
vaincu, par l'expérience de beaucoup d'années que
cette exactitude à acquitter les primes, contribuera
à l'encouragement, plus que l'élévation de leur
taux, qui n'a jamais eu, à ma connaissance, d'effet
sensible pour la destruction d'un plus grand nombre de loups et qui, ainsi que cela a déjà eu lieu,
met l'administration dans l'impossibilité de tenir
les promesses qu'elle a faites, on surcharge le département d'une dépense trop forte eu égard à ses
ressources.

Voici les mesures dont je crois devoir vous recommander l'exécution, dans la vue de rendre à

ce genre d'encouragement son efficacité , sans en augmenter les frais.

**Tarif des primes.** — Vous donnerez toute la publicité convenable au tarif fixé pour les primes, qui sont de : (1)

Dix-huit francs par louve pleine ;

Quinze francs par louve non pleine ;

Douze francs par loup ;

Et six francs par louveteau.

La circulaire précitée du 25 septembre 1807 ne portait qu'à trois francs la prime pour un louveteau ; j'ai cru convenable de la doubler d'après les observations qui m'ont été faites, à cet égard, par la commission. Cette nouvelle disposition recevra son exécution à compter du 1<sup>er</sup> juillet courant.

Vous annoncerez, en même temps, que dorénavant et sauf les cas extraordinaires, ces primes seront payées régulièrement dans la quinzaine qui suivra la déclaration de la destruction de l'animal, déclaration faite dans la forme voulue et avec les preuves d'usage.

A cet effet, vous voudrez bien prendre les arrangements nécessaires pour que les payements, dont il s'agit, s'effectuent dans le délai indiqué et, autant qu'il sera possible, sans déplacement de la part de la partie intéressée.

**Mode à suivre pour obtenir des primes**. — Il me semble que la présentation du loup détruit devrait se faire au maire de la commune, qui en dresserait un procès-verbal constatant le nom du destructeur, l'âge et le sexe de l'animal tué, et la qualité de la prime méritée. Il joindrait à ce procès-verbal, et au contrôle de l'a-

---

(1) Ce tarif est celui qui est en vigueur.

nimal détruit, une quittance de la partie prenante
pour le montant de la prime.

Le tout serait envoyé par le maire au chef d'administration de l'arrondissement, qui délivrerait un mandat appuyé de la quittance de la partie prenante, payable à vue sur le fonds des dépenses imprévues. La somme payée serait transmise par la voie de la correspondance administrative, au maire de la commune, et vous vous assureriez qu'elle aurait été remise à sa destination (1).

Cette partie de service devant, au reste, être réglée suivant les localités, je m'en rapporte à vous pour l'organiser de la manière la plus convenable et la plus commode dans votre département.

**Battues.** — Il est généralement reconnu que des battues bien combinées et bien conduites seraient un moyen très efficace pour opérer la destruction des loups ; mais il est rare qu'elles réussissent complétement, et elles ne servent souvent qu'à déplacer ces animaux. Le désordre avec lequel elles s'opèrent, le peu d'habileté ou d'expérience des tireurs, quelquefois aussi des considérations particulières sont les causes de ce défaut de succès. Il ne serait pas inutile de chercher les moyens de rémédier à ces inconvénients et de rendre ainsi les battues générales plus profitables pour l'intérêt commun. Je vous y invite, ainsi qu'à vous concerter, pour bien monter cette espèce de service public, avec les officiers des forêts de la louveterie et de la gendarmerie.

**Elles devraient avoir lieu tous les**

----

(1) Ce mode est celui qui est en usage, ainsi qu'on le verra à la fin de ce chapitre. — Les préfets délivrent les mandats de prime, qui sont touchés par les parties prenantes, chez les receveurs généraux et particuliers.

**trois mois**. — D'après les ordonnances de 1600 et 1601, et celle de 1669, qui n'ont pas été abrogées, il était prescrit de faire des battues aux loups tous les trois mois, et plus souvent encore, suivant le besoin.

Ainsi vous êtes légalement autorisés à ordonner des chasses générales ou battues toutes les fois que cela vous paraîtra nécessaire, et les habitants des communes que vous désignerez et dont vous aurez soin de prévenir les maires à l'avance, sont tenus d'y assister. Votre prudence vous suggèrera les ménagements à apporter dans l'exécution de ces mesures : d'une part, pour que les battues ne soient pas tumultueuses par le trop grand nombre d'hommes qui seraient appelés, et de l'autre, afin de ne pas fatiguer vos administrés par des appels trop fréquents qui leur feraient perdre inutilement un temps précieux pour l'agriculture.

Je suis porté à penser que, sauf les cas extraordinaires, les battues générales pourraient se faire habituellement à deux époques de l'année, savoir : au mois de mars avant que la terre soit couverte, et vers le mois de décembre aux premières neiges (1).

**Elles doivent être faites sur une grande étendue.** — Pour les rendre plus utiles, il paraîtrait à propos qu'elles se fissent en même temps sur une grande étendue de territoire, afin que les animaux qui échapperaient à une battue retombassent dans une autre. Vous apprécierez jusqu'à quel point cette disposition serait applicable au département que vous administrez.

---

(1) Ces battues ont lieu dans le plus grand nombre des départements sur la proposition des maires aux sous-préfets; elles sont accordées par les préfets sur l'avis de l'administration forestière.

**Pièges à loups.** — On est assez généralement dans l'usage de tendre des pièges pour les loups ; cet usage peut être continué avec quelque espoir de succès s'il est dirigé par des hommes expérimentés ; mais il exige qu'il soit pris en même temps des précautions pour que les pièges et les fosses qui seraient disposés ne deviennent pas préjudiciables aux hommes ou aux animaux domestiques.

Je pense que, dans les endroits ouverts, il ne doit être placé de pièges à loup qu'après en avoir prévenu le maire de la commune, et avoir obtenu sa permission. Celui-ci, lorsqu'il le jugerait utile pour la sûreté des habitants, ferait annoncer publiquement les lieux où devraient être tendus les pièges afin que l'on pût les éviter.

**Les pièges, chausses, trappes et batteries, doivent être placées dans l'intérieur des terres.** — Dans aucun cas, ils ne doivent être placés dans les chemins ou sentiers pratiqués.

Ces observations s'appliquent également, et à plus forte raison, aux chausses ou trappes, et surtout aux batteries.

Les divers ouvrages qui ont traité de la destruction des loups, et dont on donnera plus bas la notice, contiennent la description des embûches qu'on peut employer pour cet objet. Par exemple, il est fait mention dans le cours d'agriculture de M. l'abbé Ronzier, d'un piège à loup qui n'aurait pas les inconvénients dont on vient de parler, et qui est usité dans certaines parties de la France. Voici comment il est décrit par l'auteur, d'après d'autres écrivains qui l'ont précédé.

**Formation des pièges.** — « On forme, avec des pieux de 2 mètres de long, qu'on plante solidement en terre à la distance de

16 cent. l'un de l'autre, une enceinte circulaire d'environ 2 mètres de diamètre , et au milieu de laquelle on attache une brebis vivante ayant une ou plusieurs sonnettes au cou. On plante ensuite d'autres pieux également espacés de 16 cent. entre eux pour former extérieurement une seconde enceinte éloignée de la première d'environ 65 cent. On laisse à cette seconde enceinte une ouverture, avec une porte ouverte du côté gauche, qui permette au loup d'entrer seulement à droite. Une fois que l'animal est entré entre les deux enceintes. il va toujours en avant, comptant pouvoir saisir sa proie , et quand il est parvenu à l'endroit par lequel il est entré, ne pouvant se retourner, les mouvements qu'il fait pour aller en avant font fermer la porte en avant.»

Il est aussi parlé de ce piège dans le nouveau cours d'agriculture!, en 13 volumes, imprimé chez Déterville, en 1809.

Après avoir fait mention des différentes méthodes usitées, plus ou moins généralement pour la destruction des loups, et dont la bonne direction peut, en effet, remplir l'objet demandé, il me reste à vous parler d'un dernier moyen qui a été jugé unaniment être préférable à tous les autres en ce qu'il offre plusieurs avantages :

1° Parce qu'on peut s'en servir dans toutes les saisons de l'année ;

2° Parce qu'il n'occasionne aucun déplacement de personnes, et ne dérange pas les travaux de la campagne ;

3° Parce qu'il est peu dispendieux ;

4° Parce qu'il peut, en conséquence, être employé simultanément dans tout le royaume, et être continué pendant le temps nécessaire sans causer d'embarras.

**Empoisonnement des loups.** — Je veux

parler de l'empoisonnement. Il n'est pas aussi facile qu'on pourrait le croire d'empoisonner un loup. Quoique vorace, il est aussi très méfiant; il évente la moindre trace de l'homme, et il faut user de beaucoup de précautions dans la préparation de l'appât qu'on veut lui faire prendre; d'ailleurs, tous les poisons ne sont pas également dangereux pour lui. Quelques-uns par leur activité même, ne produisent sur lui d'autre effet que de le faire vomir, et l'animal, une fois manqué, est plus difficile à amorcer de nouveau. Par exemple, l'émétique et l'arsénic ne lui occasionnent que le vomissement. Le verre pilé n'est pas d'un effet certain, même pour le chien.

**Usage de la noix vomique.** — Il paraît prouvé que la noix vomique est la substance qui opère le plus sûrement la destruction du loup. Son emploi avait été indiqué par différents auteurs qui ont parlé aussi de plusieurs appâts. Il a été en dernier lieu, recommandé d'après ces mêmes auteurs, par M. l'abbé Rozier, dans son cours d'agriculture (article loup). Ce savant assure en avoir fait lui-même et fait faire plusieurs fois l'expérience avec le plus grand succès. Voici ce qu'il en dit :

**Manière d'employer la noix vomique.** — « Prenez un ou plusieurs chiens ou plusieurs vieilles brebis ou chèvres que vous faites étrangler. Ayez de la noix vomique, rapée fraîchement (on trouve cette préparation chez tous les apothicaires), faites une quinzaine ou une vingtaine de trous avec un couteau dans la chair, suivant la grosseur de l'animal, comme au râble, aux cuisses, aux épaules, etc., dans chaque trou, qui doit être profond, vous mettez 8 grammes ou 16 grammes de noix vomique, le plus avant qu'il sera possible, vous boucherez ensuite l'ouverture avec quelque graisse et, encore mieux, vous rapprocherez, par une couture, les deux bords de la plaie, afin que la noix vomique ne puisse pas s'échapper, liez ensuite l'animal par les quatre pattes avec un osier, et non avec des cordes qui conservent trop longtemps l'odeur de l'homme. Enterrez l'animal, ainsi préparé, dans un fumier qui travaille. Il doit y rester en hiver pendant trois jours et trois nuits suivant le degré de chaleur du fumier et vingt-quatre heures pendant l'été. Attachez une corde à l'osier qui lie les quatre pattes et traînez l'animal, par de très longs circuits, jusqu'à l'endroit le plus fréquenté par les loups; alors suspendez-le à une branche d'arbre et assez haut pour que le loup soit obligé d'attaquer le chien par le râble.

**Voracité des loups.** — « Le loup est un animal vorace, il mâche peu le morceau qu'il arrache; il avale de suite, et le poison ne tarde pas à faire son effet. On est sûr de le trouver mort le lendemain, souvent il n'a pas le temps de gagner son repaire.

« Si l'on conseille de se servir d'un chien, ce n'est pas que cet animal attire les loups plus que les autres animaux, mais comme le chien ne mange pas de la chair du chien, on ne craint pas que ceux du voisinage viennent dévorer l'appât, comme ils feraient, si l'on avait placé une brebis ou une chèvre.

**L'empoisonnement peut être pratiqué en toute saison.** — « On peut mettre ce procédé en pratique dans toutes les saisons et tous les jours de l'année dès qu'on est incommodé par le voisinage des loups; cependant la meilleure saison pour l'employer est l'hiver lorsqu'il gèle bien.

« L'argent que le gouvernement accorde pour chaque tête de loup pourrait être employé à l'achat de la noix vomique. Chaque commune serait tenue de fournir les chiens ou les vieilles brebis, et les maires seraient chargés de faire exécuter l'opération, et de la répéter plusieurs fois dans un même hiver. Je ne crains pas d'avancer que si l'opération était générale dans tout le royaume, et suivie avec soin et zèle pendant plusieurs années consécutives on ne vint à bout d'anéantir tous les loups.»

**Devoirs des gardes-champêtres.** — Tel est le procédé dont la commission a cru devoir recommander l'usage, et que je désire voir pratiquer dans toute l'étendue du royaume. A cet effet, vous prescrirez aux maires des communes dont le territoire est fréquenté par des loups, de faire préparer, par les gardes-chasse ou les gardes-champêtres chargés de les remplacer , des appâts tels qu'ils viennent d'être décrits. Les frais peu considérables qu'ils feront pour cela seront remboursés sur le fonds des dépenses imprévues d'après les mémoires qu'il en fourniront et que vous réglerez.

**L'empoisonnement doit être continué pendant longtemps.** — Ce procédé devra être continué aussi longtemps que vous saurez qu'il existe des loups dans votre département, et pricipalement dans les temps de neige et de glace.

**Avis à donner par les maires.** — Vous recommanderez aux maires de s'informer et de vous rendre compte des faits concernant le plus ou moins d'efficacité de l'empoisonnement. Il est facile de reconnaître si les loups ont approché des amorces et s'ils y ont touché ; d'après cela on peut juger s'il faut déplacer ces amorces ou les renouveler ou même varier, soit les amorces, soit les poisons. Car, quoique la préférence à donner

à la noix vomique soit motivée sur des autorités
recommandables, cependant les expériences à cet
égard n'ont pas peut-être été encore assez multipliées, et il est possible que l'on ait, dans le pays,
connaissance d'autres poisons également propres
à la destruction des loups, et qui pourraient donner lieu à des essais. Dans ce cas, vous demande-
rez à être informé exactement des ces autres méthodes employées et de leurs résultats, et vous voudrez bien me transmettre ces renseignements.

**Précautions à prendre.** — Vous recommanderez aussi aux maires de prendre toutes les
précautions, que la prudence commande, pour empêcher que l'emploi des appâts empoisonnés ne
devienne fatal, soit aux chiens, soit aux bestiaux;
si, par exemple, les appâts étaient préparés avec
de vieilles brebis ou des chèvres ou d'autres animaux que des chiens, il serait nécessaire que les
habitants des communes fussent prévenus, par publication et par affiche, des lieux où les appâts
seraient placés, afin qu'ils prissent des mesures
pour en préserver leurs chiens.

**Contrôle des animaux détruits.** —
La présentation du contrôle des animaux détruits
par l'empoisonnement, donnera lieu à des primes
au profit de la commune, réglées conformément
au tarif adopté par le gouvernement, et dont il
sera loisible aux maires d'attribuer un quart ou
moitié, suivant les circonstances, à la personne
qui amènera un animal mort; le reste sera appliqué à l'achat des matières propres à l'empoisonnement, et porté en déduction dans les mémoires de
fournitures qui vous seront adressés par les maires.

**Résumé.** — En me résumant sur le contenu
de la présente instruction, voici les points principaux qu'en conformité des intentions du roi, je recommande à votre sollicitude ;

1° La publicité des primes promises pour la destruction des loups, et des mesures que vous êtes chargés de prendre pour leur prompt payement;

2° Des battues générales à deux époques de chaque année, et une bonne organisation à donner à ces sortes de chasses.

3° De l'activité dans les chasses particulières pendant le temps où elles sont praticables;

4° L'emploi, avec les précautions requises, des pièges, fosses, enceintes et batteries;

5° Enfin, et surtout, l'empoisonnement qui devra être continué tant qu'on aura connaissance de loups existants dans le pays.

Je vous invite expressément à faire concourir ces différents moyens à la destruction aussi complète que possible des loups dans votre département, et à donner de la suite à vos opérations jusqu'à ce que vous en ayez obtenu des résultats dont l'humanité et l'agriculture aient à s'applaudir.

Vous voudrez bien m'accuser réception de la présente instruction, aviser promptement aux mesures à prendre pour en faire l'application, et établir avec moi une correspondance suivie sur ce qui en fait l'objet.

Cette instruction a été concertée avec le grand-veneur, qui a approuvé le travail de la commission, et il est convenu entre lui et moi qu'il en donnera connaissance à tous les agents qui dépendent de lui, pour qu'ils concourent à en assurer la plus complète exécution. Il sera donc à propos que vous instruisiez aussi le grand-veneur des résultats qu'elle aurait pu produire, afin que si elle ne remplit pas entièrement son objet, nous puissions de concert, nous occuper des moyens à prendre pour lui donner, d'après vos observations et celles



7.

de vos collègues, toute la perfection dont elle est susceptible.

**Ordre et discipline dans les battues.** — Les battues pour être fructueuses devraient être faites avec un ensemble et une précision qui manque souvent à ces sortes d'opérations. Le maire institué par l'arrêté préfectoral, chef de battue, malgré le caractère doublement officiel dont il est investi, manque presque toujours de cet ascendant moral si nécessaire pour maintenir la troupe qu'il commande dans l'ordre et la discipline propres à en assurer le succès.

**Inefficacité de ce moyen.** — Pour le plus grand nombre de chasseurs, une battue n'est qu'un moyen indirect, de viser et de chercher à tuer un gibier moins coriace et surtout moins dangereux. Pendant seize ans j'ai vu trente battues autorisées par arrêté, et jamais les procès-verbaux des chasses n'ont constaté la destruction d'un seul loup. Ceci me porte à croire que l'empoisonnement avec la noix vomique, indiqué par la circulaire, les pièges, seraient préférables à des battues sans résultat.

**Emploi de la troupe de ligne dans les battues.** — Il y aurait, il est vrai, un autre moyen qui certainement serait excellent s'il était appliqué. Ce serait celui des battues exécutées par la troupe de ligne, sur les points infestés par ces animaux. L'on y rencontrerait infailliblement cette précision, cet ordre, cet ensemble qui manquent aux opérations ordinaires et le succès ne serait pas douteux. Cet exercice serait profitable aux militaires comme au pays qu'il délivrerait d'hôtes aussi incommodes que dangereux. En vérité, nous ne savons pas quel est le motif qui empêcherait MM. les lieutenants-généraux, commandant les di-

visions militaires, sur la réquisition des préfets,
de mettre à la disposition de l'autorité civile, pendant certains temps de l'année, quelques compagnies de soldats pour les exercer à cette chasse.
Ne vaudrait-elle pas mieux, ce me semble, que
des exercices à feu, qui dépensent de la poudre
quelquefois sans résultat?

Nous soumettons ces réflexions aux autorités
compétentes.

**Dispositions préalables pour les bat-
tues ordinaire.** — Lorsque le maire aura
reçu l'expédition de l'arrêté qui autorise la battue
sollicitée; il devra faire les préalables; c'est-à-
dire, la faire annoncer à son de trompe dans sa
commune quelques jours à l'avance. Une affiche
placardée à la porte de la mairie fixera le jour et
l'heure du départ. C'est ordinairement le dimanche que l'on choisi pour faire cette chasse afin de
ne pas distraire les cultivateurs de leurs travaux agricoles. Il sera bien auparavant de prévenir MM. les
maires des communes limitrophes qu'une battue devra avoir lieu afin qu'ils y fassent concourir, s'il y a
possibilité, leurs administrés, par des publications
et des avis semblables. Un grand concours de chasseurs est rigoureusement nécessaire; mais c'est là
précisément que git la difficulté; parceque le défaut d'ordre, dans ces réunions nombreuses, frappe
presque toujours la battue d'impuissance.

**Conseils généraux..** — Nous conseillons au
maire, chef de battue, assisté de l'agent délégué
par l'administration forestière, et du garde-champêtre communal, de faire charger les fusils devant
lui à balles ordinaires; de lire l'arrêté qui rend
passible de peines sévères, les chasseurs qui, sous
le prétexte de la battue; se livreraient à l'amusement du tir ordinaire sur le gibier, ou commettraient
des dégâts sur la propriété d'autrui. — Nous lui

conseillons ensuite de diviser les chasseurs en trois pelotons égaux, dont chacun aurait pour chef un de ses membres revêtu d'un caractère officiel, pouvant exercer de la surveillance et dresser des procès-verbaux contre les délinquants. Ce sera, à son intelligence de la localité, à son bon sens, et surtout à sa prudence de donner à ces trois fractions, une direction utile pour la destruction projetée.

Nous n'irons pas plus loin dans ces observations. Nous ne sommes pas partisan des battues, et nous leur préférons incontestablement le mode d'empoisonnement prescrit par la circulaire précitée.

**Mode de perception de la prime.** — La personne qui aura pris ou tué un loup ou plusieurs de ces animaux, et qui voudra en recevoir la prime, aura à se présenter avec le loup ou les loups pris ou tués, morts ou en vie, devant le maire de la commune, sur le territoire duquel la prise aura été effectuée. Le maire lui délivrera un certificat conforme au modèle ci-après, constatant : 1° Les nom et prénoms du capteur ; 2° Sa profession ; 3° Son domicile ; 4° L'âge et le sexe de l'animal ; 5° Le quartier où il a été tué ; 6° La date.

**Instructions.** — Si c'est une louve, il devra désigner si elle est pleine ou non pleine. — Le certificat en question à double, dont un sur papier timbré de 35 centimes. Cette formalité remplie, le capteur aura à transmarcher sa prise devant le sous-préfet de l'arrondissement par le procédé qu'il jugera convenable.

**Amputations des oreilles ou des pattes de l'animal.** — Le magistrat, après examen, fera exécuter l'amputation des oreilles ou des pattes de l'animal, et certifiera lui-même cette amputation dans les deux certificats de capture conformes au modèle ci-après.

Une prime de 150 fr. est réservée à la destruction d'un loup qui aurait été reconnu enragé (1).

Certificat de capture d'un loup, délivré par le
maire de la commune d                    arrondissement d                , département d

Nous maire, etc., etc.

Certifions que le sieur (nom, prénoms et domicile du capteur), s'est présenté devant nous au-

---

(1) Un exemple tragique de la férocité de ces animaux, a été donné il y a plusieurs années dans une
commune du département des Bouches-du-Rhône, le
village de Rognes. Deux enfants, âgés de moins de 15
ans, étant à garder un troupeau pendant la nuit. Un
loup enragé qui avait commis déjà de nombreux dégats se présenta à leurs regards et se disposa aussitôt
à emporter une brebis. Un des enfants, le plus jeune,
le menaça avec son bâton, pour le forcer à lâcher sa
proie; l'animal furieux fond sur lui et le mord à la
joue; ses dents emportent le nez et une partie de la
joue, de ce malheureux enfant. L'aîné voyant son
frère aussi cruellement mutilé, accourt à son secours
et le frappe violemment avec une grosse pierre; mais
le loup se retourne et défigure plus horriblement encore ce pauvre garçon, il lui descend presque la
mâchoire inférieure. Un individu qui couchait dans
une grange non loin de là, entendant les cris de détresse et de désespoir que poussaient les jeunes bergers, se lève, saisit un fusil, et court en chemise vers
le lieu où se passait cette horrible scène ; il aperçoit
la bête féroce, les enfants étendus par terre, il lui as-
sène un coup violent de la crosse de son fusil; l'arme
se brise, une lutte s'établit entre le loup et l'homme
qui continue à le frapper avec le canon et finit par
l'étendre raide mort à ses pieds.
Les enfants moururent quelques jours après, et ce
brave homme qui toucha la prime de 150 francs si
courageusement gagnée, fût dangereusement malade.

jourd'hui ( mois, an ), pour nous faire l'exhibition d'un loup (louve ou louveteau), qu'il nous a déclaré avoir pris ou tué sur le territoire de la commune de                , le                , à

(du jour ou du soir), après cette vérification, nous avons constaté que le loup était âgé de                (ou si c'est une louve, si elle est pleine ou non), et nous lui avons délivré le présent certificat pour lui servir à toucher la prime d'usage.

# CHAPITRE VII.

## CHASSE.

*Droit de chasse. — Restrictions. — Législation ancienne. — Exceptions. — Faculté accordée aux propriétaires. — Arrêtés des préfets. — Saisie. — Interdiction de détruire les couvées. — Permis de chasse. — Délivrance. — Interdiction pour certaines personnes. — Faculté des permis de chasse. — Chasse permise contre les animaux malfaisants ou nuisibles. — Pénalité. — Saisies des armes, instruments et engins de chasse. — Gratification. — Procès-verbaux des employés des contributions indirectes. — Affirmations. — Délinquants. — Poursuites. — Solidarité. — Responsabilité. — Observations. — Formules.*

**Droit de chasse.** — La chasse, dit M. Dalloz (1) appartient à tous les hommes suivant le droit naturel ; c'est par elle, en effet, que l'homme dans l'état de nature pourvoit à sa subsistance ; c'est par elle qu'il se garantit des injures de l'air ; c'est par la chasse, en un mot, qu'il satisfait à ses premiers besoins, mais en entrant dans la société,

---

(1) Dalloz, Jurisprudence générale du royaume.

c'est un droit qu'il dépose avec les autres droits qu'il tient de la nature, pour les soumettre à l'empire de la loi civile qui seule peut désormais lui en assurer l'exercice (1).

**Restriction.** — La première et la plus importante restriction qu'apporte au droit de chasse, le passage de l'état de nature à l'état de société, c'est que la chasse commune à tous les hommes devient un droit exclusif pour ceux qui possèdent des terres; car on ne peut méconnaître que la chasse soit un attribut exclusif de la propriété. Lorsque la communauté négative a cessé entre les hommes, avec elle a cessé aussi le droit de chasser ailleurs que sur la portion de biens qui est échue à chacun par l'effet du partage.

Le droit de chasse, ajoute ce jurisconsulte, bien qu'inhèrent à la propriété, est encore susceptible dans son exercice de subir diverses modifications que réclame, soit la conservation du droit lui-même, soit l'intérêt agricole et financier du pays, soit enfin la sûreté publique.

**Législation ancienne.** — Chez les peuples anciens, comme dans les premiers temps de la monarchie française, le droit de chasse fut un des attributs du droit de propriété; mais il cesse d'être tel, lorsque cette faculté passa entre les mains des seigneurs et hauts justiciers, il fallait posséder des fiefs (2) pour avoir le droit de chasser même sur ses terres. Cet état de choses fut supprimé par la révolution de 1789, et c'est dans le décret des 4,

---

(1) *De jure belli.* — *Grotius.*

(2) Nos rois, qui tenaient singulièrement à ce privilége, se montrèrent prodigues d'édits pour sa conservation. François 1er, Henri IV prononçaient des peines sévères sur les délits de chasse, même le bannissement.

6, 7, 8 et 11 août de la même année, sanctionné le 21 septembre suivant et promulgué le 3 novembre, qu'on trouve la première disposition législative sur la chasse.

Depuis cette époque, des lois successives ont été promulguées, portant des modifications, des extensions ou des restrictions à cet exercice. Il serait superflu dans un ouvrage tel que celui-ci d'en faire l'analyse. Nous nous bornerons à insérer textuellement la dernière loi du 3 mai 1844, qui est actuellement en vigueur (1).

**Exceptions.** — Art. 1er. Nul ne pourra chasser, sauf les exceptions ci-après, si la chasse n'est pas ouverte, et s'il ne lui a pas été délivré un permis de chasse par l'autorité compétente.

Nul n'aura la faculté de chasser sur la propriété d'autrui sans le consentement du propriétaire ou de ses ayants droit.

**Faculté accordée au propriétaire.** — Art. 2. Le propriétaire ou possesseur peut chasser ou faire chasser en tout temps, sans permis de chasse, dans ses possessions attenant à une habitation et entourées d'une clôturo continue faisant obstacle à toute communication avec les héritages voisins.

**Arrêtés des préfets.** — Art. 3. Les préfets détermineront, par des arrêtés publiés au moins dix jours à l'avance, l'époque de l'ouverture et

---

(1) L'abondance des matières nous empêche d'insérer la loi du 15 avril 1829, sur la *pêche fluviale*. MM. les maires la trouveront facilement au bulletin des lois, sous la date précitée. La chasse étant d'un usage plus général et qui donne lieu à beaucoup plus de contraventions, nous avons cru devoir la présenter textuellement pour la mettre pour ainsi dire sous leurs mains

celle de la clôture de la chasse dans chaque département.

**Vente du gibier, interdiction. — Art. 4.** Dans chaque département il est interdit de mettre en vente, de vendre, d'acheter, de transporter et de colporter du gibier pendant le temps où la chasse n'y est pas permise.

**Saisies.** — En cas d'infraction à cette disposition, le gibier sera saisi, et immédiatement livré à l'établissement de bienfaisance le plus voisin, en vertu, soit d'une ordonnance du juge de paix, si la saisie a eu lieu au chef-lieu de canton, soit d'une autorisation du maire, si le juge de paix est absent, ou si la saisie a été faite dans une commune autre que celle du chef-lieu. Cette ordonnance ou cette autorisation sera délivrée sur la requête des agents ou gardes qui auront opéré la saisie, et sur la présentation du procès-verbal régulièrement dressé.

La recherche du gibier ne pourra être faite à domicile que chez les aubergistes, chez les marchands de comestibles et dans les lieux ouverts au public.

**Interdiction de détruire les couvées.** — Il est interdit de prendre ou de détruire, sur le terrain d'autrui, des œufs et des couvées de faisans, de perdrix et de cailles.

**Permis de chasse. — Art. 5.** Les permis de chasse seront délivrés, sur l'avis du maire et du sous-préfet, par le préfet du département dans lequel celui qui en fera la demande aura sa résidence ou son domicile.

**Délivrance.** — La délivrance des permis de chasse donnera lieu au payement d'un droit de quinze francs (15 fr.) au profit de l'état, et de dix francs (10 fr.) au profit de la commune dont le maire aura donné l'avis énoncé au paragraphe précédent.

Les permis de chasse seront personnels, ils seront valables pour tout le royaume, et pour un an seulement.

**Interdictions pour certaines personnes.** — Art. 6. Le préfet pourra refuser le permis de chasse.

1° A tout individu majeur qui ne sera point personnellement inscrit, ou dont le père ou la mère ne seraient pas inscrits au rôle des contributions;

2° A tout individu qui, par une condamnation judiciaire, a été privé de l'un ou de plusieurs des droits énumérés dans l'article 42 du Code pénal, autres que le droit de port d'armes;

3° A tout condamné à un emprisonnement de plus de six mois pour rebellion ou violence envers les agents de l'autorité publique;

4° A tout condamné pour délits d'association illicite, de fabrication, débit, distribution de poudre, armes ou autres munitions de guerre; de menaces écrites ou de menaces verbales avec ordre ou sous conditions; d'entraves à la circulation des grains; de dévastations d'arbres ou de récoltes sur pied, de plants venus naturellement ou faits de main d'homme;

5° A ceux qui auront été condamnés pour vagabondage, mandicité, vol, escroquerie ou abus de confiance.

La faculté de refuser le permis de chasse aux condamnés dont il est question dans les paragraphes 3, 4 et 5 cessera cinq ans après l'expiration de la peine.

Art. 7. Le permis de chasse ne sera pas délivré;

1° Aux mineurs qui n'auront pas seize ans accomplis;

2° Aux mineurs de seize à vingt et un ans, à moins que le permis ne soit demandé pour eux par leur père, mère, tuteur ou curateur, portés au rôle des contributions;

3° Aux interdits;

4° Aux gardes champêtres ou forestiers des communes et établissements publics, ainsi qu'aux gardes forestiers de l'Etat et aux gardes pêche.

Art. 8. Le permis de chasse ne sera pas accordé :

1° A ceux qui, par suite de condamnations, sont privés du droit de port d'armes;

2° A ceux qui n'auront pas exécuté les condamnations prononcées contre eux pour l'un des délits prévus par la présente loi;

3° A tout condamné placé sous la surveillance de la haute police.

**Faculté du permis de chasse.**— Art. 9. Dans le temps où la chasse est ouverte, le permis donne à celui qui l'a obtenu, le droit de chasser de jour, à tir et à courre, sur ses propres terres, et sur les terres d'autrui avec le consentement de celui à qui le droit de chasse appartient.

Tous autres moyens de chasse, à l'exception des furets et des bourses destinés à prendre le lapin, sont formellement prohibés.

Néanmoins les préfets des départements, sur l'avis des conseils généraux, prendront des arrêtés pour déterminer :

1° L'époque de la chasse des oiseaux de passage, autre que la caille, et les modes et procédés de cette chasse;

2° Le temps pendant lequel il sera permis de chasser le gibier d'eau, dans les marais, sur les étangs, fleuves et rivières.

**Chasse permise aux animaux nuisibles, [en toutes saisons.**— Les espèces d'animaux malfaisants ou nuisibles que le propriétaire, possesseur ou fermier, pourra en tout temps détruire sur ses terres, et les conditions de l'exercice de ce droit, sans préjudice du droit, appartenant au proprietaire ou au fermier de repousser ou de détruire, même avec des armes à feu, les bêtes fauves qui porteraient dommage à ses propriétés.

Ils pourront prendre également des arrêtés :

1° Pour prévenir la destruction des oiseaux ;

2° Pour autoriser l'emploi des chiens levriers pour la destruction des animaux malfaisants ou nuisibles ;

3° Pour interdire la chasse pendant les temps de neige.

Art. 10. Des ordonnances royales détermineront la gratification qui sera accordée aux gardes et gendarmes rédacteurs des procès-verbaux ayant pour objet de constater les délits.

**Pénalité.** — Art. 11. Seront punis d'une amende de seize à cent francs :

1° Ceux qui auront chassé sans permis de chasse ;

2° Ceux qui auront chassé sur le terrain d'autrui sans le consentement du propriétaire.

L'amende pourra être portée au double si le délit a été commis sur des terres non dépouillées de leurs fruits, ou s'il a été commis sur un terrain entouré d'une clôture continue faisant obstacle à toute communication avec les héritages voisins, mais non attenant à une habitation.

Pourra ne pas être considéré comme délit de chasse le fait du passage des chiens courants sur l'héritage d'autrui, lorsque ces chiens seront à la suite d'un gibier lancé sur la propriété de leurs maîtres, sauf l'action civile, s'il y a lieu, en cas de dommage ;

3° Ceux qui auront contrevenu aux arrêtés des préfets concernant les oiseaux de passage, le gibier d'eau, la chasse en temps de neige, l'emploi des chiens lévriers, ou aux arrêtés concernant la destruction des oiseaux et celle des animaux nuisibles ou malfaisants;

4° Ceux qui auront pris ou détruit, sur le terrain d'autrui, des œufs ou couvées de faisans, de perdix ou de cailles;

5° Les fermiers de la chasse, soit dans les bois, soumis au régime forestier, soit sur les propriétés dont la chasse est louée au profit des communes ou établissements publics, qui auront contrevenu aux clauses et conditions de leurs cahiers de charges relatives à la chasse.

Art. 12. Seront punis d'une amende de cinquante à deux cents francs et pourront, en outre, l'être d'un emprisonnement de six jours à deux mois.

1° Ceux qui auront chassé en temps prohibé ;

2° Ceux qui auront chassé pendant la nuit ou à l'aide d'engins et instruments prohibés, ou par d'autres moyens que ceux qui sont autorisés par l'article 9;

3° Ceux qui seront détenteurs ou ceux qui seront trouvés munis ou porteurs, hors de leur domicile, de filets, engins ou autres instruments de chasse prohibés;

4° Ceux qui, en temps où la chasse est prohibée, auront mis en vente, vendu, acheté, transporté ou colporté du gibier ;

5° Ceux qui auront employé des drogues ou appâts qui sont de nature à énivrer le gibier ou à le détruire ;

6° Ceux qui auront chassé avec appeaux, appelants, ou chanterelles.

Les peines déterminées par le présent article,

pourront être portées au double contre ceux qui auront chassé pendant la nuit sur le terrain d'autrui et par l'un des moyens spécifiés au paragraphe 2, si les chasseurs étaient munis d'une arme apparente ou cachée.

Les peines déterminées par l'article 11 et par le présent article seront toujours portées au maximum, lorsque les délits auront été commis par les gardes champêtres ou forestiers des communes, ainsi que par les gardes forestiers de l'État et des établissements publics.

Art. 13. Celui qui aura chassé sur le terrain d'autrui, sans son consentement, si ce terrain est attenant à une maison habitée ou servant à l'habitation, et s'il est entouré d'une clôture continue faisant obstacle à toute communication avec les héritages voisins, sera puni d'une amende de cinquante à trois cents francs, et pourra l'être d'un emprisonnement de six jours à trois mois.

Si le délit a été commis pendant la nuit, le délinquant sera puni d'une amende de cent francs à mille francs, et pourra l'être d'un emprisonnement de trois mois à deux ans, sans préjudice, dans l'un et l'autre cas, s'il y a lieu, de plus fortes peines prononcées par le code pénal.

Art. 14. Les peines déterminées par les trois articles qui précèdent pourront être portées au double si le délinquant était en état de récidive, et s'il était déguisé ou masqué, s'il a pris un faux nom, s'il a usé de violence envers les personnes, ou s'il a fait des menaces, sans préjudice, s'il y a lieu, de plus fortes peines prononcées par la loi.

Lorsqu'il y aura récidive, dans les cas prévus en l'article 11, la peine de l'emprisonnement de six jours à trois mois pourra être appliquée si le délinquant n'a pas satisfait aux condamnations précédentes.

Art. 15. Il y a récidive lorsque, dans les douze mois qui ont précédé l'infraction, le délinquant a été condamné en vertu de la présente loi.

Art. 16. Tout jugement de condamnation prononcera la confiscation des filets, engins et autres instruments de chasse, il ordonnera, en outre, la destruction des instruments de chasse prohibés.

Il prononcera également la confiscation des armes, excepté dans le cas où le délit aura été commis par un individu muni d'un permis de chasse, dans le temps où la chasse est autorisée.

**Saisie des armes, instruments et engins.**— Si les armes, filets, engins ou autres instruments de chasse n'ont pas été saisis, le délinquant sera condamné à les représenter ou à en payer la valeur, suivant la fixation qui en sera faite par le jugement, sans qu'elle puisse être au-dessous de cinquante francs.

Les armes, engins ou autres instruments de chasse, abandonnés par les délinquants restés inconnus, seront saisis et déposés au greffe du tribunal compétent. La confiscation et, s'il y a lieu, la destruction en seront ordonnées sur le vu du procès-verbal.

Dans tous les cas, la quotité des dommages-intérêts est laissée à l'appréciation des tribunaux.

Art. 17. En cas de conviction de plusieurs délits prévus par la présente loi, par le Code pénal ordinaire ou par les lois spéciales, la peine la plus forte sera seule prononcée.

Les peinses encourues pour des faits postérieurs à la déclaration du procès-verbal de contravention pourront être annulées, s'il y a lieu, sans préjudice des peines de la récidive.

Art. 18. En cas de condamnation pour délits prévus par la présente loi, les tribunaux pourront priver le délinquant du droit d'obtenir un permis de chasse pour un temps qui n'excèdera pas cinq ans.

**Gratification.** — Art. 19. La gratification mentionnée en l'article 10 sera prélevée sur le produit des amendes (1).

Le surplus desdites amendes sera attribué aux communes sur le territoire desquelles les infractions auront été commises.

Art. 20. L'article 463 du Code pénal ne sera pas applicable aux délits prévus par la présente loi.

Art. 21. Les délits prévus par la présente loi seront prouvés, soit par procès-verbaux ou rapports, soit par témoins, à défaut de rapports et procès-verbaux, ou à leur appui.

Art. 22. Les procès-verbaux des maires et adjoints, commissaires de police, officiers, maréchal-des-logis ou brigadier de gendarmie, gendarmes, gardes-forestiers, gardes-pêche, gardes-champêtres, ou gardes assermentés des particuliers, feront foi jusqu'à preuve contraire.

**Procès-verbaux des employés des contributions indirectes.** — Art. 23. Les procès-verbaux des employés des contributions indirectes et des octrois feront également foi jusqu'à preuve contraire, lorsque, dans la limite de leurs attributions respectives, ces agents rechercheront et constateront les délits prévus par le paragraphe 1er de l'article 4.

**Affirmation des procès-verbaux dans les 24 heures.** — Art. 24. Dans les vingt-quatre heures du délit, les procès-verbaux des gardes seront, à peine de nullité, affirmés par les rédacteurs, devant le juge de paix ou l'un de ses suppléants, ou devant le maire ou l'adjoint, soit

---

(1) Voir le modèle du mémoire de gratification, n° 9.

8.

de la commune de leur résidence, soit de celle où le délit aura été commis.

**Délinquants.** — Art. 25. Les délinquants ne pourront être saisis ni désarmés ; néanmoins, s'ils sont déguisés ou masqués, s'ils refusent de faire connaître leurs noms, ou s'ils n'ont pas de domicile connu, ils seront conduits immédiatement devant le maire ou le juge de paix, lequel s'assurera de leur individualité.

**Poursuites.** — Art. 26. Tous les délits prévus par la présente loi seront poursuivis d'office par le ministère public, sans préjudice du droit conféré aux parties lésées par l'art. 182 du Code d'instruction criminelle.

Néanmoins, dans le cas de chasse sur le terrain d'autrui sans le consentement du propriétaire, la poursuite d'office ne pourra être exercée par le ministère public, sans une plainte de la partie intéressée ; qu'autant que le délit aura été commis dans un terrain clos, suivant les termes de l'art. 2, et attenant à une habitation, ou sur des terres non encore dépouillées de leurs fruits.

**Solidarité.** — Art. 27. Ceux qui auront commis conjointement les délits de chasse seront condamnés solidairement aux amendes, dommages-intérêts, et frais.

**Responsabilité.** — Art. 28. Le père, la mère, le tuteur, les maîtres et commettants, sont civilement responsables des délits de chasse commis par leurs enfants mineurs non mariés, pupilles demeurant avec eux, domestiques ou préposés, sauf tout recours de droit.

Cette responsabilité sera réglée conformément à l'article 1384 du Code civil, et ne s'appliquera qu'aux dommages-intérêts et frais, sans pouvoir toutefois donner lieu à la contrainte par corps.

**Action judiciaire.** — Art. 29. Toute action relative aux délits prévus par la présente loi sera préscrite par le laps de trois mois, à compter du jour du délit.

**Dispositions générales.** — Art. 30. Les dispositions de la présente loi relatives à l'exercice du droit de chasse ne sont pas applicables aux propriétés de la commune. Ceux qui commettraient des délits de chasse dans ces propriétés seront poursuivis et punis conformément aux sections 2 et 3.

Art. 31. Le décret du 4 mai 1812 et la loi du 30 avril 1790 sont abrogés.

Sont et demeurent également abrogés les lois, arrêtés, décrets et ordonnances intervenus sur les matières réglées par la présente loi, en tout ce qui est contraire à ses dispositions.

La présente loi, discutée, délibérée et adoptée par la chambre des pairs et par celles des députés, et sanctionnée par nous cejourd'hui, sera exécutée comme loi de l'Etat.

Donnons en mandement à nos cours et tribunaux, préfets, corps administratifs, et tous autres, que les présentes, ils gardent et maintiennent, fassent garder, observer et maintenir, et pour les rendre plus notoires à tous, ils les fassent publier et enregistrer partout où besoin sera; et, afin que ce soit chose ferme et stable à toujours nous y avons fait mettre notre sceau.

**Observations.** — Nous terminerons ce chapitre par quelques observations: malgré l'élévation du prix des permis de chasse, cet exercice est devenu de nos jours, une passion tellement vive, que l'on voit de simples ouvriers chargés d'une nombreuse famille, se priver du nécessaire pour satisfaire au droit fiscal. Ce ne serait rien encore si, en se livrant à cet exercice, ils ne négligeaient point leurs travaux, c'est-à-dire le pain de leurs enfants; et si, d'un autre côté, des actes de rebellion contre les agents de la force publique, des résistances souvent ensanglantées, ne venaient démontrer que cette passion comme celle du jeu est un des vices les plus saillants des sociétés modernes.

La législation actuelle, en élevant le prix des permis de chasse, pour ne les rendre accessibles qu'à certaines personnes, n'a pas tranché la difficulté sous le point de vue moral de tant s'en faut, car les registres des demandes de permis en constatent à peu près la délivrance du même nombre aux mêmes individus ou à peu près. Les scènes sanglantes que les cours d'assises nous révèlent entre les chasseurs et les gendarmes, pour la constatation des délits de chasse accusent hautement des tendances facheuses que la législation n'a pu réprimer. Dans l'intérêt de l'agriculture, dans celui des personnes, comme de la morale publique, nous désirons ardemment que de nouveaux efforts soient tentés pour arriver à un meilleur résultat.

Les demandes en obtention de permis de chasse, sont formulées sur papier timbré, et transmises au sous-préfet de l'arrondissement par MM. les maires des communes, qui les adressent au préfet. A côté de chaque demande le maire appose le signalement du pétionnaire et le sous-préfet joint son avis au bas de la pétition. Le demandenr recoit son permis, une fois expédié des mains du percepteur, auquel il donne en échange les 25 fr. montant de l'indemnité allouée.

Modèle de certificat en obtention du permis de chasse.

A       le       184

Monsieur le préfet,

Le soussigné (nom et prénoms, profession) do-

micilié à                    désirant me livrer à l'exercice de la chasse, a recours à votre autorité pour
qu'il vous plaise de lui faire délivrer un permis.

Signature du pétitionnaire.

Le maire ajoute son certificat conçu en ces termes :

Nous maire d                              arrondissement d                   département d

Vu la demande ci-dessus ;

Considérant que le pétitionnaire jouit de ses
droits civils ;

Qu'il n'a été condamné par les tribunaux pour
aucune peine afflictive et infamante, et qu'il ne
se trouve dans aucun des cas déterminés par la loi
du 3 mai 1844 ;

Est d'avis que le permis de chasse peut lui être
délivré sans inconvénient.

Le maire d

# CHAPITRE. VIII.

# GARDES CHAMPÊTRES.

*Utilité des gardes champêtres. — Surveillance des maires.— Police rurale.—Régistres des gardes. — Arrestations. — Attributions.— Gardes champêtres illétrés. — Affirmations des procès-verbaux.—Révocations.— Gardes particuliers. — Commissaires. — Formules.*

**Utilité des gardes-champêtres.** — Les gardes-champêtres sont, dans l'immense majorité des communes rurales les seuls agents de la force publique, revêtus d'un caractère officiel, que les maires aient à leur disposition pour assurer la police locale, la conservation, le respect des propriétés etc., l'exécution des lois. On comprend combien il importe que ces fonctionnaires soient doués des qualités nécessaires pour remplir d'une manière utile et profitable la mission qui leur est confiée ; car c'est souvent de leur choix que dépend l'ordre et la tranquillité des communes.

**Surveillance des maires.** — Les maires veilleront donc constamment à ce que les gardes remplissent les obligations qui leur sont imposées et demanderont la révocation de ceux dont la paresse ou la négligence compromettrait la sûreté des personnes ou celles des propriétés, en attendant qu'une nouvelle loi vienne organiser ce service important et que le ministre propose aux chambres l'embrigadement de ces agents, pour donner à leur service une meilleure impulsion, nous donnerons un extrait de la législation qui règle leurs attributions.

**Police rurale.** — La partie la plus importante de leurs fonctions est, sans contredit, la police rurale. Ils constatent les délits et contraventions qui peuvent porter atteinte aux propriétés, par des procès-verbaux qu'ils doivent transcrire ou faire transcrire dans un registre qui leur est destiné.

**Registres des gardes.** — Lorsqu'il s'agit de voter la subvention annuelle qui leur est allouée par le conseil municipal, le maire y joint comme pièce justificative, le registre que nous venons de mentionner et qui a été mis auparavant sous les yeux de cette assemblée, afin qu'elle exprime dans une délibération particulière, son opinion sur le zèle et l'aptitude du garde.

**Arrestations.** — Les gardes-champêtres doivent arrêter et conduire devant le maire, ou le juge de paix, tout individu qu'ils auront surpris en flagrant délit ou qui sera dénoncé par la clameur publique; ils se feront donner, à cet effet, main forte par le maire ou par l'adjoint du maire du lieu, lequel ne pourra s'y refuser. (Code d'instruction criminelle, art. 16.)

**Attributions.** — L'exécution des arrêtés des maires, tout ce qui a trait au service de police locale est du ressort du garde-champêtre, ils sont chargés des notifications des actes de l'administration, par rapport au recrutement, à la police de roulage; ils sont gardiens des saisies brandons; ils constatent les délits de chasse et de pêche, les fraudes commises à l'endroit du fisc, les fabrications clandestines de tabacs, de sel ou liqueurs, salines, hors des trois lieues de la ligne des côtes ; ils surveillent l'exécution des mesures sanitaires dans les maladies épizootiques, etc.

Un traité spécial sur le service de ces agents ayant été publié dernièrement (1) et se trouvant répandu dans presque toutes les communes ; nous nous contenterons d'offrir à nos lecteurs cet aperçu sommaire de leurs devoirs et de leurs attributions. Nous ajouterons cependant que les gardes-champêtres, comme officiers de police judiciaire, sont sous la surveillance du procureur du roi. sans préjudice de leur subordination, à l'égard de leurs supérieurs dans l'administration. ( Code d'instruction criminelle art. 17.)

**Gardes-champêtres illettrés.** — Il est à désirer que les gardes sachent lire et écrire, et autant que possible le conseil municipal doit présenter, au choix de l'autorité, un sujet qui réunisse ces conditions pour ainsi dire indispensables, mais dans le cas où il ne serait pas possible de trouver des candidats ayant cette instruction primitive. le garde illettré pourrait faire écrire ses procès-verbaux par le greffier de la justice de paix du canton où le délit a été commis. (Cour royale de Lyon, 8 octobre 1825.)

Cette recommandation de faire écrire les procès-verbaux par des personnes, ayant qualité, doit être scrupuleusement suivie, car dans le cas contraire, le procès-verbal peut être argué de nullité. (Cour de cassation 1er juillet 1813.)

**Affirmation des procès-verbaux.** — L'affirmation de leurs procès-verbaux devant les juges de paix doit avoir lieu dans les 24 heures, et

---

(1) Formulaire des gardes-champêtres par M. Larade.

ils doivent également les faire enregistrer en dé-
bet dans les 24 heures de leur date.

Ces actes ne sont valables qu'autant que les délits constatés auraient été commis sur le territoire
de la commune soumise à leur surveillance.

Le choix des gardes est fait par les maires et
doit être ratifié par les conseils municipaux, le
sous-préfet leur délivre une commission sur papier
timbré et ils se présentent devant le tribunal civil
de l'arrondissement qui reçoit leurs serments.

**Révocation des gardes-champêtres.**
— La révocation de ces agents appartient au préfet qui la prononce sur l'avis du conseil municipal, du maire et du sous-préfet.

**Gardes particuliers.** — La nomination
des gardes particuliers est faite par les propriétaires, et soumise à l'agrément des sous-préfets,
sans cette formalité les gardes n'auraient aucun
caractère pour constater les délits ruraux, et ils
deviennent par elle, comme les gardes-champêtres, officiers de police judiciaire, sans toutefois
être considérés comme les premiers sous le caractère d'agents faisant partie de la force armée,
dans le sens de l'article 1$^{er}$ de la loi du 19 pluviose
an XIII (1).

**Commissions des gardes particuliers.**
— Un propriétaire qui aura à commissionner un
garde particulier; délivrera cette commission sur
papier timbré de 1 fr. 25 c. (Voir la formule ci-
après.) Il joindra à l'appui de la proposition, un certificat de moralité du candidat et la soumettra au
sous-préfet de l'arrondissement, qui prendra un
arrêté approbatif s'il y a lieu. L'arrêté du sous-

---

(1) Ainsi les violences exercées contre ces derniers
ne constituent pas le crime de rebellion. (C. cassation
5 mai 1806, et 12 mars 1807).

préfet sera transcrit au bas de la commission et enregistré dans la forme ordinaire.

Formule de présentation d'un garde particulier.

M. le sous-préfet,

Le soussigné (nom, prénoms, profession, domicile) déclare commissionner en qualité de garde particulier, des propriétés (ou de la propriété) que je possède dans la commune d            arrondissement d            département d

Le sieur            âgé de et lui délivre, à cet effet, la présente commission pour la surveillance desdites propriétés, à la charge par lui de se conformer aux lois.

A            le            184

# CHAPITRE IX.

# SALUBRITÉ PUBLIQUE.

*Nécessité de la surveillance. — Enlèvement des foyers d'infection. — Devoirs des Maires et Commissaires de police. — Établissements industriels. — Insalubres. — Incommodes. — Division. — Demandes en autorisation. — Formalités. — Réclamations. — Avis. — Suppression des ateliers en certains cas. — Ordonnance royale. — Enquête. — Attributions. — Viandes de boucherie. — Abattoirs publics — Comestibles.*

**Nécessité de la surveillance.** — La salubrité publique est une partie très essentielle de la surveillance des officiers municipaux, c'est par l'exécution des lois et dispositions réglementaires qui régissent ce service que l'on prévient le développement des épidémies ; c'est-à-dire, des calamités publiques, l'incurie ou la négligence des administrations municipales pour cette partie de leur service, amènent donc avec elles, un véritable péril social. Combien de fièvres pernicieuses, combien d'épidémies n'ont-elles pas moissonné les populations par l'oubli des principes d'assainissement ! il existe des communes qui, par leur position topographique, sont déjà fatalement revêtues d'un caractère d'insalubrité; si l'on ajoute à ces motifs qui appartiennent à une mauvaise situation, des foyers d'infection qui viennent augmenter la masse des exhalaisons délétères, on sent que les ravages occasionnés par ces émanations sur les constitutions individuelles doivent redoubler de violence ou d'intensité.

**Enlèvement des foyers d'infection.** — Une administration municipale imbue des principes d'intérêt général, ne devra donc écouter aucune considération lorsqu'il s'agira d'assainir une localité par l'enlèvement des dépôts d'immondices, de boues, de fumiers, de cloaques dont elle ordonnera le transport à une distance qui ne puisse être nuisible à la santé publique. Si les exploitations agricoles, qui sont les seules ressources des communes rurales, doivent être protégées; il existe aussi un intérêt bien autrement précieux, qui doit éveiller toute la sollicitude de l'administration, c'est celui de la conservation de la santé; c'est-à-dire de l'existence.

**Devoirs des maires et commissaires de police.** — MM. les maires et commissaires de police veilleront donc à l'enlèvement immédiat des foyers d'infection et prendront tous les arrêtés de police que le temps, les lieux, les circonstances, pourront rendre nécessaires.

**Établissements industriels.** — Parmi les établissements industriels, il en existe qui sont essentiellement nuisibles à la santé publique, d'autres qui renferment des dangers d'explosions, d'autres qui sont seulement d'un caractère incommode pour le bruit et le tapage. La loi a soumis ces divers établissements à des mesures d'assainissement, ou à des modes d'opération qui neutralisent leurs effets malsains ou dangereux. Nous donnons ci-après le texte des dispositions législatives qui les régissent, de la loi du 15 octobre 1810.

**Ateliers insalubres ou incommodes.** — Art. 1er. A compter de la publication du présent décret, les manufactures et ateliers qui répandent une odeur insalubre ou incommode ne pourront être formés sans une permission de l'autorité administrative. Ces établissements seront divisés en trois classes.

**Première classe.** — La première classe comprendra ceux qui doivent être éloignés des habitations particulières.

**Deuxième classe.** — La seconde, les manufactures et ateliers dont l'éloignement des habitations n'est pas rigoureusement nécessaire, mais dont il importe néanmoins de ne permettre la formation qu'après avoir acquis la certitude que les opérations qu'on y pratique sont exécutées de manière à ne pas incommoder les propriétaires du voisinage, ni à leur causer des dommages.

**Troisième classe.** — Dans la troisième classe seront placés les établissements qui peuvent rester sans inconvénient auprès des habitations, mais qui doivent rester soumis à la surveillance de la police.

**Autorisation.** — Art. 2. La permission nécessaire pour la formation des manufactures et ateliers compris dans la première classe sera accordée avec les formalités ci-après, par un décret rendu en notre conseil d'état.

Celle qu'exigera la mise en activité des établissements compris dans la seconde classe, le sera par les préfets sur l'avis des sous-préfets.

Les permissions pour l'exploitation des établissements placés dans la dernière classe, seront délivrées par les sous-préfets qui prendront préalablement l'avis des maires.

Art. 3. La permission pour les manufactures et fabriques de première classe ne sera accordée qu'a-vec les formalités suivantes :

**Formalités.** — La demande en autorisation sera présentée au préfet, et affichée par son ordre, dans toutes les communes, à cinq kilomètres du rayon.

Dans ce délai, tout particulier sera admis à pré-senter des moyens d'opposition.

Les maires des communes auront la même faculté.

Art. 4. S'il y a des oppositions, le conseil de préfecture donnera son avis sauf la décision au conseil d'état.

Art. 5. S'il n'y a pas d'opposition, la permission sera accordée, s'il y a lieu, sur l'avis du préfet et le rapport de notre ministre de l'intérieur.

Art. 6. S'il s'agit de fabrique de soude, ou si la fabrique doit être établie dans la ligne des douanes, notre directeur général des douanes sera consulté.

Art. 7. L'autorisation de former des manufac-tures et ateliers compris dans la seconde classe ne sera accordée qu'après que les formalités suivantes auront été remplies.

L'entrepreneur adressera d'abord sa demande au sous-préfet de son arrondissement, qui la trans-mettra au maire de la commune dans laquelle on projette de former l'établissement, en le chargeant de procéder à des informations de *commodo* et *in-commodo*. Ces informations terminées, le sous-préfet prendra sur le tout un arrêté qu'il trans-mettra au préfet; celui-ci statuera, sauf le recours à notre conseil d'état par toutes les parties inté-ressées.

S'il y a opposition, il y sera statué par le con-seil de préfecture, sauf le recours au conseil d'é-tat.

Art. 8. Les manufactures et ateliers ou établissements portés dans la troisième classe ne pourront se former que sur la permission du préfet de police, à Paris, et sur celle du maire dans les autres villes.

**Réclamations.** — S'il s'élève des réclamations contre la décision prise par le préfet de police ou les maires, sur une demande en formation de manufactures ou d'ateliers compris dans la troisième classe, elles seront jugées au conseil de préfecture.

**Avis.** — Art. 9. L'autorité locale indiquera le lieu où les manufactures et ateliers compris dans la première classe pourront s'établir, et exprimera sa distance des habitations particulières. Tout individu qui ferait des constructions dans le voisinage de ces manufactures et ateliers après que la formation en aura été permise, ne sera plus admis à en solliciter l'éloignement.

Art. 10. La division en trois classes des établissements qui répandent une odeur insalubre ou incommode, aura lieu conformément au tableau annexé au présent décret. Elle servira de règle toutes les fois qu'il sera question de prononcer sur les demandes en formation de ces établissements.

Art. 11. Les dispositions du présent décret n'auront point d'effet rétroactif. En conséquence. tous les établissements qui sont aujourd'hui en activité continueront à être exploités librement, sauf les dommages dont pourront être passibles les entrepreneurs de ceux qui préjudicient aux propriétés de leurs voisins : les dommages seront arbitrés par les tribunaux.

**Suppression des ateliers dans certains cas.** — Art. 12. Toutefois, en cas de graves inconvénients pour la salubrité publique, la culture ou l'intérêt général, les fabriques et ateliers de première classe qui les causent, **pourront être supprimés**, en vertu d'un décret rendu **en** notre conseil d'état, après avoir entendu la police locale, pris l'avis des préfets, reçu la défense des manufacturiers ou fabricants.

Art 13. Les établissements maintenus par l'art. 11 cesseront de jouir de cet avantage, dès qu'ils seront transférés dans un autre emplacement, ou qu'il y aura une interruption de six mois dans les travaux. Dans l'un et l'autre cas, ils rentreront dans la catégorie des établissements à former, et ils ne pourront être remis en activité qu'après avoir obtenu s'il y a lieu, une *nouvelle permission*.

**Ordonnance royale du 14 janvier et 15 février 1845.** — Art. 1er. A compter de ce jour, la nomenclature jointe à la présente ordonnance (1) servira seule de règle pour la formation des établissements répandant une odeur insalubre ou incommode.

**Enquête.** — Art. 2. Le procès-verbal d'information de *commodo et incommodo*, exigé par l'art. 7 du décret du 15 octobre 1810, pour la formation des établissements compris dans la seconde classe de la nomenclature, sera pareillement exigible, en outre de l'affiche de demande, pour la formation de ceux compris dans la première classe.

Il n'est rien innové aux autres dispositions de ce décret.

Art. 3. Les permissions nécessaires pour la formation des établissements compris dans la troisième classe, seront délivrées dans les départements, conformément aux articles 2 et 8 du dé-

---

(1) La longueur excessive de cette nomenclature nous porte à la supprimer. Nous renvoyons au texte de cette ordonnance.

cret du 15 octobre 1810, par les sous-préfets, après avoir pris préalablement l'avis des maires et de la police locale.

**Attributions des autorités. — Art. 4.** Les attributions données aux préfets et aux sous-préfets par le décret du 15 octobre 1810, relativement à la formation des établissements répandant une odeur insalubre ou incommode, seront exercées par notre directeur général de la police dans toute l'étendue du département de la Seine, et dans les communes de Saint-Cloud, de Meudon et de Sèvres du département de Seine-et-Oise.

**Préfets. —** Art. 5. Les préfets sont autorisés à faire suspendre la formation ou l'exercice des établissements nouveaux qui n'ayant pu être compris dans la nomenclature précitée, seraient cependant de nature à y être placés. Ils pourront accorder l'autorisation d'établissement pour tous ceux qu'ils jugeront devoir appartenir aux deux dernières classes de la nomenclature, en remplissant les formalités prescrites par le décret du 15 octobre 1810, sauf, dans les deux cas, à en rendre compte à notre directeur général des manufactures et du commerce (1).

**Viandes, abbatoirs publics. —** Les officiers municipaux devront s'assurer de la qualité des viandes débitées par les bouchers, surveiller les abbatoirs publics et y ordonner toutes les mesures de propreté que les circonstances exige-

---

(1) Les pétitions concernant les demandes en établissement de 1re, 2e et 3e classe, doivent être formulées sur papier timbré et l'on doit les faire suivre d'un plan des lieux. — Pour la 1re classe, on s'adresse au préfet ; pour les 2e et 3e classes, au sous-préfet. On remarquera que les fours à chaux temporaires sont rangés dans la 3e classe, et les fours à chaux permanents dans la 2e.

9.

ront. Le rouissage du chanvre dans les communes rurales qui ont cette industrie est encore une cause d'insalubrité et de tendance à la propagation des fièvres endémiques. Il ne devra être toléré qu'à une distance raisonnable des habitations, afin de neutraliser les principes morbides de cette opération.

**Comestibles.** — La vente des comestibles gâtés ou corrompus, des fruits verts, du poisson d'eau douce et de mer, du gibier, des volailles, des légumes, des champignons, des œufs et généralement toutes les denrées exposées sur les marchés publics, sont des objets qui doivent appeler la sérieuse attention et la surveillance des maires et des commissaires de police. Une mauvaise alimentation recèle en elle-même le germe d'une infinité de maladies.

Les arrêtés pris par les maires, sont immédiatement adressés au sous-préfet ; le préfet peut les annuler ou en suspendre l'exécution.

Ceux de ces arrêtés qui portent règlement permanent, ne seront exécutoires qu'un mois après la remise de l'ampliation constatée par le récépissé donné par le sous-préfet. Loi du 18 juillet 1837.

# POLICE LOCALE.



**Police des cafés et cabarets.** — Nous
ne saurions trop recommauder aux fonctionnaires
municipaux, la police des cafés et cabarets et de
n'y laisser subsister que les sociétés ayant un réglement soumis à la sanction du ministre et approuvé par lui. La surveillance de ces établissements intéresse le repos et la sécurité des familles
et ils doivent exciter toute la sollicitude des autorités municipales. C'est en veillant, surtout, que
les jeux de hasard ne s'y introduisent, sous aucune
forme, en exigant la fermeture des lieux publics
aux heures indiquées par des arrêtés de police
qu'ils doivent prendre, en y faisant faire des fré-

quentes tournées, dans les communes rurales, par les gardes, dans les villes, par les commissaires et officiers de police, que leur administration sera véritablement paternelle et utile à tous.

**Jeux de hasard.** — Le jeu a été de tous les temps une passion pernicieuse qui conduit à tous les excès et rend passible des plus grands crimes l'individu qui s'y livre. Là où cette passion existe (et malheureusement elle est fort répandue dans la majorité des communes), on voit une foule de désordres moraux, de l'insubordination contre les actes de l'autorité civile, des familles qui en sont les victimes et souvent les annales de la cour d'assises enregistrent de crimes atroces dont la passion du jeu a été l'unique mobile.

**Procès-verbaux à dresser contre les joueurs.** — Un maire, pénétré de ses devoirs, se montrera sans indulgence lorsqu'il s'agira de verbaliser et de sévir contre les joueurs. Il devra même se faire un besoin impérieux de les poursuivre partout où il saura qu'ils se rassemblent; quelques leçons données aux aubergistes, cafetiers ou cabaretiers qui tiennent des jeux prohibés ne seront pas inutiles pour modérer cette passion et y mettre un frein salutaire. La justice lui viendra en aide avec plaisir, parce qu'elle sait, par expérience, que le jeu est une véritable calamité publique.

**Circulaire de M. le procureur général près la cour royale d'Aix.** — M. le procureur-général près la cour royale d'Aix, a adressé à ce sujet une circulaire à MM. les maires, que nous sommes heureux de transcrire ci-après.

Aix, 14 mars 1840.

Monsieur le Maire,

J'ai plus d'une fois appelé votre attention sur le

dommage si grave causé par la passion du jeu et sur la nécessité de surveiller et de poursuivre tous les établissements, cafés, cabarets et autres lieux, publics ou clandestins. dans lesquels se réunissent les joueurs.

Je sais que pour atteindre ce but difficile, les moyens vous ont manqué plus que le zèle; mais en vous faisant connaître aujourd'hui les nouvelles armes que l'autorité judiciaire vient de fournir à la police administrative, je me crois autorisé à vous dire qu'il ne vous reste plus qu'à vouloir fermement pour que le mal soit complètement détruit.

Je rappelle, d'abord, à vos souvenirs divers arrêts rendus par la cour de cassation (19 janvier, 22 avril 1837). L'arrêt du 22 avril, intervenu sur le pourvoi des Cafetiers de Marseille, décide qu'il appartient aux maires, non-seulement de déterminer quels sont, suivant les localités, les jeux de commerce qu'ils jugent sans inconvénient de laisser jouer dans les cafés et autres lieux publics; mais encore de *les défendre indistinctement* dans tous les établissements où ils ne les auraient pas expressément autorisés.

Ce droit dérive de l'art. 46, tit. 1er de la loi du 22 juillet 1791, de l'art. 3, tit. xi de la loi du 24 août 1790; et l'on ne saurait enfreindre les arrêtés pris en vertu de ces lois, sans encourir l'application des peines de police, portées par l'art. 471, n° 15, du Code pénal.

Puisque l'autorité municipale a le droit de régler, dans l'intérêt du bon ordre, tous les jeux publics, permettez-moi de vous dire que vous ne devez pas craindre d'user de ce droit dans toute son étendue. Si vous autorisez tel ou tel jeu de commerce, on en fera bientôt un jeu de hasard; si vous mettez aux joueurs les cartes à la main, ils trouveront toujours moyen d'éluder la surveillance de la police et l'exécution de vos arrêtés.

Ceci m'amène à vous dire que je considère, comme le plus grave des abus, la tolérance pratiquée par quelques-uns d'entre vous les jours de fêtes, foires ou marchés. Cette tolérance, a-t-on dit, est profitable à la commune, elle attire les étrangers. — Elle n'attire croyez-le bien, que des hommes dangereux. Ces hommes, joueurs nomades et de profession, souvent repris de justice et formés ainsi à l'école des prisons, n'apparaissent dans vos fêtes publiques que certains d'en rapporter en quelques heures, de très gros bénéfices. Ces bénéfices énormes ne sont par conséquent que le résultat de fraudes pratiquées au préjudice de vos agriculteurs crédules et de la jeunesse des campagnes. Vos cabaretiers peuvent bien faire quelque profit, mais vos pères de famille et leurs enfants sont dupés et dépouillés.

Je dois d'ailleurs vous faire observer que la gendarmerie a reçu des ordres précis pour saisir les jeux qui s'étalent en public, et pour verbaliser, s'il y a lieu, contre les cabaretiers qui donnent des cartes. Tout désaccord entre l'autorité municipale et les agents de la force publique, chargés de l'exécution des lois, ne pourrait que produire le plus mauvais effet. Déjà j'ai vu des collisions fâcheuses à cet égard et des négligences graves ; j'ai même été amené à donner à quelques maires l'avertissement spécifié en l'art. 280 du code d'instruction criminelle.

Tout ce que je viens de vous exposer ne s'applique qu'aux simples contraventions en matière de jeux. Vous avez, sur ce point, autorité réglementaire, et vous en userez, je l'espère, dans toute son étendue et pour le plus grand bien de votre commune,

Mais comme officier de police auxiliaire du procureur du roi, vous avez encore d'autres devoirs à remplir. L'article 410 du Code pénal prononce des peines correctionnelles contre ceux qui tiennent des maisons de jeu de hasard. On a longtemps pensé qu'il n'y avait délit que lorsqu'on jouait dans ces établissements tel ou tel jeu de hasard, comme la Vendôme, le Baccarra, le Vingt-et-Un. Les tribunaux sont enfin revenus à une jurisprudence plus large et plus rationnelle. Ils ont posé en principe que la *généralité des termes de l'art.* 410 indique suffisamment que le législateur a voulu laisser aux magistrats le soin *d'apprécier la nature des jeux* et de les réprimer *suivant les circonstances qui accompagnent la prévention*, lorsqu'une certaine part est laissée nécessairement au hasard dans les jeux.

Ainsi le tribunal de la Seine et le tribunal de Marseille ont condamné des établissements où l'on jouait l'*Ecarté*, la *Bouillote*, l'*Impériale*. Ces jugements ont été confirmés par arrêts de la cour de Paris et de la cour d'Aix.

Un auteur recommandable, M. Carnot, avait déjà enseigné la même doctrine, lorsqu'il avait dit : « Ce ne sont que les jeux de hasard que défend l'art. 410, mais *sous quelques formes qu'ils se déguisent*, ils rentrent *tous* dans sa disposition, lorsqu'ils sont *établis dans une maison destinée à cet usage.*»

La chose essentielle à considérer pour se déterminer dans les poursuites, ce n'est donc pas *la nature du jeu*, mais *les habitudes de la maison.*

Tout établissement, qui recevra habituellement des joueurs, devra être poursuivi. Les tribunaux apprécieront si *des circonstances qui accompagnent la prévention*, il résulte qu'il y a maison de jeu de hasard.

Pour faciliter l'œuvre de la justice, on sent combien il importe que les procès-verbaux constatent soigneusement les circonstances du délit. A cet effet, je recommande expressément aux officiers de police, les moyens suivants : prendre les noms des joueurs, les interroger séparément, les faire expliquer sur la nature du jeu, sur la valeur des mises, sur celle des paris, sur la rétribution payée et sur toute autre circonstance propre à faire tomber en contradiction ceux qui chercheront à déguiser la vérité.

Si ces premières opérations sont bien faites, on arrivera nécessairement à la constatation du délit.

Enfin, je ne puis m'empêcher de vous rappeler tout ce que l'autorité judiciaire a fait pour assurer, sur cette importante matière, la complète exécution des lois.

L'autorité municipale hésitait sur l'étendue de ses pouvoirs : la cour de cassation a consacré la légalité des arrêtés municipaux.

L'administration assistait en gémissant à tous les ravages causés par des jeux qu'elle ne croyait pas pouvoir poursuivre : les cours et les tribunaux ont proclamé que tous les jeux mêlés de hasard pouvaient être l'objet d'une répression, suivant les circonstances qu'il leur appartenait d'apprécier.

Que reste-t-il donc à faire pour qu'obéissance et force restent à la loi? Il faut user des armes que les tribunaux vous ont données.

Et si j'ai insisté sur les services rendus à cette cause par la magistrature, ce n'est point pour attirer sur elle une approbation qu'elle ne recherche pas ; mais, pour ajouter, à tous les motifs qui doivent nous assurer votre concours, l'impulsion que fait naître chez tous les bons citoyens l'émulation du bien public (1).

---

(1) M. Borély procureur-général.

Voici un extrait des lois à appliquer contre les joueurs. Nous allons citer d'abord celle du 19-22 juillet 1791.

**Prohibition des jeux de hasard.** — Titre 1er. art. 7. Les jeux de hasard où l'on admet, soit le public, soit des affiliés, sont défendus sous les peines qui seront désignées ci-après :

**Responsabilité des propriétaires ou locataires des maisons où l'on joue.** — Les propriétaires ou principaux locataires des maisons et appartements où le public serait admis à jouer des jeux de hasard, seront, s'ils demeurent dans ces maisons et s'ils n'ont pas averti la police, condamnés pour la première fois à 300 francs, et pour la seconde à 1000 fr. d'amende, solidairement avec ceux qui occupent les appartements employés à cet usage.

**Visites des officiers municipaux.** — Art. 10. Ils (les officiers municipaux) pourront aussi entrer en tout temps dans les maisons où l'on donne habituellement à jouer des jeux de hasard, mais seulement sur la désignation qui leur en aurait été donnée par deux citoyens domiciliés.

**Punition légale.** — Titre 2, art. 36. Ceux qui tiendraient des maisons de jeux de hasard où le public serait admis, soit librement, soit sur la présentation des affiliés; seront punis d'une amende de 1000 à 3000 francs, avec confiscation des fonds trouvés exposés au jeu, et d'un emprisonnement qui ne pourrait excéder un an, sans préjudice de la solidarité pour les amendes qui auraient été prononcées par la police municipale contre les propriétaires et les principaux locataires, dans les cas et aux termes de l'art. 7 du titre 1er du présent décret.

**Poursuite des joueurs.** — Art. 37. Ceux qui tiendraient des maisons de jeux de hasard, s'ils sont pris en flagrant délit, pourront être saisis et conduit devant le juge de paix.

Décret du 24 juin 1806.

Art. 1er. Les maisons de jeux de hasard sont prohibées en France.

**Indication des fonctionnaires publics qui doivent veiller à l'exécution de la loi.** — Les préfets, les maires et commissaires de police, sont chargés de veiller à l'exécution de la présente disposition.

**Poursuites du ministère public.** — Art. 2. Les procureurs-généraux près les cours criminelles, et leurs substituts, poursuivront d'office les contrevenants qui seront punis des peines portées par la loi du 22 juillet 1791.

**Punition des fonctionnaires, prévaricateurs.** — Art. 3. Tout fonctionnaire public, soit civil, soit militaire, qui autorisera une maison de jeu, qui s'intéressera dans ses produits, ou qui, pour la favoriser, recevra quelque somme d'argent au autre présent de ceux qui la tiendront, sera poursuivi comme leur complice.

**Régime exceptionnel pour la ville de Paris et pour les villes où il existe des eaux minérales.** — Art. 4. Le ministre de la police fera pour les lieux où il existe des eaux minérales, pendant la saison des eaux seulement et pour la ville de Paris, des réglements sur cette partie.

Le Code pénal modifie les lois précitées, et contient sur ce sujet les trois articles suivants :

**Modifications apportées aux dispositions précédentes par le Code pénal.** — Art. 410. Ceux qui auront tenu une maison de jeux de hasard, et y auront admis le public, soit librement, soit sur la présentation des intéressés ou affiliés, les banquiers de cette maison, tous ceux qui auront établi ou tenu des loteries non autorisées par la loi, tous les administrateurs, préposés ou agents de ces établissements, seront punis d'un emprisonnement de deux mois au moins et de six mois au plus, et d'une amende de 100 fr. à 6000 francs.

**Nature des punitions d'après le Code pénal.** — Art. 475. Seront punis d'une amende depuis 6 francs jusqu'à 10 fr. inclusivement, ceux qui auront établi ou tenu dans les rues, chemins, places ou lieux publics, des jeux de loterie ou d'autres jeux de hasard.

**Consfiscation des tables et instruments de jeux prohibés.** — Art. 477. Seront saisis et confisqués :

1° Les tables, instruments, appareils de jeux ou de loterie établis dans les rues, chemins et voies publiques, ainsi que les enjeux, les fonds, denrées, objets ou lots proposés aux joueurs, dans le cas de l'art. 475.

**Cercles.** — Lorsque des habitants d'une commune désirent former des réunions privées, sous la dénomination de sociétés ou cercles, ils doivent adresser leur demande au maire de la localité et joindre à l'appui de cette proposition une liste des sociétaires émargée par eux, et un projet de réglement particulier.

**Projets de réglements.** — Le maire transmet leur demande, avec les pièces qui doivent être jointes, au sous-préfet de l'arrondissement auquel il donne sur la composition de la société projetée. sur la moralité des sociétaires, tous les détails propres à éclairer ce magistrat sur le mérite de la proposition. L'avis du maire et celui du sous-préfet sont adressés, avec les pièces, au préfet du département qui les soumet au ministre.

**Articles exigés.** — Les projets de régle

ments doivent contenir deux articles principaux qui sont rigoureusement exigés :

1° Ils mentionnent la défense expresse de s'occuper de sujets politiques, et l'on conçoit que cet article est dans l'intérêt des sociétaires eux-mêmes pour la tranquillité de leur réunion et pour empêcher que des sociétés, dont le but est celui de l'amusement, de la distraction, et quelquefois une intention philantropique, ne deviennent dés clubs agités par des discussions qui ne sont pas toujours inoffensives;

2° L'interdiction des jeux de hasard. Quant à cette condition nous venons d'en démontrer la nécessité légale.

Le ministre exige rigoureusement l'insertion de ces deux clauses.

# CHAPITRE XI.

# POLICE MÉDICALE.

*Vaccinations. — Virus vaccin. — Jury médical pour l'admission aux professions médicales. — Médecins des prisons. — Levée des cadavres. — Responsabilité. — Secret. — Incapacité de recevoir par donation. — Salaire. — Jurisprudence. — Pharmaciens. — Herboristes. — Sages-femmes. — Diplôme. — Enregistrement. — Pièces à fournir pour l'obtention de bourses départementales comme élèves sages-femmes. — Certificats de résidence délivrés par les Maires. — Charlatans.*

**Tableaux de vaccination.** — D'après les instructions ministérielles MM. les maires auront à dresser dans le courant du 1ᵉʳ trimestre de chaque année, les tableaux de vaccination pratiquées dans leur commune pendant l'année précédente (1).

Ce tableau ne doit pas être négatif; s'il n'y a pas eu d'enfants vaccinés, il faut faire connaître le nombre de ceux nés dans le courant de l'année.

MM. les maires ne doivent pas se borner non plus à adresser au sous-préfet, les états qui leur

_____

(1) Voir le modèle n° 10.

sont remis par les médecins et les chirurgiens; mais ils doivent rédiger leurs tableaux sur ces états et y comprendre tous les renseignements qui peuvent faire apprécier les progrès de la pratique de la vaccination.

Le tableau dont nous fournissons le modèle, doit parvenir au sous-préfet dans la première quinzaine du mois de mars, afin que M. le préfet puisse satisfaire aux obligations qui lui sont imposées par le ministre, et faire décerner en même temps des récompenses honorifiques aux hommes de l'art qui auront le plus contribué à propager cette salutaire découverte.

**Virus vaccin.** — Lorsque MM. les médecins ou chirurgiens seront dépourvus de virus vaccin, les maires pourront en adresser la demande au sous-préfet de l'arrondissement, qui leur en fera parvenir. Dans une circulaire sous la date du 30 janvier 1843, M. le préfet des Bouches-du-Rhône, s'exprime en ces termes au sujet de la vaccination.

**Avantages de la vaccination.** — « Une longue expérience a constaté que l'inoculation de la vaccine est le plus puissant et même le seul préservatif de la petite vérole. Cette grande découverte, universelle, a repoussé partout où elle a été mise en pratique, les atteintes d'une maladie qui, jadis enlevait, chaque année, une partie de la population ; ce n'est que dans les lieux où ses bienfaits sont méconnus ou oubliés que la variole exerce ses ravages, à diverses époques, elle s'est montrée avec intensité dans quelques communes du département ; ce n'est parce qu'il y existait un nombre considérable d'enfants non vaccinés. Elle y a été mortelle pour tous ces individus non vaccinés et elle n'a atteint que légèrement ceux qui avaient été vaccinés.

**Conseils aux maires.** — « En l'absence des moyens légaux, l'autorité doit user de tous ceux de la persuasion pour bien faire comprendre à ses administrés que la pratique de la vaccine est un devoir que la nature leur impose envers leurs enfants, et qu'elle est encore pour eux un autre devoir envers la société, dont ils s'exposent à troubler la sécurité par une maladie cruelle, que leur seule obstination pourrait propager.»

Nous n'avons pas besoin de recommander ce dernier paragraphe à l'intelligence de MM. les maires, ils en sentiront la portée comme nous.

**Jury médical.** — En exécution de la loi du 21 germinal an xi et de l'arrêté du gouvernement du 25 thermidor même année, le jury médical doit procéder chaque année à la visite des officines et magasins de pharmaciens, droguistes et épiciers, pour vérifier la bonne qualité des drogues et médicamens.

**Arrivée du jury médical.** — Lorsque le jury se présentera dans une commune, le maire lui remettra l'état nominatif de ceux de ses administrés qui exercent la profession d'épicier ou de droguistes, et qui d'après la loi, doivent soumettre à l'inspection du jury, les drogues et matières médicamenteuses qui sont dans leur magasin.

**Sages-femmes.** — Les maires veillent à ce qu'aucune personne ne s'ingère dans l'art des accouchements, si elle n'est pourvue d'un diplôme (Loi du 19 ventôse an xi, 10 mars 1803) sur l'exercice de la médecine, à cet effet, si un chirurgien accoucheur ou une sage-femme se présente dans une commune pour y résider; le maire doit exiger la présentation du diplôme (1) et examiner s'il est

---

(1) Ce diplôme enregistré à la sous-préfecture du ressort de la commune, dans un livre spécial, doit

en bonne forme; dans ce cas il dresse et fait dresser procès-verbal de la contravention qu'il transmet au procureur du roi.

Les maires présentent aux autorités supérieures, pour être admises à suivre les cours d'accouchement, les femmes qui se destinent à l'état de sages-femmes; ils leur délivrent, en conséquence, un certificat de bonne vie et mœurs dans la forme qui sera indiquée ci-après.

**Ecole de la maternité.** — Si l'élève sage-femme, admise à l'hospice de la maternité, aux frais du département, en sort pourvue d'un diplôme, elle devra exercer dans la commune qui lui sera désignée par le préfet pendant un temps déterminé, dans le cas où elle ne se soumettrait pas à cette injonction, ce magistrat peut exercer des poursuites contre elle ou sa famille et revendiquer ses frais d'entretien à l'école.

**Certificat de résidence.** — Le maire transmettra au sous-préfet, un certificat de présence de la sage-femme dans la commune où elle devra exercer.

**Condition pour l'admission aux écoles.** — Pour être admises à suivre le cours d'accouchement, les personnes qui se destinent à la profession de sages-femmes doivent (1) :

---

d'être également par M. le président du tribunal civil de l'arrondissement.

(1) Les personnes qui solliciteront une bourse ou une portion de bourse départementale, comme élève sage-femme à l'école d'accouchement, devront se présenter devant la commission des hospices pour être examinées sur la lecture, l'écriture et le calcul. Si la commission juge l'instruction de l'élève suffisante, elle lui délivrera un certificat de capacité, auquel elle joindra le certificat de moralité nécessaire.

1° Savoir lire et écrire;

2° Produire leur acte de naissance et de mariage si elles sont mariées, l'acte du décès de leur époux, si elles sont veuves.

Un certificat de bonne vie et mœurs délivré par le maire de la commune.

Ce certificat annoncera l'état des père et mère de l'élève et si elle est mariée, l'état de son mari.

**pénalité pour la sage-femme exercant sans diplôme.** La femme convaincue d'avoir exercé l'art des accouchements sans avoir rempli les conditions prescrites par la loi, ne peut être renvoyée des poursuites en considération de sa bonne foi. (Arr. Cass. 6 juillet 1827.)

**Distinction.** — Toutefois le jury médical chargé de délivrer les diplômes, n'étant point constamment assemblé, les sages-femmes peuvent avec leur simple certificat de capacité délivré par la faculté de médecine, exercer *provisoirement* la profession d'accoucheuse, jusqu'à ce que le jury médical leur ait, dans sa prochaine réunion, échangé ce certificat contre un diplôme. (Réglement du 8 novembre 1810, titre 11, art. 2.) (1).

**Conditions d'exercice pour les sages-femmes.**— Aucune élève ne peut exercer ses fonctions, dans quelque lieu, que sa résidence ait été fixée, sans que l'avis n'en ait été donné, par le préfet ou le sous-préfet, au maire de la com-

---

(1) Les sages-femmes doivent, à défaut du père et dans les trois jours de toute naissance d'enfant à laquelle elles auront assisté, faire à l'officier de l'état civil du lieu, la déclaration prescrite par l'art. 55 du Code civil ( id., art. 6.) Ce défaut de déclaration est passible d'un emprisonnement de six jours à six mois, et d'une amende de 16 à 300 francs. (Code pénal, art. 340.)

mune et que ses certificats n'aient été visés à la mairie.

La loi du 19 ventôse an XI, 10 mars 1803, porte :

**Conditions d'exercice pour les docteurs et officiers de santé.**— Nul n'exerce la profession de docteur en médecine ou en chirurgie, ou d'officier de santé, s'il n'a été examiné et reçu, savoir : les docteurs, dans une des écoles de médecine établie par le gouvernement, et les officiers de santé, par le jury de médecin, de leur département.

**Enregistrement des diplômes.** — Les diplômes des uns et des autres sont enregistrés au greffe du tribunal de première instance, et à la préfecture ou sous-préfecture de l'arrondissement de leur domicile. (Art. 1er, 12, 21, 24 de la loi précitée.)

**Distinctions.**— Ceux qui auront été examinés et reçus dans l'une des six écoles spéciales de médecine, porteront le titre de docteurs en médecine ou en chirurgie, et ceux qui seront reçus par les jurys, porteront le titre d'officiers de santé.

**Anciens titres ou brevets.** — Néanmoins, les médecins et chirurgiens reçus par les anciennes facultés de médecine, par les colléges de chirurgie, et par les communautés de chirurgiens, continuent d'avoir le droit d'exercer, ainsi que ceux qui exercent dans les départements réunis, en vertu de titres pris dans les universités étrangères et reconnus légaux dans les pays formant lesdits départements (idem, art. 3.)

**Circonscription selon les grades.** — Les docteurs reçus aux écoles de médecine exercent dans toutes les communes de France, les officiers de santé ne s'établissent que dans le département où ils ont été reçus par le jury ; ils ne pratiquent les grandes opérations chirurgicales que sous la surveillance ou l'inspection d'un docteur, dans les lieux où il y en a, à peine, en cas d'accidents graves à la suite de l'opération, de recours en indemnité. (Idem, art. 28 et 29.)

**Distribution de remèdes par les officiers de santé.** — Les officiers de santé peuvent distribuer des drogues à leurs malades, dans les lieux où il n'y a pas de pharmaciens, mais sans tenir officine ouverte.

**Obligations pour les titulaires d'anciens titres.** — Les médecins et chirurgiens, reçus suivant les anciennes formes, doivent avoir présenté, dans le délai de trois mois de la publication de la loi précitée, au tribunal et à la sous-préfecture de leur arrondissement, leurs lettres de réception et de maîtrise.

**Perte de titre et manière d'y suppléer.** — Une inscription sur une liste ancienne légalement formée, ou une attestation de trois médecins ou chirurgiens légalement reconnus, donnée par voie d'information devant un tribunal, peut suppléer la perte desdites lettres de réception de maîtrise. (Idem, art. 22.)

**Conditions pour certains cas.** — Les médecins, chirurgiens et officiers de santé, établis depuis que les universités, facultés, colléges et communautés avaient été supprimés, sans avoir pu se faire recevoir, et qui exerçaient depuis trois ans, à l'époque de la loi précitée, doivent être porteurs d'un certificat du sous-préfet de leur arrondissement, délivré sur l'attestation du maire et de deux notables de leur commune, choisis par le sous-préfet : constatant qu'à l'époque de ladite loi, ils pratiquaient leur art depuis trois ans. Ce certificat leur tient lieu de diplôme d'officier de santé, et doit être enregistré au tribunal et à la sous-préfecture de leur arrondissement. (Idem, art. 23.)

**Liste annuelle.** — Chaque année, et dans chaque département, il est formé et publié par les préfets, la liste de tous les médecins, chirurgiens, officiers de santé et sages-femmes ayant le droit d'exercer. (Id., art. 25, 26 et 34.)

**Rectification de la liste précédente.** — A cet effet, les préfets demandent des renseignements aux maires pour rectifier la liste de l'année précédente, d'après les mutations qui ont lieu par suite de décès, changement de résidence ou nouveaux établissements survenus dans leurs communes, dans le courant de l'année.

**Mode.** — Les maires doivent fournir ces renseignements dans la forme du tableau que nous donnons ci-après, en remplissant les colonnes avec une scrupuleuse exactitude, et sur la présentation des titres eux-mêmes (1).

**Exercice illégal.** — Tout individu qui exerce la médecine, la chirurgie ou l'art des accouchements, sans avoir un diplôme ou un certificat ou des lettres de reception, *est traduit*, à la requête du ministère public, aux *tribunaux de police correctionnelle*, et condamné au *profit des hospices*, à une amende qui peut être portée, savoir :

**Pénalité.** — A 1000 francs pour ceux qui prendraient le titre et exerceraient la profession de docteur.

A 500 francs pour ceux qui se qualifieraient d'officiers de santé, et verraient des malades en cette qualité.

A 100 francs, pour les femmes qui pratiqueraient illicitement l'art des accouchements.

L'amende est double en cas de récidive, et les

_________

(1) V. le tableau n° 11.

délinquants peuvent être emprisonnés pendant **six mois.** (Idem, art. 35 et 36.)

**Médecins attachés aux prisons.** — Suivant une circulaire du ministre de l'intérieur, du 16 décembre 1824, les médecins chargés du service des prisons sont nommés par les préfets qui donnent avis de ces nominations au ministre.

**Déclarations d'accouchement.** — Les docteurs en médecine ou en chirurgie, les officiers de santé, les sages-femmes qui ont opéré un accouchement, sont tenus, à défaut du père, de faire la déclaration de la naissance. (Cod. civ., art. 56.)

**Avis des secours donnés à des blessés.** — Un édit de décembre 1666, et une ordonnance de police du 4 novembre 1788, rappelés par une ordonnance du préfet de police de Paris, du 25 avril 1806, portent : que tout médecin, chirurgien ou officier de santé, qui administrent des secours à une personne blessée, en doit faire la déclaration à l'officier de police le plus voisin, en indiquant les noms, profession et demeure du blessé, la cause et les circonstances de la blessure ; le tout à peine de 300 francs d'amende ; que les chirurgiens en chef des hôpitaux sont tenus de la même déclaration pour les blessés qui y sont ame nés, à peine de 200 francs d'amende; que copie de ces déclarations sont transmises à l'autorité supérieure.

**Levée des cadavres.** — Les médecins et officiers de santé peuvent être requis par les procureurs du roi et maires pour la levée des cadavres, toutes les fois qu'il s'agit d'une mort violente ou d'une mort dont la cause est inconnue et suspecte.

**Responsabilité des médecins.** — Quoiqu'un médecin soit approuvé, il ne laisse pas d'être responsable des fautes qu'il peut commettre par impéritie contre les règles de sa profession. Ce principe est fondé sur le texte précis des *institutes,* paragr. 6 et 7 *de lege Aquilia*. Il y aurait bien, suivant les circonstances, à leur appliquer les peines portées par l'art. 319 du code pénal, qui punit l'homicide commis involontairement, par inattention, négligence ou inobservation des réglements, ou celles de l'art. 320 du même code, pour blessures causées involontairement, mais par défaut d'adresse ou de précaution.

Les médecins ou officiers de santé constatent par des certificats l'impossibilité dans laquelle se trouvent les témoins de comparaître sur la citation qui leur a été donnée (Cod. d'instr. crim. art. 83.); ils certifient de même l'impossibilité dans laquelle se trouvent des jurés de se rendre à la cour d'assises.

Mais si le témoin auprès duquel le juge d'instruction doit se transporter dans le cas de l'art. 83, n'était pas réellement dans l'impossibilité de comparaître, le juge doit décerner un mandat de dépôt contre les témoins et contre l'officier de santé qui délivre le certificat. (Id. art. 86.)

Tout médecin, chirurgien ou autre officier de santé qui, pour favoriser quelqu'un, certifiera faussement des maladies ou infirmités propres à dispenser d'un service public, sera puni d'un emprisonnement de deux à cinq ans. S'il y a été mu par dons ou promesses, il sera puni du bannissement ainsi que ses corrupteurs. (Cod. pén., art. 160.)

**Médecins au conseil de révision.** — Les médecins nommés par le préfet pour assister aux opérations du conseil de révision, et qui se rendront coupables, du crime de corruption, défini par l'art. 177 du Code pénal, doivent être punis par l'application des peines portées par cet article. (Arr. cass., 26 décembre 1829.)

**Révélation de secrets confiés par des malades.** — Le médecin étant souvent dans l'occasion de connaître les secrets de ses malades, son devoir est de ne point abuser de ce qui est venu à sa connaissance, et de garder à cet égard un secret inviolable. Ce secret est ordonné par un article des statuts de la faculté de médecine, qui porte : *Ægrorum arcana, visa, audita, intellecta, nemo eliminet.*

**Pénalité.**— L'art. 378 du Code pénal porte à ce sujet les dispositions suivantes : « Les médecins, chirurgiens et autres officiers de santé, ainsi que les pharmaciens, les sages-femmes, et toutes autres personnes dépositaires, par état ou profession, de secrets qu'on leur confie qui, hors les cas où la loi les oblige à se porter dénonciateurs, auront révélé ces secrets, seront punis d'un emprisonnement d'un mois à six mois, et d'une amende de 100 fr. à 500 francs.

**Dispositions testamentaires.**— Les docteurs en médecine ou en chirurgie, les officiers de santé et les pharmaciens, qui auront traité une personne pendant la maladie dont elle meurt, ne pourront profiter des dispositions entre vifs ou testamentaires qu'elle aurait faites en leur faveur pendant le cours de cette maladie, sont exceptées :

1° Les dispositions rémunératoires faites à titre particulier, en égard aux facultés du disposant et aux services rendus;

2° Les dispositions universelles, dans le cas de parenté jusqu'au quatrième degré inclusivement, pourvu toutefois que le décédé n'ait pas d'héritiers en ligne directe. (Cod. civ., art. 909.)

**Salaires, visites.**— Les salaires des médecins qui font partie des frais de dernière maladie, sont privilégiés sur la généralité des meubles, et viennent en ordre immédiatement après les frais de justice et les frais funéraires. (Cod. civ., art. 2101.) Ils se prescrivent par une année. (Idem, art. 2272.)

**Jurisprudence.** — Un officier de santé a action pour citer directement devant le tribunal correctionnel un individu qui exerce illégalement la médecine ou la chirurgie, lorsque cet exercice illégal, ayant lieu dans l'endroit même où est établi l'officier de santé, nuit ainsi essentiellement à ses intérêts. Le droit de poursuivre n'est pas en ce cas exclusivement réservé au ministère public. (Cour royale de Paris, 4 juin 1829, Sir., 29, 2, 1.)

**Dispositions particulières.** — Un tribunal correctionnel ne peut prononcer sur la contravention d'un médecin prévenu d'exercer la médecine sans titre légal, avant que le préfet, saisi de l'affaire, ait décidé si les titres produits par le médecin étaient, conformément à l'arrêté du préfet, suffisants ou non pour l'autoriser à exercer la profession d'officier de santé. (Arr. cass., 28 ventôse, an 10.)

L'exercice de la médecine ou de la chirurgie, sans titre légal, ne peut être puni que d'une amende de simple police lorsqu'il n'y a pas eu usurpation du titre de docteur ou d'officiers de santé. (Arr. cass., 18 mars 1825 et 5 novembre 1831.)

**Pénalité pour exercice illégal.** — Le médecin condamné pour avoir exercé la médecine sans s'être conformé à la loi du 19 ventose, an 11, peut l'être à 1000 francs d'amende, *maximum* de la peine prononcée par l'art. 36 de ladite loi. (Arr. cass., 30 décembre 1813.)

**Procès-verbaux des médecins ou officiers de santé.** — Les procès-verbaux que les médecins, chirurgiens ou officiers de santé, dressent des corps de délits qui sont appelés à constater, sont valables, quoique leurs noms ne se trouvent point portés sur les listes qu'ordonne la loi du 19 ventôse, an 11. (Arr. cass., 6 novembre 1806.)

**Ecclésiastiques donnant des conseils et des soins aux malades**. — Les curés et desservants qui donnent des conseils ou des soins à leurs paroissiens malades, n'ont pas à craindre les poursuites, ni de ceux qui exercent l'art de guérir, ni du ministère public, pourvu qu'ils ne causent aucun accident qui intéresse la santé publique, et que leurs consultations et visites soient tout-à-fait gratuites. Ils ne font en cela que ce que la charité et la morale conseillent, ce que nulle loi ne saurait défendre. (Avis du conseil d'état du 8 vendémiaire, an IV.)

**Interdiction des ventes publiques de médicaments**. — Tout débit au poids médicinal, toute distribution de drogues et préparations médicamenteuses sur des théâtres ou étalages, dans les places publiques, foires et marchés, toute annonce ou affiche imprimée qui indiquerait des remèdes secrets, sous quelque dénomination qu'ils soient présentés, sont entièrement prohibés. (Loi du 21 germ., an XI, art. 36.)

Les contrevenants doivent être poursuivis par mesure de police correctionnelle, et punis d'une amende de 25 à 600 francs et, en outre, en cas de récidive, d'une détention de trois jours au moins et de dix ans au plus. (Loi du 29 pluviôse, an XIII.)

**Distinction.** Un décret du 25 prairial an XIII excepta de ces prohibitions les préparations et remèdes qui, d'après l'avis des écoles ou sociétés de médecine ou de médecins commis à cet effet depuis la loi de germinal, auraient été ou seraient approuvés, et dont la distribution aurait été ou serait permise par le gouvernement, quoique la composition n'en fût pas divulguée.

Mais toutes les permissions accordées en vertu de ce décret ont été révoquées par le décret du 18 août 1810, qui a tracé les formalités à suivre désormais par les auteurs de remèdes simples ou composés.

**Remèdes secrets.** — Tout propriétaire de remède secret, qui désire le répandre, en doit remettre la recette au ministre de l'intérieur. avec une notice des maladies auxquelles on peut l'appliquer et des expériences qui en ont été déjà faites. Le ministre nomme alors une commission chargée d'examiner la composition et le mérite du remède, ainsi que le prix qu'il convient de payer à l'inventeur pour son secret, s'il y a réclamation de la part de l'inventeur, il doit être nommé par le même ministre une commission de révision , à l'effet de faire l'examen du travail de la première, d'entendre les parties , et de donner un nouvel avis sur le rapport de la commission, le ministre fait un traité avec l'inventeur, et le secret est publié sans délai. (Art. 2, 3, 4 et 6.)

**Pharmaciens non brévetés.** — L'exercice de la pharmacie sans diplôme est un délit, alors même que le délinquant sera muni d'une patente. Dans ce cas, les tribunaux peuvent, indépendamment de l'amende prononcer la fermeture de l'officine, avec défense de récidiver. (Cass., 2 oct. 1834.)

Les prohibitions de la loi de germinal sont applicables aux sœurs de la charité comme à toutes autres personnes. (Cass., 17 mars 1834.)

Jugé encore par l'arrêt de la cour de cassation du 26 juin 1835, que toute vente ou distribution de médicaments faite d'après les doses dans lesquelles ils doivent être employés, est un débit *au poids médicinal* dans le sens de l'article 36 de la loi de germinal ; qu'il n'est pas nécessaire que les doses aient été prescrites par des médecins, chirurgiens ou officiers de santé ; que ce même article 36 qui prohibe l'annonce des remèdes secrets, en prohibe, à plus forte raison, la distribution ou vente, de quelque manière qu'elle soit faite.

Les empoisonnements par l'acide arsénieux se multipliant d'une manière effrayante, ont éveillé la sollicitude du gouvernement, pour le réglement des conditions relatives à la vente et à l'emploi des substances vénéneuses.

A la suite d'un rapport au roi, dressé par M. le ministre du commerce et des travaux publics, se trouve annexée l'ordonnance du 29 octobre 1846, que nous reproduisons ci-après.

**Substances vénéneuses.** — Art. 1ᵉʳ. Les contraventions aux ordonnances royales portant réglement d'administration publique sur la vente, l'achat et l'emploi des substances vénéneuses, seront punis d'une amende de 100 francs à 3000 fr., et d'un emprisonnement de six jours à deux mois, sauf application, s'il y a lieu, de l'art. 463 du Code pénal.

Dans tous les cas. les tribunaux pourront prononcer la confiscation des substances saisies en contravention.

Art. 2. Les articles 34 et 35 de la loi du 21 germinal an XI seront abrogés, à partir de la promulgation de l'ordonnance qui aura statué sur la vente des substances vénéneuses.

Sur le rapport de notre ministre secrétaire d'état de l'agriculture et du commerce.

Notre conseil d'état entendu.

Nous avons ordonné et ordonnons ce qui suit :

## TITRE PREMIER.

*Du commerce des substances vénéneuses.*

**Déclaration préalable.** — Art. 1ᵉʳ. Qui-

conque voudra faire le commerce d une ou de plusieurs des substances comprises dans le tableau annexé à la présente ordonnance, sera tenu d'en
faire préalablement la déclaration devant le maire
de la commune, en indiquant le lieu où est situé
son établissement.

Les chimistes, fabricants ou manufacturiers employant une ou plusieurs desdites substances, seront également tenus d'en faire la déclaration dans
la même forme.

Ladite déclaration sera inscrite sur un registre
à ce destiné, et dont un extrait sera remis au dé-
clarant ; elle devra être renouvelée dans le cas de
déplacement de l'établissement.

**Vente**. — Art. 2. Les substances auxquelles
s'applique la présente ordonnance ne pourront être
vendues ou livrées qu'aux commerçants, chimistes,
fabricants ou manufacturiers qui auront fait la déclaration prescrite par l'article précédent ou aux
pharmaciens.

**Formalités.** — Lesdites substances ne devront être livrées que sur la demande écrite et signée de l'acheteur.

**Registres d'inscription.** — Art. 3. Tous
achats ou ventes de substances vénéneuses seront
inscrits sur un registre spécial, coté et paraphé
par le maire ou par le commissaire de police.

Les inscriptions seront faites de suite et sans aucun blanc, au moment même de l'achat ou de la
vente ; elles indiqueront l'espèce et la quantité des
substances achetées ou vendues, ainsi que les noms,
profession et domicile des vendeurs ou des acheteurs.

**Surveillance.** — Art. 4. Les fabricants et
manufacturiers employant les substances vénéneuses en surveilleront l'emploi dans leurs établissements, et constateront cet emploi sur un registre

établi conformément au premier paragraphe de l'article 3.

## TITRE II.

*De la vente des substances vénéneuses par les pharmaciens..*

**La vente des substances vénéneuses confiée aux pharmaciens. — Art. 5.** La vente des substances vénéneuses ne peut être faite, pour l'usage de la médecine, que par les pharmaciens et sur la prescription d'un médecin, chirurgien, officier de santé ou d'un vétérinaire breveté.

**Les prescriptions doivent être signées et datées.** — Cette prescription doit être signée, datée, et énoncer en toutes lettres la dose desdites substances, ainsi que le mode d'administration du médicament.

**Transcription sur les registres. —** Art. 6. Les pharmaciens transcriront lesdites prescriptions avec les indications qui précèdent, sur un registre établi dans la forme déterminée par le paragraphe 1ᵉʳ de l'art. 3.

Ces transcriptions devront être faites de suite et sans aucun blanc.

**Mode pour la remise des prescriptions. —** Les pharmaciens ne rendront les prescriptions que revêtues de leur cachet et après y avoir indiqué le jour où les substances auront été livrées, ainsi que le numéro d'ordre de la transcription sur le registre.

**Conservation du registre d'inscription. —** Ledit registre sera conservé pendant vingt ans au moins, et devra être représenté à toute réquisition de l'autorité.

**Étiquettes. —** Art. 7. Avant de délivrer la préparation médicale, le pharmacien y apposera une étiquette indiquant son nom et son domicile, et rappelant la destination interne ou externe du médicament.

**Acide arsénieux.** — Art. 8. L'arsénic et ses composés ne pourront être vendus pour d'autres usages que la médecine, que combinés avec d'autres substances.

**Combinaison.** — Les formules de ces préparations seront arrêtées, sous l'approbation de notre ministre secrétaire d'état de l'agriculture et du commerce, savoir : pour le traitement des animaux domestiques, par le conseil des professeurs de l'école royale vétérinaire d'Alfort.

**Usage.** — Pour la destruction des animaux nuisibles et pour la conservation des peaux et objets d'histoire naturelle, par l'école de pharmacie.

**Délivrance des préparations.** — Art. 9. Les préparations mentionnées dans l'article précédent ne pourront être vendues ou délivrées que par les pharmaciens et seulement à des personnes connues et domiciliées.

**Mention des quantités et des personnes.** — Les quantités livrées, ainsi que le nom et le domicile des acheteurs, seront inscrits sur le registre spécial dont la tenue est prescrite par l'article 6.

**Interdiction de l'arsénic pour le chaulage des grains.** — Art. 10. La vente et l'emploi de l'arsénic et de ses composés sont interdits pour le chaulage des grains, l'embaumement des corps et la destruction des insectes.

## TITRE III.

*Dispositions générales.*

**Les substances vénéneuses seront fermées à clef.** — Art. 11. Les substances vénéneuses doivent toujours être tenues par les commerçants, fabricants , manufacturiers et pharmaciens, dans un endroit sûr et fermé à clef.

**Précautions pour le transport.** — Art. 12. L'expédition, l'emballage, le transport , l'emmagasinage et l'emploi doivent être effectués par les expéditeurs, voituriers, commerçants et manufacturiers, avec les précautions nécessaires pour prévenir tout accident.

**Pour les dépôts.** — Les fûts, récipients ou enveloppes ayant servi directement à contenir les substances vénéneuses ne pourront recevoir aucune autre destination.

**Dispositions spéciales pour Paris.**— Art. 13. A Paris et dans l'étendue du ressort de la préfecture de police, les déclarations prescrites par l'art. 1ᵉʳ seront faites devant le préfet de police.

**Visites.** — Art. 14. Indépendamment des visites qui doivent être faites en vertu de la loi du 21 germinal an XI, les maires ou commissaires de police, assistés, s'il y a lieu, d'un docteur en médecine désigné par le préfet, s'assureront de l'exécution des dispositions de la présente ordonnance.

**Représentation de registres.** — Ils visiteront, à cet effet, les officines des pharmaciens, les boutiques et magasins des commerçants et manufacturiers vendant ou employant lesdites substances. Ils se feront représenter les registres mentionnés dans les art. 1ᵉʳ, 3, 4 et 6, et constateront les contraventions.

**Procès-verbaux.** — Leurs procès-verbaux seront transmis au procureur du roi, pour l'application des peines prononcées par l'article 1ᵉʳ de la loi du 19 juillet 1845.

*Tableau des substances vénéneuses annexé à l'ordonnance du 29 octobre 1846.*

Acétate de mercure.
Acétate de morphine.
Acétate de zinc.
Acide arsénieux ; composés et préparations qui en dérivent.
Acide cyanhydrique.
Aconit et ses composés.
Alcool sulfurique (eau de Rabel.)
Anémone pulsatile et ses préparations.
Angusture fausse et ses préparations.
Atropine.
Belladone et ses préparations.
Brucine et ses préparations.
Bryone et ses préparations.
Cantharides et leurs préparations.
Carbonate de cuivre et d'ammoniaque.
Cévadille et ses préparations.
Chlorure d'antimoine.
Chlorure de morphine.
Chlorure ammoniaco-mercuriel.
Chlorure de mercure.
Ciguës et leurs préparations.
Codéine et ses préparations.
Coloquinte et ses préparations.
Conicine et ses préparations.
Coque du Levant et ses préparations.
Colchique et ses préparations.
Cyanure de mercure.
Daturine.
Digitale et ses préparations.
Elaterium et ses préparations.
Ellébore blanc et noir et leurs préparations.
Emétine.
Emétique (tartrate de potasse et d'antimoine.)
Epurge et ses préparations.

Euphorbe et ses préparations.

Fèves de Saint-Ignace; préparations qui en dérivent.

Huile de cantharides.

Huile de ciguë.

Huile de croton tiglium.

Huile d'épurge.

Iodure d'ammoniaque.

Iodure d'arsénic.

Iodure de potassium.

Iodure de mercure.

Kermès minéral.

Laurier cerise et ses préparations.

Laudanum, composés et mélanges.

Liqueur arsénicale de Pearson.

Liqueur arsénicale de Fowler.

Morphine et ses composés.

Narcéine.

Narcisse des prés.

Narcotine.

Nicotianine.

Nicotine.

Nitrate ammoniaco-mercuriel.

Nitrate de mercure.

Opium.

Oxide de mercure.

Pricotoxine.

Pignons d'inde.

Rhus radicans.

Sabine.

Solanine.

Soufre doré d'antimoine.

Seigle ergoté; préparations qui en dérivent.

Staphysaigre.

Sulfate de mercure.

Strychnine et ses composés.

Tartrate de mercure.

Turbith minéral.

Vératrine.

**Charlatans.**— On appelle charlatans ou empiriques, ceux qui vendent sur les places publiques au milieu d'un pompeux entourage et au son d'une bruyante musique, des drogues ou médicaments, des racines ou des plantes auxquelles ils attribuent la faculté de guérir un grand nombre de maladies.

M. Miroir, dans le formulaire municipal, fait des réflexions fort sensées sur les dangers de l'empirisme.

**Dangers pour les populations.** — « Il est vrai, dit M. Miroir, que tous les états, toutes les professions ont leurs charlatans ; mais ceux qui, sans avoir les plus simples notions de la médecine, osent préparer et distribuer des remèdes qu'ils appliquent à toutes les maladies indistinctement sans s'inquiéter des maux graves et des accidents funestes qui peuvent en être la suite, sont des hommes on ne peut plus dangereux et d'audacieux fripons qui ne cherchent qu'à s'enrichir aux dépens de la crédulité publique. La police doit poursuivre sans relâche de tels hommes, car c'est surtout chez les gens du peuple et de la campagne qu'ils portent leurs regards et jettent leur dévolu ; parce qu'ils trouvent là plus d'ignorance et de simplicité, et par conséquent un débit plus facile de leurs spécifiques, sinon meurtriers, au moins souvent dangereux et toujours nuisibles.

Les dispositions des art. 1er et 25 de la loi du 19 ventôse an XI, leur étant applicables, c'est à l'autorité chargée de veiller au maintien des lois, d'en ordonner l'exécution, et il appartient à MM. les maires et commissaires de police d'y veiller.

Dans les chefs-lieux de département où il existe un jury médical, ce n'est qu'après avoir produit son diplôme et ses titres à ce jury, que l'autorité doit permettre, à celui qui fait métier, de vendre publiquement ses remèdes, de les débiter sur les places publiques à la multitude assemblée. Encore, la préparation de ces remèdes ne doit-elle avoir rien de secret, autrement ils rentreraient dans la classe de ceux qui sont prohibés, sous cette dénomination par les décrets des 18 août et 26 décembre 1810.

Cette partie de la législation dont nous venons de présenter une analyse, étant fort peu connue, et encore moins pratiquée, nous avons cru devoir la traiter un peu plus longuement. Nos lecteurs nous sauront gré de cette initiation dans une branche du service de police qui intéresse au plus haut degré la santé publique.

# CHAPITRE. XII.

# EPIZOOTIES.



**Epizooties.** — L'application des lois sur les épizooties et les maladies contagieuses, prend le nom de police médicale des épizooties, ou police sanitaire des animaux domestiques, elle fait partie de l'hygiène publique (1).

-----

(1) M. Delaporte, médecin vétérinaire de l'arrondissement d'Aix, qui exerce sa profession depuis un

**Police sanitaire des épizooties du ressort de l'autorité municipale.** — Les autorités qui sont chargées de faire exécuter les arrêtés, décrets, lois et ordonnances concernant la police municipale, sont : MM. les préfets, les sous-préfets, les maires et les adjoints dans le département, M. le préfet de police à Paris et MM. les commissaires de police dans les grandes villes du royaume.

**Application des mesures et leur étendue.** — L'étendue des mesures que peuvent prendre les autorités municipales peut s'appliquer en ce qui concerne MM. les préfets, à tout le département ; à l'égard de MM. les sous-préfets, à tous les cantons qui composent leur arrondissement, et pour MM. les maires, à un seul ou plusieurs habitants de la commune, ou à la commune toute entière. La police des épizooties fait partie de la police municipale.

**Législation.** — Il n'existe point de loi spéciale sur la police sanitaire des animaux domestiques, quelques articles du Code pénal, des arrêts, des ordonnances, des arrêtés de police émanés de l'autorité municipale supérieure, composent la partie de la législation sanitaire qui a trait à toutes les maladies épizootiques et contagieuses.

**Arrêté relatif aux épizooties en général.** — L'arrêté du 27 messidor an V contient toutes les dispositions des anciens arrêts et

---

grand nombre d'années avec une véritable distinction, a eu l'obligeance de nous communiquer les notes de cet excellent article, qui sont le produit de ses observations, nous saisissons cette occasion pour lui en adresser nos remercîments publics.

Cet article sera le complément de notre chapitre relatif à la salubrité publique.

réglements relatifs aux maladies épizootiques. Cet arrêté qui ordonne l'exécution des mesures destinées à prévenir la contagion des maladies épizootiques, subsiste dans toute sa vigueur et a force de loi, aux termes de l'article 461 du code pénal, tous les arrêts et arrêtés applicables à toutes les épizooties en général et à quelques maladies contagieuses, particulières, ont également force de loi d'après l'article 484 du code pénal. Voici cet article :

Art. 484. « Dans toutes les matières qui n'ont pas été réglées par le présent code, et qui sont régies par des lois et réglements particuliers, les cours et tribunaux continueront de les observer.»

**Dispositions et arrêt de la cour de cassation.** — On a vainement tenté d'établir que les réglements, arrêts et ordonnances n'étaient pas obligatoires pour les cas particuliers d'épizooties, et que les peines qu'ils prononcent n'étaient applicables que pour le temps et les pays où il régnait des maladies épizootiques contagieuses générales. La cour de cassation a décidé la question de manière à ne laisser aucun doute, par son arrêt de la section criminelle, du 18 novembre 1808, sur le rapport de M. Lacoste, en rejettant le pourvoi dirigé contre un arrêt de la justice criminelle du département de la Gironde qui avait faussement interprété et appliqué ces réglements.

Arrêts, décrets, lois et ordonnances sur les maladies épizootiques et contagieuses depuis le 10 avril 1714 jusqu'au 27 janvier 1815.

Arrêt du conseil d'état du roi du 10 avril 1714.
Id.            id.            du 16 septembre 1714.
Ordonnance du roi du 6 janvier 1739.
Arrêt du conseil d'état du roi du 14 mars 1745.
Id.    de la cour du parlement du 24 mars 1745.
Id.    du conseil d'état du roi du 19 juillet 1746.
Id.            id.            du 31 janvier 1771.

Arrêt du conseil d'état du roi du 18 décembre 1774.
   Id.          id.        du 8 janvier 1775.
   Id.          id.        du 30 janvier 1775.
   Id.          id.        du 29 octobre 1775.
   Id.          id.        du 1ᵉʳ novembre 1775.
Ordonnance du roi du 2 novembre 1775.
Arrêt du parlement du 23 décembre 1778.
   Id.   du conseil d'état du roi du 16 juillet 1784.

Décret de l'assemblée constituante du 16 octobre 1791, et sur la police rurale du 6 octobre 1791.

Ordonnance du roi du 27 janvier 1815.

Arrêt du directoire exécutif du 27 messidor an V. (15 juillet 1797).

Les articles 459, 460, 461 et 462 du code pénal.

Les limites dans lesquelles nous devons nous renfermer, ne permettant pas de rapporter toutes les lois, arrêts et ordonnances dont nous venons de donner la simple nomenclature pour faciliter les recherches en cas de besoin, nous transcrirons cependant les articles de lois et les arrêts principaux, lesquels sont le plus souvent cités parce qu'ils sont applicables dans la généralité des cas d'épizooties.

Arrêt du conseil d'état du roi, pour prévenir les dangers des maladies contagieuses des animaux, et particulièrement la *morve*.

**Arrêt du 16 juillet 1784.** — Le roi étant informé des ravages qu'occasionnent sur les animaux, dans différentes provinces de son royaume, les maladies contagieuses dont ils sont attaqués, notamment celle de la *morve*; et considérant que cette maladie, contre laquelle on n'a trouvé jusqu'à présent aucun remède curatif, se communique, se propage et se perpétue par toutes sortes de voies; que l'écurie où un cheval atteint de la morve n'a fait que passer. les harnais et tout ce qui lui a servi, reçoivent et communiquent ce vice épizootique qui ne tarde pas à se développer; qu'une des causes principales de la contagion ne peut être attribuée qu'à la négligence et à un intérêt mal entendu des propriétaires, marchands de chevaux et de bestiaux qui, au lieu de déclarer le mal dès son principe cherchent à le déguiser, jusqu'à ce que les animaux qui en sont atteints, soient absolument hors d'état de service, que des écarrisseurs et autres, après avoir acheté des chevaux et bêtes frappés de mal, sous prétexte de les guérir ou de les abattre, en font un trafic funeste, même dans la vente des parties mortes, Sa Majesté jugeant nécessaire de réprimer des abus aussi contraires à l'agriculture et au commerce, et voulant y pourvoir; ouï le rapport du sieur de Calonne, conseiller ordinaire au conseil royal, contrôleur-général des finances, le roi, étant en son conseil, a ordonné et ordonne ce qui suit :

**Déclaration obligée pour la morve et autres maladies contagieuses.** — Art. 1er. Toutes personnes de quelque qualité et condition qu'elles soient, qui auront des chevaux et bestiaux atteints ou soupçonnés de la *morve* ou de toute autre maladie contagieuse, telles que le *charbon*, la *gale*, la *clavelée*, le *farcin* et la *rage*, seront tenues, à peine de cinq cents francs d'amende, d'en faire sur-le-champ leur déclaration aux maires, échevins ou syndics des villes, bourgs et paroisses de leur résidence, pour être lesdits chevaux et bestiaux vus et visités sans délai, en la présence desdits officiers, par les experts vétérinaires les plus prochains, lesquels se transporteront, à cet effet, dans les écuries, étables et bergeries pour reconnaître et constater exactement l'état des chevaux et animaux qui leur auront été déclarés.

**Nomination d'experts.** — Art. 2. Autorise, Sa Majesté, les sieurs intendants et commissaires départis dans les différentes provinces du

royaume à nommer autant d'experts qu'ils le jugeront à propos pour lesdites visites, choisis par
préférence parmi les élèves des écoles vétérinaires, à leur défaut, parmi les maréchaux ou autres
qui auront les certificats d'étude et de capacité du
directeur de l'école vétérinaire, ou qui auront
subi un examen sur les demandes qui leur seront
faites en présence desdits sieurs commissaires par
deux artistes vétérinaires du département.

**Obligations des experts.** — Art. 3. Seront tenus lesdits experts de prêter leur ministère
toutes fois et quantes ils en seront requis par les
officiers de maréchaussée, subdélégués, officiers
municipaux et syndics, pour examiner les chevaux
et bestiaux suspects, comme aussi de se transporter, à cet effet, dans les marchés publics et dans
les écuries des maîtres de postes, des entrepreneurs de messageries ou roulage ou loueurs de
chevaux, même aussi dans les écuries, étables et
bergeries des particuliers, sur les déclarations et
dénominations de mal contagieux qui aurait été
fait à leur égard, en se faisant toutefois, audit cas,
autoriser par le juge du lieu et accompagner d'un
officier municipal ou du syndic de la paroisse.
Fait défense Sa Majesté à toutes personnes de refuser l'entrée de leurs écuries, étables et bergeries
auxdits experts ainsi assistés, et d'apporter aucun
obstacle à ce qu'il soit procédé, conformément à ce
que dessus, auxdites visites dont il sera dressé procès-verbal, lors duquel, en cas de difficultés, les
parties intéressées pourront faire tels dires et réquisitions qu'elles aviseront, et il y sera statué,
provisoirement et sans aucun délai, par le juge qui
aura autorisé la visite.

**Déclaration obligée pour les vété-
rinaires et autres.** — Art. 4. Défenses
sont faites à tous maréchaux, bergers et autres,

de traiter aucun animal attaqué de la maladie contagieuse et pestilentielle, sans en avoir fait la déclaration aux officiers municipaux ou syndics de leur résidence, lesquels en rendront compte sur-le-champ au subdélégué qui fera appliquer sans délai sur le front de la bête malade un cachet en cire verte portant ces mots : *Animal suspect*, pour, dès cet instant, être les chevaux ou autres animaux qui auront été ainsi marqués, conduits et enfermés dans des lieux séparés et isolés. Fait pareillement défense, Sa Majesté, à toutes personnes de les laisser communiquer avec d'autres animaux, ni de les laisser vaguer dans des pâturages communs, le tout sous la même peine d'amende.

**Abatage des chevaux morveux.** — Art. 5. Les chevaux qui auront été attaqués de la *morve*, et les autres bestiaux dont la maladie contagieuse aura été reconnue incurable par les experts seront abattus sans délai, ensuite ouverts par lesdits experts, lesquels appelleront à l'abatage et ouverture desdits animaux un officier municipal ou syndic qui en dressera procès-verbal pour être envoyé audit sieur commissaire départi ou à son subdélégué ; et ce procès-verbal contiendra en détail le genre et le caractère de la maladie de l'animal, et les précautions pour éviter la contagion.

**Enfouissement des animaux morts et abattus.** — Art. 6. Les chevaux et bestiaux morts et abattus pour cause de morve, ou de toute autre maladie contagieuse pestilentielle, seront enterrés (*chairs* et *ossements*) dans des fosses de trois mètres vingt centimètres de profondeur, qui ne pourront être ouvertes plus près de cent quatre vingt-quatorze mètres dix-huit décimètres de toute habitation, et les peaux en seront tailladées ; les écuries dans lesquelles auront séjourné des chevaux *morveux*, ainsi que les étables et bergeries qui au-

ront servi aux animaux attaqués de maladies contagieuses, seront, à la diligence des officiers municipaux et experts, aérés et purifiés, lesdits lieux ne
pourront être occupés par aucuns autres animaux
que lorsqu'ils auront été purifiés, et qu'il se sera
écoulé un temps suffisant pour en ôter l'infection,
les équipages, harnais, colliers, seront *brûlés* ou
*échaudés* conformément à ce qui sera prescrit par
le procès-verbal d'abatage qui aura été dressé; et
dont sera laissé copie pour, par les propriétaires
ou autres, s'y conformer, ainsi qu'à toutes les précautions qui auront été indiquées par les experts
à l'effet d'éviter la contagion ; le tout sous la même
peine de *cinq cents francs d'amende.*

**Prohibition de la vente d'animaux
malades.** — Art. 7. Fait Sa Majesté défense,
sous les mêmes peines, à tous marchands de chevaux et autres, de détourner sous quelque prétexte
que ce soit, vendre ou exposer en vente dans les
foires et marché, ou partout ailleurs, des chevaux
ou bestiaux atteints ou suspectés de *morve* ou de
*maladie contagieuse*, et aux hôteliers, cabaretiers,
laboureurs et autres, de recevoir dans leurs écuries
ou étables ordinaires aucuns chevaux ou animaux
soupçonnés de semblables maladies, auquel cas
ils seront tenus d'en faire aussitôt leur déclaration ci-dessus prescrites.

**Écarisseurs.** — Art. 8. Autorise Sa Majesté
lesdits sieurs commissaires départis et leur subdélégués à commettre dans les villes, bourgs et villages de leurs généralités tel nombre d'écarisseurs
qui sera jugé nécessaire, lesquels seuls pourront
faire l'enlèvement et équarissage des animaux morts
dans les arrondissements qui leur seront prescrits,
auxquels il sera délivré, sans frais, une commission par lesdits sieurs intendants et subdélégués,
sans qu'aucuns autres puissent s'immiscer dans l'é-

carissage des cheveaux et bestiaux, à peine de prison.

**Obligation qui leur sont imposées.—** Art. 9. Les équarrisseurs ne pourront sous peine d'être déchus de leur commission, d'amende, ou de telle autre punition qu'il appartiendra, vendre et débiter aucune viande qui proviendra de chevaux ou animaux qui, suivant l'article 5, auront été abattus pour être enterrés.

**Dénonciation des contraventions. —** Art. 10. Autorise Sa Majesté toutes personnes à dénoncer les contraventions, qui pourront être faites aux dispositions du présent arrêt, et lorsqu'elles auront été bien et dûment constatées, le tiers des amendes qui auront été prononcées, et qui seront payables sans déport, appartiendra au dénonciateur auquel il sera accordé, en outre, une récompense proportionnée au mérite de la dénonciation.

**Avis du maire au sous-préfet ou au préfet. —** Art. 11. Seront tenus les maires et échevins dans les villes, et les syndics dans les campagnes, d'informer, au premier avis qu'ils en auront, les intendants et leurs subdélégués des maladies contagieuses ou épizootiques qui se manifesteront dans l'étendue de leur arrondissement, à peine d'être rendus personnellement responsables de tous dommages qui pourraient résulter de leur négligence.

**Amendes.—**Art. 12. Toutes les amendes encourues aux termes des articles ci-dessus, seront payées sans déport, et les contrevenants y seront contraints par toutes voies dues et raisonnables, même par emprisonnement de leurs personnes.

Art. 13. Et seront les ordonnances rendues pour la police du marché aux chevaux, et notamment

celle du 8 juillet 1763, exécutées en leur contenu.

**Compétence.** — Art. 14. Ordonne Sa Majesté que conformément aux attributions ci-devant
données, tant au sieur lieutenant-général de police
de la ville de Paris, qu'aux sieurs commissaires
départis dans les provinces du royaume, chacun
en droit soi, ils continuent d'avoir exclusivement
à tous autres juges, la connaissance des contestations qui pourraient survenir sur l'exécution du
présent arrêt, ainsi que des précédents réglements
et ordonnances intervenus au même sujet, sauf
l'appel au conseil; leur enjoint, ainsi qu'aux maires, échevins et syndics de tenir la main à l'exécution du présent arrêt, et aux officiers et cavaliers
de maréchaussée et tous autres, de prêter la main
forte et l'assistance nécessaire à cet effet.

Fait au conseil d'état du roi, Sa Majesté y étant,
tenu à Versailles, le 16 juillet 1784.

Ordonnance du roi du 27 janvier 1815, contenant des mesures pour prévenir la contagion des
maladies épizootiques.

**Obligations de MM. les préfets.** — Art.
1er. Dans tous les lieux où a pénétré l'épizootie, et
dans ceux où elle pénétrera par la suite, les préfets continueront de faire exécuter strictement les
dispositions des arrêts des 10 avril 1714, 24 mars
1745, 19 juillet 1746, 18 décembre 1774, 30 janvier 1775 et 16 juillet 1784, et de l'arrêté du Directoire exécutif du 27 messidor an V, concernant
les épizooties. ( 15 juillet 1797 ).

**Exécution par les officiers de police
administrative et judiciaire.** — Art. 2.
Sur la demande des autorités administratives, les
gardes-nationales, la gendarmerie, les gardes-champêtres, et, au besoin, les troupes de ligne, seront
employées pour assurer l'exécution des disposi-

tions rappelées et indiquées dans le précédent article et notamment pour former des cordons et empêcher la communication des animaux suspects avec les animaux sains.

**Visites dans les départements circonvoisins.** — Art. 3. Dans les départements où la maladie n'a pas. encore pénétré, les préfets ordonneront la visite des étables aussi souvent qu'ils le jugeront utile, ils exerceront une surveillance active et feront les dispositions nécessaires. pour que l'on puisse exécuter sur-le-champ, et partout où besoin sera, toutes les mesures propres à arrêter les progrès de l'épizootie, si elle venait à se manifester.

**Envois des vétérinaires sur les localités.** — Art. 4. A la première apparition des symptômes de contagion dans une commune, il y sera envoyé des vétérinaires chargés de visiter les bestiaux et de reconnaître ceux qui doivent être abattus, aux termes des réglements cités en l'article 1er. L'abatage aura lieu sans délai sur l'ordre des maires, ou des commissaires délégués par les préfets.

**Procès-verbaux pour les indemnités aux propriétaires.** — Art. 5. Il sera dressé des procès-verbaux à l'effet de constater le nombre, l'espèce et la valeur des animaux qui ont été ou qui seront abattus pour arrêter les progrès de la contagion ; les extrait de ces procès-verbaux seront transmis par les préfets à notre directeur général de l'agriculture et du commerce, qui fera établir l'état des indemnités auxquelles les propriétaires de ces animaux auront droit d'après les bases déterminées par les arrêts du conseil des 18 décembre 1774 et 30 janvier 1775.

Arrêté du 27 messidor an V, 15 juillet 1797.

**Obligations des propriétaires de**

**troupeaux atteints de la contagion.**
— Art. 1ᵉʳ. Tout propriétaire ou détenteur de bêtes à cornes, à quel titre que ce soit, qui aura une ou plusieurs bêtes malades ou suspectes, sera obligé sous peine de 500 francs d'amende d'en avertir sur-le-champ le maire de sa commune, qui les fera visiter par l'expert le plus prochain ou par celui qui aura été désigné par le département ou par le canton (arrêt du parlement du 24 mars 1745. Arrêt du conseil du 19 juillet 1746, article 3, id. du 16 juillet 1784, art. 1ᵉʳ.)

**Séparation, séquestre, Cantonnement.** — Art. 2. Lorsque d'après le rapport de l'expert, il sera constaté qu'une ou plusieurs bêtes sont malades, le maire veillera à ce que ces animaux soient séparés des autres, et ne communiquent avec aucun animal de la commune, les propriétaires, sous quelque prétexte que ce soit, ne pourront les faire conduire dans les parages ni aux abreuvoirs communs, et ils seront tenus de les nourrir dans des lieux renfermés, sous peine de 100 francs d'amende. (Arrêt du conseil 19 juillet 1746. article 2.)

**Avis au sous-préfet.** — Art. 3. Le maire en informera dans le jour le sous-préfet de l'arrondissement, auquel il indiquera le nom du propriétaire et le nombre des bêtes malades. Le sous-préfet fera part du tout au préfet du département. (Arrêt du conseil du 19 juillet 1746.)

**Obligations des maires.** — Art. 4. Aussitôt qu'il sera prouvé au maire que l'épizootie existe dans une commune, il en instruira tous les propriétaires des bestiaux de ladite commune, par une affiche posée aux lieux où se placent les actes de l'autorité publique, laquelle affiche enjoindra auxdits propriétaires de déclarer au maire le nombre des bêtes à cornes qu'ils possèdent, avec désignation d'âge, de taille, de poil, copie de ces déclarations sera envoyée au sous-préfet, et par celui-ci au préfet. (Arrêt du conseil du 19 juillet 1746, art. 4.)

**Marque distinctive.** — Art. 5. En même temps le maire fera marquer, *sous ses yeux*, toutes les bêtes à corne de sa commune avec un fer chaud, représentant la lettre M. Quand le préfet du département sera assuré que l'épizootie n'a plus lieu dans son ressort, il ordonnera une contre-marque telle qu'il jugera à propos, afin que les bêtes puissent aller et être vendues partout sans qu'on ait rien à en craindre. (Arrêt du 19 juillet 1746 et 16 juillet 1784.)

**Visites générales.** — Art. 6. Afin d'éviter toute communication des bestiaux de pays infectés avec ceux de pays qui ne le sont pas, il sera fait de temps en temps des visites chez les propriétaires des bestiaux, dans les communes infectées pour s'assurer qu'aucun animal n'en a été distrait. ( Ar. du 24 mars 1745, article 1ᵉʳ.)

**Amendes.** — Art. 7. Si au mépris des dispositions précédentes quelqu'un se permet de vendre ou d'acheter aucune bête marquée, dans un pays infecté, pour la conduire dans un marché ou une foire ou même chez un particulier de pays non infecté, il sera puni de 500 francs d'amende. Les propriétaires de bêtes qui les feront conduire par leurs domestiques ou autres personnes dans les marchés ou chez les particuliers de pays non infectés, seront responsables du fait de ces conducteurs. (Arrêt, conseil du 19 juillet 1746, article 5 et 6.)

**Prescriptions contre la violation du séquestre et du cantonnement et contre les bouchers.** — Art. 8. Il est enjoint à tout fonctionnaire public qui trouvera sur les chemins, ou dans les foires ou marchés, des bêtes à cornes marquées de la lettre M de les conduire devant le juge de paix, lequel les fera tuer sur-le-champ *en sa présence* (arrêt, cons. 19 juillet 1746, article 7.) Pourront, néanmoins les propriétaires des bêtes saines en pays infectés, en faire tuer chez eux ou en vendre aux bouchers de leur commune, mais aux conditions suivantes :

1° Il faudra que l'expert ait constaté que ces bêtes ne sont point malades ;

2° Le boucher n'entrera point dans l'étable ;

3° Le boucher tuera les bêtes dans les vingt-quatre heures ;

4° Le propriétaire ne pourra s'en dessaisir, et le boucher les tuer qu'ils n'en aient la permission par écrit du maire, qui en fera mention sur son état. Toute contravention à cet égard sera punie de 200 francs d'amende, le propriétaire et le boucher demeurant solidaires. (Arrêt du conseil, du 19 juillet 1746, art. 8.)

**Mesures contre les chiens-gardiens de troupeaux malades.** — Art. 9. Il est ordonné de tenir dans les lieux infectés tous les chiens à l'attache, et de tuer tous ceux que l'on trouverait divagants (loi 19-22 juillet 1791.) Tout fonctionnaire public qui donnera des certificats et attestations contraires à la vérité sera condamné à 1000 francs d'amende, même poursuivi extraordinairement. (Arrêt du conseil du 24 mars 1745, article 14.)

**Législations des amendes encourues.** — Art. 10. Dans tous les cas où les amendes pour les objets relatifs à l'épizootie seront appliquées, aucun juge ne pourra les remettre ni les modérer, les jugements qui interviendront, en conséquence, seront exécutés par provision, et les délinquants, au surplus, soumis aux lois de la police correctionnelle. (Arrêt du parlement de 1745, art. 7, 8. Arrêt du conseil de 1746, art. 15, 1784, article 12.)

**Enfouissement des bêtes mortes ou abattues.** — Art. 11. Aussitôt qu'une bête sera morte, au lieu de la traîner on la transportera à l'endroit où elle doit être enterrée, qui sera autant que possible au moins à 97 mètres 9 décimètres des habitations; on la jettera seule dans une fosse de 2 mètres 65 centimètres de profondeur, avec toute sa peau tailladée en plusieurs parties, et on la recouvrira de toute la terre sortie de la fosse. Dans le cas où le propriétaire n'aurait pas la facilité d'en faire le transport, le maire en requerra un autre, et même les manouvriers nécessaires, à peine de 50 francs d'amende contre les refusants. Dans les lieux où il y a des chevaux, on préférera de faire traîner par eux les voitures chargées de bêtes mortes, lesquelles voitures seront lavées à l'eau chaude après le transport, il est défendu de les jeter dans les bois, dans les rivières ou à la voirie, et de les enterrer dans les étables, cours et jardins, sous peine de 300 francs d'amende et de tout dommage et intérêts. (Arrêt du parlement de 1745, article 5. Arrêt, cons. 1784, article 6.)

Art. 12. Enfin, les corps administratifs, conformément au décret de 28 septembre 1791, emploieront tous les moyens de prévenir et d'arrêter l'épizootie.

**Dispositions du Code pénal.** — Art. 459. — Tout détenteur ou gardien d'animaux ou de bestiaux soupçonnés d'être infectés de maladies contagieuses, qui n'aura pas averti sur-le-champ le maire de la commune où ils se trouvent, et qui même, avant que le maire ait répondu à l'avertissement, ne les aura pas tenus renfermés, sera puni d'un emprisonnement de six jours à deux mois, et d'une amende de 16 à 200 francs.

**Art. 460.** Seront également punis d'un emprisonnement de deux mois à six mois, et d'une amende de 100 à 500 francs, ceux qui, au mépris des défenses de l'administration, auront laissé leurs animaux ou bestiaux infectés communiquer avec d'autres.

**Art. 461.** Si de la communication mentionnée au précédent article il en est résulté une contagion parmi les autres animaux, ceux qui auront contrevenu aux défenses de l'autorité administrative seront punis d'un emprisonnement de 2 à 5 ans, et d'une amende de 100 à 1000 francs, le tout sans préjudice de l'exécution des lois et réglements relatifs aux maladies épizootiques, et de l'application des peines y portées.

**Art. 462.** Si les délits de police correctionnelle dont il est parlé au précédent chapitre ont été commis par les gardes-champêtres ou forestiers ou des officiers de police, à quel titre que ce soit, la peine d'emprisonnement sera d'un mois au moins, et d'un tiers au plus en sus, de la peine la plus forte qui serait appliquée à un autre coupable du même délit.

**La clavelée fort répandue dans le midi de la France.** — La *clavelée* étant dans les pays du midi de la France une des maladies varioleuses la plus répandue, et faisant le plus de ravage sur les troupeaux de bêtes à laine, nous donnerons à son sujet quelques détails et instructions, et nous ferons connaître les mesures sanitaires applicables à cette maladie, ainsi que les arrêts qui ont un rapport plus direct avec cette affection.

**Maladies varioleuses.** — La vaccine ou *cow-pox* des vaches, la *clavelée* des bêtes ovines, la *variole* du porc, sont des maladies *varioleuses* bien connues de nos animaux domestiques, toutes les trois sont contagieuses.

La *clavelée* est celle qui règne souvent épizootiquement en occasionnant de grands ravages parmi les troupeaux; les deux autres sont très rares et généralement peu graves (1).

**Contagion de la clavelée.**— La clavelée est de toutes les maladies du mouton la plus contagieuse, elle survient indifféremment dans toutes les saisons, atteint indistinctement les bêtes fortes ou faibles, jeunes ou vieilles, mais jamais deux fois le même animal. Cependant le développement des boutons est plus rapide dans les saisons chaudes. La clavelée venue spontanément, c'est-à-dire naturellement, ou par contagion, ne paraît devenir contagieuse à son tour qu'à l'époque où la dessication commence à se faire, et elle conserve cette funeste propriété de se transmettre par contagion jusqu'après la desquamation et même souvent après ce terme, c'est-à-dire, pendant tout le temps que la toison retient les éléments ou les parcelles de cette desquamation. Les moyens de transmissions sont les débris cadavériques, comme la laine, les peaux, les vapeurs qui s'échappent des grandes cavités du corps, l'air atmosphérique chargé de principes volatils entraîné par les vents au-delà des bergeries, des pâturages et cela à plus de cinq à six cents pas de distance. C'est presque toujours par le transport dans les foires et marchés, des troupeaux infectés de la clavelée, lesquels suivent les chemins vicinaux ou les grandes routes,

---

(1) **Voici** ses diverses dénominations : *La clavelée, claveau, clavin, clavian, clavelin, clavelle, clavellière, clavelade, glavanne, la glave, clousian, petite vérole, variolin, picotte, rougeole, picotin, mal rouge, etc.*

que la contagion se propage sur les troupeaux sains
des pays qui en sont limitrophes.

**Incubation de la maladie.** — Les animaux qui ont été exposés à la contagion de la clavelée peuvent contracter immédiatement la maladie,
mais le virus peut séjourner quelques temps dans
l'économie et l'éruption des boutons n'apparaître
qu'après un certain laps de temps. On sait quel est
le temps qui s'écoule entre l'inoculation par la
lancette et l'apparition de la maladie (huit ou dix
jours). Mais il n'en est pas de même de l'éruption
naturelle, quelques vétérinaires pensent que l'incubation serait pour les temps chauds de six à dix
jours, d'autres, au contraire, croient que l'incubation serait de quinze à vingt jours, mais l'opinion
la plus accréditée est que l'incubation a une durée
de 6 à 7 jours.

**De la durée de la clavelée dans un
troupeau sous le rapport de la contagion.** — La clavelée parcourt quatre périodes qui
sont : l'*incubation*, l'*éruption*, la *suppuration* et la
*desquamation*. Pendant toutes ces périodes la maladie est considérée par la loi comme contagieuse, bien
que c'est à l'époque de la desquamation que la contagion est le plus à craindre, c'est alors aussi pendant ce temps que les mesures préservatrices les
plus sévères doivent être mises en vigueur.

**Durée de la clavelée.** — Lorsqu'un troupeau a contracté la clavelée, soit par contagion,
ou spontanément, la maladie se déclare d'abord
sur une portion de ce troupeau par une attaque
qui porte le nom de *bouffée* ou *lunée*, bénigne, la
clavelée parcourt toutes ses périodes en vingt à
trente jours au plus. Cette première attaque est
bientôt suivie d'une seconde *bouffée*, durant laquelle la maladie revêt un caractère plus malin,
cette seconde période d'éruption peut être con-

fluente, et par le fait très redoutable pour la contagion, un mois est la durée de cette seconde infection ; alors les deux tiers au moins du troupeau
ont été envahis. Enfin le dernier tiers du troupeau
est à son tour infecté et cette dernière *bouffée* présente à peu près les mêmes caractères que la première et dure encore un mois. C'est donc pendant
trois mois que la clavelée naturelle sévit sur un
troupeau, mais il est des cas exceptionnels dans
lesquels la maladie sévit sur le même troupeau
pendant six mois et quelquefois une année. Les
grands troupeaux sont dans ce cas, alors surtout
qu'ils sont composés d'animaux de races différentes et qu'ils sont constamment dans les pâturages.
Il est, en outre, bien prouvé que, malgré la cessation
de la maladie après trois mois d'existence dans un
troupeau, ce même troupeau est cependant encore
apte à transmettre la contagion. Des application motivent l'opinion admise sur ce point, en considérant
que des éléments contagieux, imperceptibles à nos
sens, peuvent s'attacher à la laine et y demeurer
fixés, surtout dans les toisons fines et tassées.

**Police sanitaire applicable à la cla-
velée ovine.**— Lois et arrêts ayant trait à cette
maladie.

**Lois diverses.** — L'arrêt du conseil d'état
du roi du 10 avril 1714.

L'arrêt du conseil d'état du roi du 16 juillet
1784.

Le décret de l'assemblée constituante, concernant les biens et usages ruraux et la police rurale,
du 6 octobre 1791, les articles 459, 460, 461 et
462 du code pénal sont applicables à la clavelée des
moutons aussi bien qu'à toutes les maladies contagieuses.

**Arrêt du parlement.** — Qui ordonne que
les moutons, brebis et agneaux qui seront attaqués

de la clavelée, seront séparés de ceux qui sont
sains, fait défenses à toutes personnes de les exposer en vente dans les foires et marchés, et aux
bouchers de les tuer et d'en débiter la viande.

**23 décembre 1778.** — La cour ordonne que
dans les lieux où il y aura des moutons attaqués
de la maladie du claveau, les officiers, soit du roi,
soit des sieurs hauts justiciers, auxquels la police
appartient, chacun dans leur territoire, même les
syndics des communautés, en cas d'absence desdits officiers, seront tenus de prendre des déclarations exactes, des moutons, brebis et agneaux de
chaque particulier et de les faire visiter par des
personnes à ce intelligentes; deux fois la semaine
au moins, le tout sans frais, pour connaître s'il n'y
a pas des moutons, brebis et agneaux infectés de
la maladie, enjoint à tous ceux qui ont ou qui auront des brebis, moutons ou agneaux malades, de
le déclarer aussitôt auxdits officiers, à peine de
cent francs d'amende contre chaque contrevenant
pour être, les bêtes malades, séparées de celles
qui seront saines et mises dans d'autres écuries,
étables et lieux, qu'en cas que le bétail malade
puisse être conduit au pâturage, il soit mis à la
garde d'un berger qui sera choisi par la communauté, et qui ne pourra conduire le bétail que
dans les cantons et lieux qui seront indiqués par
lesdits officiers, à peine de punition corporelle et
de tous dommages et intérêts dont la communauté
demeurera responsable; fait défenses à toutes personnes de conduire des moutons, brebis et agneaux
des baillages et lieux où la maladie du claveau est
répandue, pour les vendre dans d'autres baillages
et lieux; ordonne qu'il ne pourra être vendu des
moutons, brebis et agneaux qu'après que ceux qui
les conduisent auront préalablement représenté
aux juges des lieux ou la vente en sera faite, un

certificat des officiers du lieu d'où lesdits moutons, brebis et agneaux auront été amenés, portant qu'il n'y a point de maladie du claveau dans ledit lieu sur ledit bétail, ni à trois lieues au moins à la ronde ; lequel certificat sera visé par ledit juge, sans frais, le tout à peine de trois cents francs d'amende pour chaque contravention, même de confiscation des bestiaux, s'il y échet ; fait pareillement défenses à toutes personnes, sous les mêmes peines, d'exposer en vente dans les foires et marchés aucuns moutons, brebis ou agneaux, même aux bouchers de tuer et débiter la viande desdits animaux qu'après qu'ils auront été vus et visités par personnes à ce intelligentes nommées par lesdits officiers, et ce à l'égard des bestiaux qui seront exposés en vente dans les foires et marchés avant que lesdits bestiaux puissent être amenés dans le lieu de la foire ou du marché, pour savoir s'ils ne sont pas infectés de la maladie du claveau, ou même suspects d'en être attaqués, et être ceux qui se trouveront dans cet état, renvoyés sur-le-champ dans les lieux d'où ils auront été amenés, que les moutons, brebis et agneaux qui seront jugés sains, ne pourront être mêlés avec ceux de celui qui les aura achetés, ni avec ceux des habitants des lieux où ils seront vendus qu'après en avoir été séparés au moins pendant huit jours, à peine de cent francs d'amende pour chaque contravention ; ordonne qu'aussitôt que les bêtes attaquées de la maladie du claveau seront mortes, les propriétaires et fermiers seront tenus de les enterrer avec leurs peaux dans les fosses de 1 mètre 97 centimètres de profondeur, et de recouvrir exactement les fosses jusqu'au niveau du terrain ; fait défenses à toutes personnes de jeter lesdites bêtes mortes dans les rivières, ni de les exposer à la voirie, même de les enterrer dans les écuries, cours, jardins et ailleurs que hors l'enceinte des villes, bourgs et villages, à peine de trois cents francs d'amende et de tous dommages et intérêts; fait défenses à toutes personnes de tirer des fosses lesdites bêtes, sous quelque prétexte que ce puisse être, et aux tanneurs et autres d'en vendre ou acheter les peaux, à peine de trois cents francs d'amende, même d'être poursuivi extraordinairement : ordonne que les jugements qui seront rendus par les juges des lieux en conséquence du présent arrêt, et pour prévenir la mortalité du bétail; seront exécutés par provision nonobstant toutes oppositions, appellations et empêchements quelconque et sans y préjudicier; ordonne que le présent arrêt sera imprimé, lu, publié et affiché partout où besoin sera; enjoint aux substituts du procureur-général du roi d'y tenir la main, d'en envoyer des copies dans les justices de leur ressort, pour y être pareillement lu, publié et affiché, et de certifier, le procureur-général du roi, de l'exécution du présent arrêt.

**Avantages de l'inoculation de la clavelée comme moyen d'abréger la durée de la maladie et de la rendre bénigne.** —L'inoculation diffère de la vaccine en ce que l'on communique à l'animal sain par le virus claveleux, la maladie (la clavelée) pour la rendre bénigne et en abréger la durée, tandis que la vaccine ou le vaccin (qui produit également un virus), préserve de la petite vérole, c'est une maladie éruptive qui préserve d'une autre maladie. On a reconnu que la mortalité occasionnée par la clavelée naturelle dans les troupeaux pouvait s'élever dans quelques circonstances, assez communes, au quart, au tiers et même à la moitié de la totalité des animaux attaqués, et à la totalité pour les agneaux qui naissent pendant la maladie, alors surtout, qu'elle est con-

fluente, tandis que la clavelée inoculée convenable-
ment ne fait périr que les deux centièmes des animaux atteints. L'inoculation de la clavelée met le
troupeau clavelisé dans la même position; (quant aux
risques de la contagion pour les troupeaux sains,)
que celle provenant de la contagion ou celle de la clavelée naturelle. Lorsque la clavelée débute dans un
troupeau, sa durée par *bouffée* est de trois mois, quelquefois six mois et même une année, tandis que la
clavelée inoculée à tout un troupeau, quel que soit le
nombre des bêtes qui le composent, ne se prolonge
point presque au-delà du terme d'une *bouffée*, c'est-à-
dire *quarante jours*. Les avantages de la clavélisation
ou inoculation, sont incontestables, soit que l'on
les envisagent sous le rapport de la police sanitaire, soit qu'on veuille abréger la durée de la maladie et en diminuer surtout, les chances de mortalité. Enfin, lorsque presque tous les troupeaux
d'une commune sont atteints de l'épizootie clave-
leuse, ou ceux d'un canton ou d'un arrondissement,
l'avantage de la clavélisation générale, présente outre les avantages ci-dessus, ceux de dispenser de
quelques mesures sanitaires vexatoires et coûteu-
ses, telles que la séquestration ou le cantonnement partiel des troupeaux.

Les maires peuvent dans l'intérêt de leurs administrés ordonner, comme mesure sanitaire, l'i-
noculation de tous les troupeaux de leur commune.
Le sous-préfet peut également prescrire par un
arrêté cette mesure pour tout un canton ou pour son
arrondissement. Il en est de même du préfet qui
peut étendre cette mesure pour tout son département, ainsi que l'ordonnât M. le préfet du Pas-de-
Calais par son arrêté du 5 octobre 1815.

**Conduite à observer par les pro-
priétaires de bestiaux ou d'animaux
domestiques atteints ou soupçonnés**

**de maladies épizootiques ou contagieuses.**— Les personnes qui possèdent des animaux ou bestiaux soupçonnés ou affectés de maladies contagieuses, doivent en avertir sur-le-champ le maire ou l'adjoint de la commune où ils se trouvent, quand il s'agit d'un village, dans les grandes villes la déclaration doit être faite au commissaire de police du quartier. Cette déclaration peut être faite verbalement et mieux encore par écrit. Les lois, arrêts et ordonnances sont tous très précis sur ce point (1).

## MODÈLE DE LA DÉCLARATION.

A M. le maire d                    canton d
département d

Monsieur le maire,

Le sieur (nom, prénoms, surnoms, profession et domicile) a l'honneur de vous informer qu'une de ses brebis, chevaux ou autres animaux, ou plusieurs est atteint ou sont atteintes de la maladie de (indiquer la maladie) qui dit-on est contagieuse, de laquelle déclaration le soussigné vous prie de vouloir bien lui accuser réception.

Agréez, M. le maire, l'assurance de ma parfaite considération.

A                    (date)         184.
(signature du propriétaire.)

---

(1) A l'avenir aucun propriétaire ne pourra prétendre des indemnités pour pertes de bestiaux, morts d'épizooties, sans produire un certificat du maire, constatant qu'un vétérinaire bréveté a été appelé pour les traiter le seul cas où ce certificat ne sera pas exigé, est celui où il n'existerait pas de vétérinaire bréveté dans un rayon de 8 kilomètres, autour de l'habitation ou l'épizootie aura régné.

Circulaire de M. le ministre de l'agriculture et du commerce, du 7 avril 1841.

**Séquestration.** — Après la déclaration, le propriétaire devra séparer les bêtes malades des saines. S'il s'agit de chevaux, bœufs et les tenir renfermés, sequestrés, jusqu'à ce que le maire ait fait visiter lesdits animaux et ait prescrit les mesures convenables. Lorsqu'il s'agira de la clavelée, tout le troupeau doit être tenu renfermé, quel que soit le nombre des bêtes atteintes de la maladie. Article 459 du Code pénal.

**Conduite des propriétaires.** — Les propriétaire devront se conformer à tout ce qui leur sera prescrit par l'arrêté du maire, et déclarer à l'autorité, la mortalité des bêtes avant de les avoir fait enlever des lieux où ils ont succombés, ne jamais les faire tuer sans y être autorisé par le maire, lequel doit être présent, ou. un adjoint, à l'abatage dont il doit être dressé procès-verbal. Ne jamais changer de cantonnement, sans autorisation préalable, et se conformer pour cette dernière opération aux précautions ordonnées par l'autorité locale, ne quitter le cantonnement ou faire cesser le sequestre des animaux même après la guérison que lorsqu'ils y auront été légalement et officiellement autorisés. Recevoir pendant toute la durée de la maladie de leurs bestiaux ou animaux, les autorités et les hommes de l'art qui les accompagneront, pour visiter et constater le genre de maladie, ils devront répondre à toutes les questions qui leur seront adressées à ce sujet. Ne pas s'opposer à l'abatage des animaux reconnus incurables. Ils devront enfin assainir leurs étables, écuries, bergeries, après la cessation de la maladie en employant pour cela faire, tous les procédés qui leur seront indiqués par l'autorité du lieu.

**Obligations que la loi impose à l'autorité municipale, lorsqu'une maladie contagieuse ou épizootique se déclare**

**dans sa commune.** — Nous avons déjà dit que les autorités municipales qui sont chargées de faire exécuter les arrêts, lois et ordonnances concernant la police rurale, sont MM. les préfets, sous-préfets, les maires et adjoints dans les départements, MM. les commissaires de police dans les grandes villes.

**Décret de la constituante.** — Le décret de l'assemblée constituante rendu sur l'organisation judiciaire des 16-24 août 1790, dit, titre II, art. 3 : « Les objets de police confiés à la vigilance et à l'autorité des corps municipaux, sont : § 5, les soins de prévenir, par les précautions convenables, et celle de faire cesser, par la distribution des secours nécessaires, les fléaux, tels que les maladies *épizootiques*, en provoquant ainsi dans ces deux derniers cas l'autorité des administrateurs du département et du district.»

Le décret de la constituante concernant les usages ruraux et la police rurale, du 6 octobre 1791, § 3, titre 1er, section 4, article 20, dit en parlant des officiers municipaux : « Ils emploieront particulièrement tous les moyens de prévenir ou d'arrêter les épizooties et la contagion de la *morve* des chevaux.»

**Loi récente.** La loi du 18-22 juillet 1837, sur l'administration municipale au chapitre 1er des attributions des maires dit à l'article 11. Le maire prend des arrêtés à l'effet :

1° D'ordonner les mesures locales sur les objets confiés par les lois à sa vigilance et à son autorité ;

2° De publier de nouveau les lois et réglements de police, et de rappeler les citoyens à leur observation. Les arrêtés pris par le maire sont immédiatement adressés au sous-préfet. Le préfet peut les annuler ou en suspendre l'exécution, ceux de cès arrêtés qui portent réglement permanent né seront exécutoires qu'un mois après la remise de l'ampliation constatée par les récépissés donnés par le sous-préfet.

**Interprétation**. — D'après l'interprétation des décrets, lois et ordonnances ci-dessus, il est évident que les autorités municipales sont constituées, en ce qui touche les maladies contagieuses des animaux, de véritables législateurs d'un ordre subalterne et qu'ils doivent, pour la localité placée dans leur ressort, prendre par des arrêtés les mesures qu'ils jugeront convenables dans l'intérêt de leurs administrés et de la salubrité publique, et que d'après les articles 3 et 20 ci-dessus cités l'obligation de MM. les maires de prendre des arrêtés pour prescrire les mesures locales relatifs aux objets confiés à leur vigilance, il n'est pas nécessaire qu'ils en aient, au préalable, obtenu l'autorisation du sous-préfet ou du préfet. Il suffira seulement que ces autorités supérieures en soient averties immédiatement après. (Art. 11 de l'arrêt du conseil du 16 juillet 1784.)

C'est donc aux autorités municipales que les lois confèrent le droit de rendre obligatoires, pour les citoyens de leur commune, toutes les mesures sanitaires capables d'arrêter la propagation des maladies épizootiques et contagieuses. Ces attributions confiées aux autorités municipales sont de la plus haute importance, puisqu'elles intéressent à la fois la propriété particulière et générale, elles sont le point de départ de toutes les mesures sanitaires les plus urgentes, car c'est précisément dans le début d'une maladie contagieuse qu'on parvient plus facilement à en arrêter les progrès par l'isolement, la séquestration, le cantonnement ou l'occision de l'animal ou des animaux malades, ce qu'il importe surtout de faire exécuter sur-le-champ, afin d'arrêter, de limiter, de circonscrire les progrès de la maladie, et faire naître par ces moyens la sécurité parmi les habitants de la commune où règne la maladie et pour ceux des pays environnants. Au reste, l'article 14 de l'arrêt du conseil d'état du roi du 16 juillet 1784, charge spécialement les autorités locales de faire exécuter les ordonnances qui concernent les maladies contagieuses, par tous les moyens qui sont en leur pouvoir. Quant aux peines et amendes infligées par le code pénal et les arrêts et ordonnances sur la matière envers les contrevenants; voici ce que dit à cet égard le décret de la constituante sur l'organisation judiciaire, du 16-24 août 1790, titre 11, art. 1 et 2.

**Surveillance des corps municipaux.** — Art. 1er. Les corps municipaux veilleront et tiendront la main, dans l'étendue de chaque municipalité, à l'exécution des lois et réglements de police, et connaîtrons du *contentieux* auquel cette exécution pourra donner lieu.

**Poursuites.** — Art. 2. Le procureur de la commune (le maire) poursuivra d'office les contraventions aux lois et réglements de police, cependant chaque citoyen qui ressentirait un tort ou un danger personnel, pourra intenter l'action en son nom.

**Pénalité.** — Outre l'article 450 du code pénal qui punit d'un emprisonnement de deux mois à six mois et d'une amende de cent à cinq cents francs, les contrevenants en matière d'épizootie, le même code dit au chapitre 11 des contraventions et délits, article 471, § 15 : Ceux qui auront contrevenus aux réglements légalement faits par l'autorité administrative, et ceux qui ne se seront pas conformés aux réglements ou arrêtés publiés par l'autorité municipale, en vertu des articles 3 et

4, titre XI, de la loi du 16-24 août 1790, et de l'art. 46, titre 1er de la loi du 19-22 juillet 1791,

D'après ce qu'il vient d'être dit toutes les contraventions aux arrêtés des maires en ce qui touche les maladies épizootiques contagieuses, doivent être d'office dénoncées à l'autorité judiciaire par l'envoi d'un procès-verbal rédigé par le maire et envoyé au procureur du roi du ressort.

**Pouvoir discrétionnaire de MM. les maires.** — Si nous avons insisté sur les premiers devoirs des autorités municipales, c'est dans le but de convaincre MM. les maires qu'ils ont, en ce qui touche les mesures de police sanitaire des maladies contagieuses, des pouvoirs discrétionnaires qu'ils ne tiennent nullement de MM. les préfets ou sous-préfets ; ces autorités, informées des mesures qu'ils auront prises, pourront seulement les approuver si elles sont bonnes, les rejeter si elles sont mauvaises, ou les modifier s'il y a lieu. Loi du 19-22 juillet 1791, art. 16.

Après la déclaration faite par le propriétaire à l'autorité pour lui faire connaître qu'il possède des animaux affectés de mal contagieux, celle-ci doit donner acte de cette déclaration.

## VOICI UN MODELE DE CETTE PIECE.

L'an mil            l heure de            par-devant nous (nom et prénoms) maire (ou adjoint) de la commune d            s'est présenté le sieur (nom, prénoms, profession et demeure) lequel nous a dit (ou écrit) que ses chevaux, bœufs, moutons ou porcs, étaient atteints de maladie ; qui nous en a fait la déclaration au désir de la loi, et en a requis actes que nous lui avons octroyé, et qu'il a signé avec nous, les jour mois et an que dessus.

Signature du maire.

Le cachet doit être apposé sur cette pièce et remise au propriétaire.

**Obligations de MM. les maires.** — N'importe de quelle manière l'autorité ait été prévenue, que ce soit par les vétérinaires ou le bruit public, qu'il existe dans une commune, ou partout ailleurs, des animaux affectés ou suspectés de maladies contagieuses ou qu'elle en ait reçu la déclaration verbale ou écrite, elle doit s'empresser de nommer un expert vétérinaire le plus prochain, articles 1, 2, 3 et 5 de l'arrêt du conseil d'état du roi du 16 juillet 1784; et titre XI, art. 14, du décret du 15 janvier 1813, à l'effet de faire visiter en sa présence ou celle de son adjoint les animaux suspects ou atteints de mal contagieux, et si les animaux malades sont susceptibles d'être traités, séquestrés, cantonnés, marqués, abattus, ouverts et enfouis; si les bergeries, écuries ou autres lieux doivent être désinfectés, c'est l'autorité qui doit faire mettre à exécution ces mesures de police sanitaire, si elle les a ordonnées. Art. 1, 4, 5, 6 et 14 de l'arrêt du conseil du 16 juillet 1784. Cependant, alors qu'il s'agira de l'abatage des animaux reconnus incurables par les experts, si le propriétaire de l'animal ou des animaux ne consentait pas à cet abatage il pourrait demander la nomination d'un autre expert, à ses frais, pour faire une contre visite. Dans le cas où cet expert serait du même avis que le premier, l'animal serait sacrifié sur-le-champ en la présence du maire, mais si le second expert ne partageait pas l'opinion du premier il en serait nommé un troisième par l'autorité pour départager les opinions. Ce serait d'après la décision de ce dernier expert, qui devrait adopter nécessairement l'opinion de l'un des deux premiers, que l'autorité se prononcerait sur l'abatage ou la séquestration pour permettre le traitement de l'animal atteint de contagion. (Art. 3 de l'arrêt du conseil d'état du roi du 16 juillet 1784.)

Le maire d'une commune qui a prescrit toutes les formalités, doit en avertir le sous-préfet par l'envoi de son arrêté et de plus en donner avis aux maires des communes les plus rapprochées de la sienne.

## VOICI UN MODÈLE D'UNE SEMBLABLE LETTRE.

Monsieur et cher collègue,

J'ai l'honneur de vous informer que la maladie du                s'est manifestée dans le troupeau du sieur             de ma commune, au quartier de             elle est contagieuse (faire connaître les mesures qui ont été prises pour en arrêter les progrès) je m'empresse, monsieur et cher collègue, de vous en prévenir afin que vous puissiez de votre côté, prescrire au sujet de cette maladie, toutes les mesures que vous jugerez convenables.

Agréez, etc.

Signature du maire.

Même lettre du maire au sous-préfet jointe aux deux expéditions de son arrêté pour le prévenir de l'existence d'une maladie contagieuse.

**Obligation du maire de prendre un arrêté.** — Il est donc bien démontré que le maire d'une commune où débutera la maladie est obligé de prendre un arrêté (voir plus loin le modèle d'arrêté) par lequel il prescrira toutes les mesures, lequel arrêté doit être signifié au propriétaire, mais est-il besoin pour cela faire, qu'il y soit autorisé par le préfet ou le sous-préfet? Evidemment *non*, car, pendant le temps qui s'écoulerait entre la demande et l'autorisation, l'adoption, la rédaction, l'impression, la publication des mesures sa-

nitaires, la maladie aurait le temps de se propager
et d'occasionner des ravages qu'il serait difficile à
arrêter plus tard. Le maire ne saurait non plus,
attendre l'arrivée du vétérinaire agent de l'autorité, pour accomplir les devoirs que lui imposent
les lois sur la matière. L'autorité départementale,
ayant la haute main sur la police sanitaire des
animaux domestiques, envoit sur les lieux un
agent, homme de l'art, chargé de donner des
conseils aux autorités, aux propriétaires, d'examiner si les formalités ont été exactement indiquées et fidèlement remplies, d'indiquer les
traitements convenables ainsi que les mesures
exceptionnelles à prescrire aux divers cas d'épizooties, et du tout faire rapport au sous-préfet ou au
préfet.

**Cantonnement.**—On donne le nom de cantonnement, que ce soit dans une propriété com-
munale, (terre gaste) ou partout ailleurs, à un espace déterminé et limité par l'autorité locale. Ces
limites peuvent être naturelles lorsqu'elles sont
bornées par des rivières, ruisseaux, chemins,
grandes routes, montagnes vallées, etc. Mais quelle
que soit l'étendue ou la position du cantonnement,
les chemins de toute nature ne peuvent être compris dans l'étendue de ces cantonnements, et les
troupeaux ou bestiaux les traverser pour s'y rendre et en approcher à plus de 500 mètres au
moins, la même distance, doit être observée dans
les limites d'une propriété à l'autre, c'est dans ces
cas, que le garde-champêtre doit être chargé par
l'autorité de placer des termes de distances en distance, tels que pierres, jalons, sur les limites ex-
trêmes des deux propriétés limitrophes ; la défense
s'applique également aux propriétaires de troupeaux sains, comme à ceux des troupeaux malades. Les abreuvoirs particuliers pour les animaux

malades doivent également faire partie du cantonnement, ainsi que les chemins particuliers que pourront seuls tenir les troupeaux pour se rendre dans leurs cantonnement, et lesquels chemins, par conséquent, interdits aux animaux sains; ces sentiers ne pourront jamais être que des chemins de quartiers, desquels seuls, les maires ont droit de disposer en cas d'épizooties contagieuses. Lorsque les cantonnements sont épuisés et qu'il faut pourvoir à en changer, c'est au propriétaire à s'en procurer un autre, l'autorité municipale n'étant nullement chargée de ce soin, seulement, elle doit en être préalablement avertie, afin d'approuver ce changement et de le faire exécuter avec toutes les précautions convenables pour éviter la contagion sur les animaux sains de la commune.

*Modèle d'arrêté à prendre par MM. les maires pour les cas d'épizooties et maladies contagieuses des bestiaux* (1).

Vu la déclaration à nous faite, (ou au commissaire de police ou à notre adjoint, par écrit ou verbalement, le (date du mois et l'année) par le sieur (nom, prénoms et surnoms) propriétaire (berger. détenteur ou conducteur, fermier ou métayer) au domaine de (désignation de la propriété et du quartier (appartenant à M. (nom et prénoms du propriétaire) portant, qu'il s'est aperçu que son troupeau (cheval, bœuf ou porc) composé de (indiquer le nombre d'animaux) est atteint de la maladie connue sous le nom de (indiquer le genre de maladie. )

---

(1) La minute de l'arrêté doit être inscrite sur le registre des arrêtés de la commune.

Nous maire de la commune ( désignation de la commune de la ville (arrondissement de département d

Vu l'arrêt du conseil d'état du roi du 16 juillet 1784, la loi du 16-24 août 1790, et celle du 19-22 juillet 1791 ; l'arrêté du 27 messidor an V, l'ordonnance du roi du 27 janvier 1815 et l'article 11 de la loi du 18 juillet 1837.

Arrêtons ce qui suit :

Art. 1er. Le sieur (nom, prénoms et profession de l'expert) (lequel devra être vétérinaire brévété autant que faire se pourra, article 14, titre 2, du décrêt du 15 janvier 1813) de cette commune (ou d'ailleurs) ayant été commis par nous pour se transporter, et nous accompagner sur la propriété ci-dessus désignée, à l'effet d'y visiter, constater en notre présence (ou celle de notre adjoint) le genre et l'espèce de maladie dont les animaux du sieur          sont atteints.

Art. 2. Sur le rapport qui nous en a été fait par écrit (ou verbalement) par l'expert ci-dessus désigné, que le troupeau (cheval, mulet, âne, bœuf ou porcs) est atteint de la (désigner la maladie) maladie qu'il nous a dit être contagieuse, nous avons ordonné les prescriptions suivantes :

1° La séparatiou des bêtes malades d'avec les animaux sains, (la séquestration ou l'abatage immédiat) ;

2° Avons assigné un cantonnement (donner la description détaillée du cantonnement avec ses limites et l'abreuvoir particulier, ainsi que les sentiers que le troupeau devra tenir pour s'y rendre) ;

3° Les propriétaires des troupeaux sains de la commune seront avertis (ou assemblés) pour les prévenir qu'il existe un troupeau atteint d'une maladie contagieuse (leur faire connaître les mesures et leur enjoindre de se tenir éloignés du cantonnement qui a été donné au troupeau malade) ;

4° Même avis sera donné aux maires des communes voisines.

Art. 3. Il est expressément défendu **au sieur** (nom et prénoms du propriétaire du troupeau) ou soit à son berger, et à tous autres, et sous **toutes** les peines portées par les arrêts, lois et ordonnances sur les épizooties contagieuses, de conduire son troupeau dans les pâturages et abreuvoirs communs avec d'autres troupeaux sains, et partout ailleurs que dans le cantonnement qui lui a été désigné, de tenir son troupeau constamment écarté ou éloigné de) 500 mètres des grandes routes ou autres, de laisser dévier les bêtes des chemins ou sentiers qui lui ont été désignés pour se rendre à son cantonnement, de vendre ou d'exposer en vente, et même d'acheter des animaux de la même espèce que ceux qui sont malades, et de conduire partout ailleurs des animaux atteints ou suspectés de maladies contagieuses, et de quitter le cantonnement qui lui a été désigné par nous, même après la guérison jusqu'à ce qu'il en ait été autrement ordonné par l'autorité d'après la visite du médecin vétérinaire de l'arrondissement.

Art. 4. Le sieur (nom du propriétaire) sera tenu d'assainir, par tous les moyens qui seront indiqués, sa bergerie, son écurie (ou autres lieux,) après la cessation de la maladie.

Art. 5. Le sieur (nom du propriétaire) sera tenu de maintenir jour et nuit tous ses chiens attachés et enfermés, pendant toute la durée de la maladie (cet article n'est pas applicable pour les cas de morve.

Art. 6. Les troupeaux ou autres animaux de la commune seront visités plusieurs fois afin de s'assurer s'ils n'ont pas contracté la maladie.

Art. 7. M. l'adjoint et le garde-champêtre, dans les communes, le commissaire de police et le garde-champêtre dans les villes, sont chargés chacun en ce qui le concerne de l'exécution du présent arrêté, qui sera publié, affiché dans la commune , et dont deux extraits seront envoyés à M. le sous-préfet pour être soumis par lui à l'approbation de M. le préfet.

Fait à la mairie de          le          184  .

Signature du maire.

Apposition du cachet de la mairie.

Sur les expéditions au nombre de trois, dont une pour le propriétaire, il faut mettre en tête. Extrait des registres des arrêtés de la mairie de la commune de          et au bas, *pour expédition certifiée conforme.*

Le maire d

L'autorité municipale a encore trois espèces de certificats à délivrer en temps de maladies épizootiques ou contagieuses.

1° Aux propriétaires dont les animaux ou bestiaux sont sains et exempts de maladie régnante, pour les conduire dans les foires et marchés.

### EXEMPLE.

Le maire de la commune d          canton d          arrondissement d          département d          certifie que le troupeau (ou autres animaux qu'il faut signaler) est sain, qu'il est resté dans cette commune plus de quarante jours, et qu'il ne règne aucune maladie parmi les troupeaux de ladite commune.

En foi de quoi j'ai délivré le présent certificat pour servir et valoir en tant que besoin sera.

A          le          184.

Signature du maire.

Ce certificat est remis par le vendeur à l'acheteur, ce dernier est tenu de le présenter à toute réquisition légale, mais s'il s'agit d'un boucher qui aurait acheté des bêtes saines provenant d'un troupeau malade, il doit être tenu, dans ce cas, de tuer les bêtes dans les vingt-quatre heures et dans la commune seulement où les bêtes ont été vendues.

2° Aux bouchers des communes environnantes lorsqu'ils exhibent leurs patentes et qu'ils n'achètent que des animaux ou bestiaux des troupeaux sains.

Voici le modèle de certificat applicable à ce cas.

Nous maire de la commune de
canton de                          arrondissement de
          département de                          certifions
que les bêtes dont le signalement suit
ont été visitées par M.                          médecin vétérinaire de la commune, lequel nous a déclaré ne reconnaître aucun symptôme de la maladie régnante et qu'ils peuvent, sans crainte, être vendues au sieur                          boucher pour la consommation de la ville de                          dans laquelle il réside.

En foi de quoi etc.

A          le          184
Signature du maire.

3° Aux propriétaires dont les animaux et les bestiaux sains ont été abattus pour empêcher la propagation de l'épizootie afin de leur permettre de transporter la chair de ces animaux et de la débiter s'il y a lieu. Cet acte sera ainsi dressé.

Le maire de la commune de          canton de                          arrondissement de          département d                          certifie que la viande de bœuf, vache ou taureau, consistant en (désignation des pièces de viande) transportée par le sieur           de la commune de          chargé de remettre le présent certificat à l'autorité de la commune de                          (où la viande doit être vendue) provient d'un animal en parfaite santé,

lequel a été abattu en ma présence et celle de
M. le médecin vétérinaire commis par nous, à
l'effet de constater l'état de tous les animaux de
la commune de                              qui aux termes
de l'ordonnance du                         doivent être sa-
crifiés.

En foi de quoi etc.

A              le              184
Signature du maire.

# CHAPITRE. XIII.

# ÉVÉNEMENTS DIVERS.

*Incendies.—Inondations.— Rapport immédiat au sous-préfet.— Signalement des personnes qui ont pu se distinguer, afin de leur faire obtenir des récompenses soit honorifiques, soit pécuniaires. — Envoi de pièces pour obtention de secours aux perdants. — Tableau trimestriel des incendies. — Epidémies. — Meurtres.—Suicides.—Morts accidentelles. — Etats à fournir. — Actes de dévouement. — Belles actions.— Coalitions.'— Emeutes. — Charivaris. — Tapages nocturnes.*

**Incendie.** — MM. les maires ne doivent pas omettre de signaler aux sous-préfets de leur arrondissement les évènements extraordinaires qui peuvent surgir dans leurs communes dans les 24 heures et sur-le-champ, par les moyens qu'ils jugeront convenables, s'il y a urgence et péril à la demeure. Dans ces cas là seulement, et pour éviter tout retard, ils pourront s'adresser directement au préfet.

En cas d'incendie, l'autorité municipale du lieu doit requérir sur-le-champ la force publique qui peut se trouver dans la commune, pour maintenir l'ordre dans la distribution des secours à apporter au lieu du sinistre. Elle doit faire un appel à tous les citoyens, en état de travailler, par les moyens qui sont en son pouvoir. La loi en fait une obligation et le code pénal prononce l'amende contre les personnes qui auraient refusé de prêter leur assistance dans un incendie.

MM. les maires ou commissaires de police devront dresser procès-verbal de l'événement, et de toutes les circonstances qui s'y rattachent et le transmettre immédiatement au sous-préfet. — Cet envoi est indépendant du tableau trimestriel que les maires doivent fournir au commencement du mois qui suit l'expiration de chaque trimestre. ( Voir le modèle n° 12).

**Inondation.** — Il en est de même pour les inondations qui nécessiteraient l'envoi de secours immédiats pour arrêter le désastre. Le maire doit en prévenir aussitôt l'autorité supérieure, et prescrire toutes les mesures que sa prudence jugera nécessaire pour en prévenir les effets désastreux et éviter des catastrophes (1).

**Meurtres.** — Lorsque les maires, adjoints et tout officier de police judiciaire, ont la connaissance d'un meurtre, ils doivent se transporter sur les lieux, dresser procès-verbal de l'évènement et en aviser immédiatement le procureur du roi. Il est bien que le même avis parvienne au sous-préfet. Les suicides sont également constatés par procès-verbal et la justice doit être informée pour qu'elle puisse s'assurer si la mort qui s'est ensuivie est réellement l'effet de cet acte de désespoir. Les événements extraordinaires sont consignés dans un tableau trimestriel, établi dans la forme indiquée dans le n° 13.

**Morts accidentelles.** — Il en est de ces

---

(1) Inutile d'ajouter que le maire doit dresser procès-verbal comme en cas d'incendie, et fixer le chiffre approximatif de l'évaluation de la perte éprouvée par suite de l'inondation.

évènements comme des meurtres. Lorsqu'un individu vient à périr par suite d'une circonstance extraordinaire et imprévue, les mêmes formalités doivent être observées.

**Épidémies.** — Il en est de même pour les épidémies lorsqu'elles viennent à se manifester dans une commune, soit sur les personnes, soit sur les bestiaux (1). Le rapport doit en être fait immédiatement au sous-préfet.

En cas d'épidémie sur les personnes, le maire, après avoir pris l'avis du médecin, si la commune en est pourvue, et dans le cas contraire, par ses propres observations, devra en aviser le sous-préfet le plus promptement possible, afin que ce magistrat puisse y envoyer un médecin (2) aux frais du département, qui constatera la nature de la maladie et indiquera dans son rapport les mesures à prendre pour éviter la propagation et parvenir à son extinction.

**Belles actions.** — Les belles actions donnant lieu à des récompenses honorifiques, et ces actes ne pouvant être trop stimulés dans l'intérêt de la société, les maires doivent rendre compte de celles qui peuvent avoir lieu dans leur commune. Le compte rendu doit être détaillé et indiquer d'une manière claire et précise la nature de l'acte de dévoûment, les nom, prénoms de la personne secourue, son domicile, le jour, l'heure, le lieu de l'évènement. Les nom et prénoms de celle qui s'est dévouée. Il en est de même des actes de bienfaisance et d'humanité des personnes de condition obscure exercées en faveur de personnes malades

------

(1) Voir l'article Epizooties.
(2) Il existe dans tous les chefs-lieux d'arrondissement, un médecin nommé par le préfet, qui fait le service des épidémies.

ou malheureuses, pendant un certain temps. Ces actions doivent être signalées et certifiées par le curé et les notables du pays.

**Rapport**. — Le rapport transmis au sous-préfet de l'arrondissement, est mis sous les yeux de l'Académie française qui, chaque année, décerne des prix considérables pour des actes semblables exercés par des personnes pauvres et vertueuses (1).

Lorsque le maire est informé qu'il existe une coalition d'ouvriers, il doit prendre à l'instant même toutes les mesures que sa prudence jugera convenables pour engager les ouvriers à retourner à leurs travaux. Dans le cas où ceux-ci résisteraient aux moyens de persuation et de douceur et qu'ils continueraient de faire grève, le maire doit alors en dresser procès-verbal et désigner les instigateurs au ministère public. Voici, du reste, un extrait des lois du 28 septembre et 6 octobre 1791, qui leur sont applicables.

Art. 415. — Toute coalition de la part des ouvriers pour faire cesser en même temps de travailler, interdire le travail dans une atelier, empêcher de s'y rendre à certaines heures, et d'y rester avant ou après, et en général pour suspendre, empêcher, enchérir les travaux, sera puni d'un emprisonnement d'un mois au moins et de trois mois au plus, les chefs ou moteurs seront unis d'un emprisonnement de deux à cinq ans.

Art. 416. Seront aussi punis de la peine portée par l'article précédent et d'après les mêmes distinctions les ouvriers qui auront prononcé des amendes, des défenses, des interdictions ou toute autre prescription sous le nom de *damnations*, et sous quelque qualification que ce puisse être, soit con-

----

(1) C'est le prix de vertu fondé par l'honorable M. de Monthyon.

tre les directeurs des ateliers et entrepreneurs d'ouvrages, soit les uns contre les autres, dans le cas du présent article et dans celui du précédent, les chefs ou moteurs du délit pourront être mis après l'expiration de leur peine, sous la surveillance de la police pendant deux ans au moins et cinq ans au plus.

Les émeutes ayant un caractère plus grave et plus dangereux que les simples coalitions, requièrent pour leur repression, de la prudence, et une grande fermeté qui en impose aux mutins. Un maire avant d'employer les mesures rigoureuses que la loi laisse à sa disposition, devra épuiser au préalable tous les moyens de douceur et de conciliation, et se rappeler que l'emploi de la force vis-à-vis de ses concitoyens, ne doit être pratiqué qu'à la dernière extrémité et lorsque les voies conciliatrices son devenues impuissantes. Le courage civil le plus admirable de tous est aussi le plus rare. Heureux le fonctionnaire, qui peut par son ascendant moral en imposer à une multitude rebelle et la faire rentrer dans l'ordre, sans employer d'autres moyens que des paroles simples et énergiques. Dans ces circonstances pénibles un maire estimé et entouré de la confiance publique peut beaucoup; il fera en sorte en écoutant les inspirations de l'humanité, de ne pas oublier le péril social et l'obéissance que l'on doit à la loi.

Voici à cet égard le texte précis des dispositions législatives concernant les attroupements et les émeutes.

Art. 1er. Toutes personnes qui formeront des attroupements sur les places ou sur la voie publique, seront tenues de se disperser à la première sommation des préfets, sous-préfets, maires, adjoints de maire, ou de tous autres magistrats et officiers civils chargés de la police judiciaire autres que les gardes-champêtres et gardes-forestiers.

Si l'attroupement ne se disperse pas, les sommations seront renouvelées trois fois. Chacune d'elles sera précédée d'un roulement de tambour ou d'un son de trompe, si les trois sommations sont demeurées inutiles, il pourra être fait emploi de la force, conformément à la loi du 3 août 1791.

Les maires et adjoints de la ville de Paris ont le droit de requérir la force publique et de faire les sommations.

Les magistrats chargés de faire lesdites sommations seront décorés d'une écharpe tricolore.

Art. 2. Les personnes qui, après la première des sommations prescrites par le second paragraphe de l'article précédent, continueront à faire partie d'un attroupement, pourront être arrêtées, et seront traduites sans délai devant les tribunaux de simple police, pour y être punies des peines portées au chapitre 1er du liv. IV du code pénal.

Art. 3. Après la seconde sommation, la peine sera de trois mois d'emprisonnement au plus, et après la troisième, si le rassemblement ne s'est pas dissipé, la peine pourra être élevée jusqu'à un an de prison.

Art. 4. La peine sera celle d'un emprisonnement de trois mois à deux ans :

1° Contre les chefs et les provocateurs de l'attroupement s'il ne s'est point entièrement dispersé après la troisième sommation;

2° Contre tous individus porteurs d'armes apparentes ou cachées, s'ils ont continué à faire partie de l'attroupement après la première sommation. (Loi du 10 avril 1831, art. 1, 2, 3. 4 et 5.)

Art. 25. Les dépositaires des forces publiques appelés, soit pour assurer l'exécution de la loi, des jugements et ordonnances ou mandements de justice ou de police, soit pour dissiper les émeutes populaires et attroupements séditieux, **et saisir** les chefs, auteurs et instigateurs de l'émeute ou de la sédition, ne pourront déployer la force des armes que dans trois cas.

Le premier, si des violences ou voies de fait étaient exercées contre eux-mêmes.

Le second, s'ils ne pouvaient défendre autrement le terrain qu'ils occuperaient, ou les postes dont ils seraient chargés.

Le troisième, s'ils y étaient expressément autorisés par un officier civil, et, dans ce troisième cas, après les formalités prescrites par les deux articles suivants.

Art. 26. Si, par les progrès d'un attroupement ou émeute populaire, ou par toute autre cause, l'usage rigoureux de la force devient nécessaire, un officier civil, soit juge de paix, soit officier municipal, procureur de la commune ou commissaire de police, soit administrateur de district ou de département, soit procureur syndic ou procureur-général syndic, se présentera sur le lieu de l'attroupement ou du délit, prononcera à haute voix ces mots: *Obéissance à la loi : on va faire usage de la force ; que les bons citoyens se retirent.* Le tambour battra un ban avant chaque sommation.

Art. 27. Après cette sommation trois fois réitérée et même dans le cas où après une première ou seconde sommation il ne serait pas possible de faire la seconde ou la troisième, si les personnes attroupées ne se retirent pas paisiblement, et même s'il en reste plus de quinze rassemblées en état de résistance, la force des armes sera à l'instant déployée contre les séditieux, sans aucune responsabilité des événements, et ceux qui pourront être saisis ensuite seront livrés aux officiers de police pour être jugés et punis selon la rigueur de la loi. (Loi du 3 août 1791, art. 25, 26, 27.)

Art. 303. Les militaires de la gendarmerie requis, soit pour assurer l'exécution de la loi, des jugements, ordonnances, mandements de justice ou de police, soit pour dissiper des émeutes populaires ou attroupements séditieux, soit pour en saisir les chefs, auteurs et fauteurs, ne peuvent déployer la force des armes que dans les deux cas suivants :

Le premier, si des violences ou voies de fait sont exercées contre eux.

Le second, s'ils ne peuvent défendre autrement le terrain qu'ils occupent, les postes ou les personnes qui leur seraient confiés, ou enfin si la résistance était telle qu'elle ne pût être vaincue autrement que par le développement de la force des armes.

Art. 304. Dans le cas d'émeute populaire, et lorsque la résistance ne peut être vaincue que par la force des armes, la gendarmerie n'en fait usage qu'après que l'autorité administrative du lieu a sommé, de par la loi, les personnes attroupées de se retirer paisiblement.

Après cette sommation trois fois réitérée, si la résistance continue la force des armes est à l'instant déployée contre les séditieux sans aucune responsabilité des événements; et ceux qui peuvent être saisis ensuite, sont livrés aux officiers de police pour être jugés et punis selon la rigueur des lois. Enfin, à défaut, et en cas d'absence de l'autorité locale, la gendarmerie après avoir épuisé tous les moyens de persuasion, et après trois sommations de par la loi, est autorisée à vaincre la résistance par la force des armes, sans être responsable des évènements.

Art. 305. Lorsqu'une émeute populaire prend

un caractère ou un accroissement tel, que la gendarmerie se trouverait trop faible pour vaincre la
résistance par la force des armes, elle dresse procès-verbal dans lequel elle signale les chefs auteurs et fauteurs de la sédition. (Ordonnance du
29 octobre 1820, art. 303, 304, 305.)

Il existe une coutume stupide et sauvage ; fortement enracinée dans les mœurs des provinces
méridionales, que la marche de la civilisation n'a
pu parvenir encore à faire disparaître, c'est celle
des charivaris, donnés aux veufs ou aux veuves
qui convolent en secondes noces. La loi civile et
religieuse sanctionnant ces unions, on ne peut
guère comprendre les motifs qui, en principe, ont
donné lieu à ces manifestations bruyantes qui sem-
blent infliger une désapprobation publique à des
actes qui sont approuvés par elles. Il y a plus (1) :
dans quelques petites villes de province, les or-
ganisateurs de ces tapages, perçoivent ordinairement un tribut pour le faire cesser, qui est payé
par les nouveaux époux.

L'autorité municipale ne doit pas permettre de
telles infractions aux dispositions législatives et
déférer au ministère public les individus qui se les
permettent ; car c'est une véritable escroquerie.
Elle doit en même temps poursuivre les tapageurs
devant le tribunal de simple police.

L'article 479 du Code pénal est ainsi conçu :

« Sont considérés comme bruits et tapages nocturnes, les attroupements, les réunions nombreuses, les disputes et querelles sur la voie publi-

---

(1) Il y a quelques années, que dans une commune
du département des Bouches-du-Rhône, un charivari
donné à un veuf, dura trois jours et nécessita l'envoi
dans le village d'une compagnie de grenadiers pour
maintenir la tranquillité publique.

que, les chants, les charivaris qui pendant la nuit troublent le repos des habitants.

« Seront punis d'une amende de 11 à 15 francs inclusivement, les auteurs ou complices de bruits ou tapages injurieux ou nocturnes troublant la tranquillité des habitants. »

L'article 480 porte que la peine de l'emprisonnement pourra être prononcée pendant cinq jours au plus.

Les moyens de répression indiqués par le code, contre les fauteurs des tapages, sous quelle dénomination que ce soit, doivent être rigoureusement employés. Les habitudes mauvaises s'enracinent et se perpétuent par la faiblesse ou l'indolence des fonctionnaires chargés de les poursuivre. Une leçon donnée porte ordinairement ses fruits et rend les tapageurs plus circonspects.

# CHAPITRE XIV

# MENDICITÉ.

*Dépôts de mendicité.—Leur insuffisance.—Systèmes divers. —Les mendiants de profession. — Faux emploi de la charité. — Mendiants politiques.— Vices de la mendicité. — Condamnés correctionnels. —Inconvénients de la surveillance, ruptures de ban chez les mendiants.—Caractéres divers. —Colonies agricoles.—Législation pénale sur la mendicité.*

**Dépôts.**— Tous les gouvernements de l'Europe civilisée qui se sont succédés depuis plusieurs siècles, ont travaillé avec ardeur à l'extinction de la mendicité dans leurs états respectifs, et une foule de lois ont été élaborées pour parvenir à ce résultat. Mais en France comme ailleurs, la question du paupérisme s'est présentée hérissée de tant de difficultés, qu'elle est demeurée sans solution (1). La taxe des pauvres en Angleterre est,

---

(1) Nous savons que M. le ministre de l'intérieur a fixé son attention depuis un grand nombre d'années sur les moyens d'y parvenir, et que cette matière d'une si haute portée, ainsi que l'amélioration de notre régime pénitentiaire ont été et sont encore l'objet de sa constante sollicitude. Malheureusement, de grands travaux législatifs, les préoccupations les plus graves, sont venus mettre obstacle à la réalisation de cette noble pensée si honorable pour cet homme d'é-

chacun le sait, un palliatif impuissant ; en France,
l'établissement de quelques dépôts de mendicité
dans un nombre très restreint de départements
(cinq sur quatre vingt-six) a peu modifié la nature
du mal. Le gouvernement lui-même a reconnu que
le système des dépôts est loin d'améliorer le moral des pauvres qu'il séquestre de la société. — Un
dépôt est une prison, c'est une ulcère couverte d'un
chiffon de soie, le mal existe toujours, mais il ne
blesse plus la vue, et en ce sens, les départements
qui peuvent en faire la dépense, font très-bien,
faute de mieux, d'user de ce moyen.

**Systèmes divers.** — Quelques économistes
ont dit : Assurez le travail d'abord, et punissez
sévèrement ceux qui ne veulent pas s'y soumettre.
Assurer le travail en tout temps et en toute saison
est déjà un problème dont la solution présente d'é-
tranges difficultés, *mais faire travailler ceux qui
n'en ont pas envie, est encore plus difficile.* Je dirai
plutôt : n'encouragez pas la paresse en lui prêtant
un appui irréfléchi par d'abondantes aumônes ; car,
si vous placez le paresseux dans l'alternative de
travailler ou de mourir de faim, nul doute que l'a-
mour de la conservation ne l'emporte, et qu'il ne
préfère le premier parti. L'aumône mal faite est
l'encouragement naturel de la fainéantise, c'est une
prime à l'oisiveté. Si la misère, la misère véritable, infirme ou malade, doit exciter notre compas-
sion et éveiller notre sollicitude ; l'aumône distri-
buée à des êtres indignes de la recevoir est une
véritable imprudence. C'est-elle qui étend cette

---

tat. Mais ses méditations sur ces objets si 'importants
ne seront pas perdues, et tout fait espérer qu'un avenir prochain en amènera la solution.

Ce chapitre n'a d'autre but que celui d'en constater l'opportunité.

lèpre de la mendicité qui déshonore la civilisation (1).

**Les mendiants de profession.** — Cette
fausse intelligence de la charité chrétienne a fait,
de ce vice déplorable, une sorte de métier crapu-
leux, souvent plus lucratif que le travail de l'ouvrier arrosé de ses sueurs. Il existe à Paris et dans
quelques autres grandes villes des mendiants ri-
ches en placement de fonds et propriétés immobi-
lières, qu'ils ont acquis par cette honteuse industrie.

**Faux emploi de la Charité.** — A Marseille, à Toulouse, à Bordeaux, à Aix, surtout, les
mendiants se trouvent dans un véritable pays de
cocagne. Les piémontais qui y pullulent viennent
chaque année y puiser à pleines mains. Ils appel-
lent cela faire *un tour*. On leur donne de l'excellente soupe à la porte des couvents et des institutions particulières. On y voit accroupies, et attendant l'écuelle, de jeunes filles au printemps de leur
vie, des femmes robustes, ayant toutes les appa-
rences de la santé, jasant et riant, des enfants à
l'apprentissage du métier (2). Une fois la nourriture journalière assurée (et elle l'est) le numéraire
qu'ils recueillent d'autre part de la charité publique est mis de côté, ou consommé en vin, liqueurs
et objets de gourmandises.

---

(1) D'après les derniers recensements, il existe
1,928,103 pauvres. Le rapport de la population pauvre à la population générale est de 592, sur 10,000,
ou environ un 17ᵐᵉ.

(2) Nous savons que parmi les pauvres que les institutions, dont nous venons de parler, nourrissent et
entretiennent, il en est de véritablement malheureux,
qui ne pourraient peut-être sans ces secours journaliers, faire exister leur nombreuse famille. Ce sont les
exceptions.

**Mendiants voyageurs.**— Il existe un autre type de mendiants, ce sont les voyageurs, population nomade et indisciplinée, douée de l'instinct locomoteur, qui parcourent la France dans tous les sens. Ce sont les touristes du genre. Leur tenue est assez régulière : ils portent ordinairement une redingote noire ou bleue, montrant la corde, un chapeau plus ou moins sordide, ils frappent à grands coups de marteau les portes des maisons, entrent hardiment, et étalent à vos yeux des certificats lacérés d'une propreté plus que suspecte. Ecoutez-les! Ils ont tous éprouvé de grands revers de fortune, ce sont des industriels ruinés par de malheureuses spéculations ; quelquefois des hommes de lettres dans la détresse, mais le plus souvent d'anciens militaires, ayant vingt-neuf ans et je ne sais combien de jours de service, que le gouvernement à mis à la réforme, sans leur accorder la pension de retraite. Le prix courant de la visite est cinquante centimes. Sortez quelques instants après de votre domicile, vous les verrez frapper à d'autres marteaux, et se livrer pendant le cours de la journée à d'incessantes évolutions.

**Mendiants politiques.** — D'autres plus habiles se disent condamnés politiques, et s'adressent de préférence à l'opinion légitimiste qui a la fortune. Ils sortent il y a à peine deux mois du mont Saint-Michel, et portent encore à leurs jambes les stygmates des fers dont ils étaient chargés. Ils possédaient des certificats des notabilités du parti, mais ils ont eu le malheur de les perdre. Les tournées sont ordinairement assez lucratives. Ces mendiants sont toujours accompagnés d'une aventurière qui les attend à l'auberge, et qui, avant l'exploration, avait pris la vente de la localité et fourni les renseignements. La couleur importe peu : Légitimistes à Marseille, ils deviennent républicains à Lyon.

**Vices de la mendicité.** — La mendicité a ce triste inconvénient de conduire souvent au vol par une pente insensible; mais les mendiants stationnaires de pure race, ne volent pas. Ce n'est peut-être pas l'envie qui leur manque en général (je dis en général, car il y en a de fort honnêtes); mais ils aiment trop le grand air, le soleil et la liberté, pour s'exposer à avoir des démêlés avec la justice. Ils respectent profondément la police, la gendarmerie, et surtout M. le procureur du roi.

**Condamnés correctionnels.** — La mendicité se recrute parmi les condamnés correctionnels qui ont été déjà punis pour vagabondage et sous le poids de la surveillance de la haute police. La lettre fatale C, qu'ils portent en tête de leurs passe-ports, les faisant repousser ordinairement des ateliers de travail, ils se trouvent dans la nécessité, ceux qui ont la bonne volonté de s'occuper (et ils sont malheureusement peu nombreux) de mendier pour pouvoir vivre.

**Surveillance.** — C'est ici le cas de remarquer que les cours royales, dispensent la surveillance avec une merveilleuse facilité. Elles faussent ainsi l'esprit de la loi. S'il importe à la société de surveiller attentivement les hommes dangereux, il est extrémement regrettable d'en augmenter le nombre indéfiniment, et on l'augmente nécessairement, quand, pour un délit susceptible de huit jours de prison, on inflige à la suite cinq ans de surveillance; cette pénalité exagérée enfante un grand nombre de voleurs.

Les réclusionnaires et les forçats libérés ne mendient pas d'habitude; mais seulement par occasion, ils préfèrent voler, parce que c'est plus commode et moins humiliant. Quand ils sont réduits à cette alternative, c'est une preuve que les affaires vont mal. Aussi tel individu, au regard sombre et inquisiteur, à la démarche embarrassée, sollicite d'une voix rauque un don de votre humanité, qui, le soir, s'il vous rencontre seul, dans un endroit isolé, vous demandera votre bourse avec un couteau à la main, ou un pistolet sur la gorge.

**Ruptures de ban.** — Les ruptures de ban sont très-communes parmi eux. Ils trouvent dans les prisons un gîte assuré, du pain, et les secours mal entendus d'une fausse philanthropie. Ils ont quelquefois besoin d'y paraître, parce que les prisons sont pour eux la source de renseignements précieux, les affaires s'y traitent et ils y méditent sûrement les vols qu'ils exécutent à leur sortie.

Nous enregistrons avec plaisir un fait assez extraordinaire, qui n'est pas assez remarqué. C'est que l'émigration espagnole, si malheureuse, ne se livre pas à la mendicité, cependant, les peuples italien et espagnol y ont une fort grande propension. On la voit, cette émigration espagnole, s'occuper laborieusement sur les grands chantiers de travaux ouverts dans le département, au canal de Marseille, au chemin de fer. Nous allons tâcher d'expliquer ce phénomène moral.

L'espagnol ne se fait aucun scrupule de mendier chez lui, parce qu'il est chez lui ; mais son caractère, doué d'une forte dose d'orgueil et de fierté naturelle, le porte à considérer comme une grande humiliation les secours de la charité étrangère. Il préfère le travail, qu'il déteste, au don qui humilie. Si le travail cesse, il deviendra dangereux pour la sûreté publique (1). Le mendiant italien a une nature plus accommodante, peu lui importe la

---

(1) C'est dans ce sens, surtout, que les émigrations politiques doivent être surveillées.

main qui donne, pourvu qu'il reçoive. Chez lui la mendicité prend toujours le caractère d'une sollicitation obséquieuse et importune. Il ne se décourage pas des premiers refus, il persiste et emploie toute son éloquence à toucher votre cœur. Si la mendicité suffit à ses besoins, il ne cherchera jamais d'autres moyens d'existence.

**Caractères divers.** — La mendicité sera toujours un des vices les plus graves de la civilisation, et quoiqu'on puisse faire, on ne parviendra jamais à la détruire radicalement. Elle revet toutes les formes, prend toutes les allures pour exciter votre pitié. Tantôt elle se présentera à vos regards avec un almanach à la main, un briquet phosphorique, dont le refus d'achat se traduira en demande directe d'un petit sou ; un corbeille de fleurs; une vierge dans une niche; une marmotte; un singe; un ours; une bourrée. On la voit jeune et robuste, pinçant une guittare, une harpe, avec des doigts faits pour manier des soliveaux ou broyer du mortier ; mais les plus insupportables mendiants, à mon avis, ne sont pas ces artistes du métier dont on se débarrasse facilement, ni ceux qui, placés au coin des rues ou des bornes font entendre leurs lamentables psalmodies; ce sont les mendiants musiciens.

On voit avec regret que les individus qui se livrent à cette oiseuse et inutile industrie sont presque tous dans la force de l'âge, dans la vigueur de la jeunesse et tout-à-fait capables de travail. Le code pénal ne considère pas ces gens-là et leurs concubines comme des mendiants valides ; cependant ils en ont tout le caractère. Il y a une lacune dans notre législation, qu'il serait fort convenable, dans l'intérêt moral de la société de combler.

**Colonies agricoles.** — La Hollande a fondé, depuis 1824, des colonies agricoles dont elle se trouve parfaitement bien, et qui ont rendu ses dépôts de mendicité inutiles ; cet exemple ne serait pas à dédaigner s'il y avait possibilité d'application, c'est une question que nous laissons à la sagesse du gouvernement le soin de résoudre.

Nous citerons, en finissant ce chapitre, les dispositions législatives concernant la mendicité, dont nous recommandons l'application aux maires et commissaires de police : s'il est bon de se montrer indulgent vis-à-vis la misère véritable, on doit être sans pitié pour les vagabonds et les paresseux qui, comme les frelons d'une ruche, vivent au préjudice de ceux qui ont des droits réels à la pitié publique.

« Toute personne qui aura été trouvée mendiant dans un lieu où il existe un dépôt de mendicité, sera punie de trois à six mois d'emprisonnement et après l'expiration de sa peine conduite au dépôt (274 du Code pénal.) »

Cette disposition de l'article 274 est impérative et absolue, tellement que les juges ne peuvent, lorsqu'ils condamnent un individu à la prison pour mendicité, ordonner qu'à l'expiration de sa peine, il sera remis à un tiers qui l'a réclamé : à l'autorité administrative seule appartient le pouvoir d'apprécier les circonstances qui peuvent faire ordonner cette remise, et par suite rendre inutile l'exécution de la mesure prescrite par l'article 274.

« Dans les lieux où il n'existe pas de dépôts de mendicité, les mendiants d'habitudes valides sont punis d'un à trois mois d'emprisonnement ; et s'ils ont été arrêtés hors du canton de leur domicile, l'emprisonnement est de six mois à deux ans (275.)

« Par mendiants d'habitudes valides, il faut entendre ceux qui mendient, quoiqu'ils puissent trouver dans leur travail des moyens d'existence. L'invalidité résulte de vices de conformation ou d'accidents physiques, tels que le travail devient impossible. C'est aux tribunaux à apprécier la validité ou l'invalidité des mendiants traduits devant eux (276.)

« Un mendiant saisi, travesti, porteur d'armes, muni d'instruments propres à commettre des délits ou à procurer les moyens d'entrer dans les maisons, est puni de deux à cinq ans d'emprisonnement (277.)

« L'emprisonnement est de six mois à deux ans pour les mendiants sur lesquels on saisit des valeurs de plus de 100 francs dont l'origine n'est pas justifiée par eux (278.)

« Le mendiant qui s'est rendu coupable de violence envers les personnes est puni au moins de la réclusion (279).

« Enfin c'est toujours le maximum des peines prononcées pour port de faux certificats, faux passe-ports, ou fausses feuilles de route, qui doit être appliqué aux mendiants (281.)

# CHAPITRE XV.

## POIDS ET MESURES.

*Réorganisation du service des poids et mesures. — Système métrique. — Vérificateurs. — Surveillance des officiers municipaux.— Objets principaux de surveillance. — Fraudes à signaler et à poursuivre. — Infidélités des poids et mesures. — Nécessité des types de comparaison.*

**Réorganisation du service des poids et mesures.**— La loi du 4 juillet 1837, en réorganisant le service des poids et mesures, a substitué aux unités usuelles, le système métrique décimal. A partir de cette époque tous les poids, mesures et instruments de pesage, appartenant au système métrique usuel, ont été frappés de contravention; la loi les désignant comme différents de ceux établis par la loi du 4 juillet précitée.

**Système métrique.** — Aujourd'hui donc l'ancien système des poids et mesures a dû disparaître pour faire place à un système métrique décimal établi par les lois du 18 germinal an III et 19 frimaire an VIII.

**Vérificateurs.**— Le gouvernement en organisant cette branche du service public, a dû créer des fonctionnaires chargés exclusivement de sa direction, tels que les vérificateurs, adjoints et aides vérificateurs; mais il a eu soin aussi d'en départir et d'en confier une partie aux soins de l'autorité locale, qui en effet, ne devait pas restèr étrangère aux moyens employés pour la propager et en hâter les progrès.

Ainsi, la surveillance de la fidélité du débit et des marchandises que l'on pèse ou que l'on mesure leur est entièrement dévolue.

**Surveillance des officiers municipaux.** — En conséquence MM. le maires, adjoints, commissaires de police et généralement tout fonctionnaire ou agents assermentés de la force publique, sont appelés à concourir à la répression des délits et contraventions en matière de poids et mesures.

Il est à regretter surtout que MM. les maires ne se pénétrent pas assez des obligations qui leur sont prescrites à ce sujet; car l'on verrait des améliorations notoires dans l'intérêt du nouveau système, et de nombreux abus disparaître devant une surveillance exercée avec autant de zèle que de fermeté dans l'intérêt public.

Ne fait-on pas aussi un devoir exprès à MM. les commissaires de police, de s'occuper de la surveillance des poids et mesures et de leur fidèle usage, de l'inspection des foires et marchés, en recherchant avec activité les infractions aux lois et réglements qui régissent la matière?

Pour garantie de cette surveillance l'autorité demande, exige même de MM. les maires, un rapport mensuel, sur celle qu'ils ont exercée sur les assujettis à la police des poids et mesures, les contraventions qu'ils ont constatées, et sur la situation du système métrique décimal, les sous-préfets sont chargés d'en transmettre ensuite le résumé dans un tableau général adressé à M. le préfet à la fin de chaque trimestre.

Mais combien de ces rapports ne sont qu'incomplets ou peu positifs? MM. les maires, n'attachant que peu d'importance à un service qui, cependant, est d'un grand intérêt! quoi de plus essentiel à surveiller, en effet, si ce n'est le poid et la mesure que reçoit quotidiennement le consommateur!

**Objets principaux de surveillance.** — L'autorité locale a à surveiller :

1° Dans l'intérêt du système décimal, l'usage exclusif des poids et mesures légaux ;

2° Les dénominations employées dans les affiches, journaux, annonces et tous écrits quotidiens ou périodiques, qui ne doivent figurer qu'en termes pris dans le nouveau système;

3° Tenir la main à ce que les instituteurs ne s'écartent pas, dans leurs démonstrations, des prescriptions qui leur ont été faites, en apprenant simultanément les deux systèmes, ainsi que cela est encore pratiqué dans bien des écoles.

Les contraventions de ce genre sont constatées par des procès-verbaux et adressées, savoir :

1° Pour possession de poids et mesures différents de ceux établis par les lois en vigueur, à MM. le juges de paix.

2° Pour dénominations anciennes à M. le receveur de l'enregistrement ;

3° Pour ce qui touche à l'instruction primaire, à l'autorité compétente.

**Fraudes à signaler et à poursuivre.** — L'autorité locale a à surveiller dans l'intérêt public tout ce qui est de nature à prêter à la fraude, ou à servir d'excuse à la mauvaise foi du débitant, peu délicat, sur les moyens si faciles de tromper l'acheteur.

1° En première ligne se trouvent ceux qui font usage de faux poids ou de fausses mesures. Ils sont passibles des peines correctionnelles portées par les art. 423 et 421 du code pénal. Est aussi réputé faire usage de faux poids, celui dont la balance a une tombée frauduleuse, ou qui par sa position, tend évidemment à tromper l'acheteur. Les boulangers qui laissent séjourner sciemment dans la coupe de leur balance les débris de pain et petit son, prêtent par l'addition de leurs poids illégaux et souvent inaperçus à la pratique, à une indigne volerie. Les apostilles mobiles ou fixes adaptées à la balance, au triangle ou aux chaînes de la balance, ou cachées quelquefois au-dessous de la coupe, y adhérant au moyen de la cire ou de tout autre corps gras, que l'on peut enlever à volonté, à mesure qu'un fonctionnaire se présente pour procéder à une visite.

2° L'existence dans les plateaux des balances, de feuilles de papier, toiles cirées, ou tout autre corps étrangers favorisent beaucoup aussi la fraude, le débitant vous dit bien : tenez, voyez les feuilles de papier que je mets dans les bassins de mes balances sont parfaitement égales, la preuve c'est que mes balances n'ont pas de tombée, du reste il le faut bien, ne fusse que pour la propreté de nos balances, que nous y tenions des feuilles de papier ou de la toile cirée. Oui, si chacun était de bonne foi, on concevrait aisément qu'il n'y a aucun inconvénient à ce que chaque bassin d'une balance de comptoir soit revêtu de ces divers corps étrangers; mais l'expérience n'a que trop prouvé bien souvent que c'est à l'aide de ces papiers ou toiles cirées que le public est indignement trompé, car il y glisse en-dessous, tantôt une pièce de monnaie en cuivre, ou bien un morceau de plomb ou de fer, qui rend alors la balance complètement fausse. Nous disons donc que la seule existence de ces corps étrangers ( feuilles de papier en toile cirée) constitue une contravention passible des peines portées par l'art. 471, n° 15 du code pénal, nouveau texte.

Une contravention passible des mêmes peines, est un support en bois ou de toute autre matière que l'on mettrait sous l'une des coupes, sous prétexte de mettre la balance en repos, mais il est également défendu de gêner dans aucun sens les mouvements d'oscillation d'une balance, aujourd'hui la loi et les règlements n'admettent que des balances et romaines oscillantes.

**Infidélité des poids et mesures. —** L'autorité locale a à rechercher aussi avec perspicacité et intelligence, l'infidélité du poids et de la mesure, c'est-à-dire :

1° Que l'on ne donne pas pour une quantité présumée une marchandise mise en paquet ou en sac, devant peser un poids réel convenu et étant payée à raison de ce poids ;

2° Que le poids et la mesure soient donnés, tels que la loi l'entend, c'est-à-dire sans combinaison ni réduction d'un système à l'autre, ce qui est encore un moyen de tromper l'acheteur ;

3° Que lorsqu'on demande un poids ou une mesure (bien entendu au nouveau système) l'acheteur ne soit pas trompé par une fausse accusation de poids ou de mesures.

**Nécessité de l'achat des types de comparaison.—** Enfin l'autorité locale ne peut exercer sa vigilance qu'en ayant en sa possession tous les étalons de poids et mesures légaux, aussi le gouvernement exige-t-il qu'il soit tenu la main à ce que les communes fassent l'acquisition de l'assortiment obligatoire, mais elles apportent beaucoup de négligence et de mauvais vouloir dans l'exécution de cette mesure, dont la demande est si souvent renouvelée par l'autorité supérieure.

Les demandes de crédits pour ces sortes d'acquisitions sont accordées avec facilité, et si la commune n'est pas en mesure, sous le point de vue financier, de faire l'achat de tous les étalons ou types de comparaison, en une seule fois, elle peut acquérir les poids et mesures les plus usuels, sauf à compléter son assortiment dans d'autres temps plus favorables.

# CHAPITRE XVI.

# GENDARMERIE.



**Observations préliminaires**. — L'arme de la gendarmerie a rendu depuis sa création qui remonte déjà à une époque reculée, les services le plus importants à l'ordre public. On ne saurait trop rendre justice au dévouement, à l'abnégation et au zèle qu'apporte la gendarmerie dans la pénible mission qui lui est confiée et dont elle donne chaque jour et chaque moment les preuves les plus démonstratives et les plus multipliées. On la voit toujours présente, toujours active au moment du danger; c'est elle qui prend l'initiative dans presque toutes les circonstances, et dont la détermination est aussi la plus prompte et la plus énergique quand il s'agit de conjurer un péril social.

— Y a-t-il un incendie, une inondation, une émeute, un sinistre quelconque? C'est la gendarmerie qui brave les premiers dangers et qui ne se retire que lorsque le péril est passé et le calme rétabli.

— Existe-t-il des malheureux à sauver d'une mort imminente par l'effet de la fureur du feu ou l'invasion des eaux? Elle n'hésite pas, elle accomplit ce périlleux devoir avec le même calme, le même sang-froid qu'elle met à opérer dans d'autres circonstances, l'arrestation de criminels excessivement dangereux avec lesquels elle est souvent obligée de lutter corps à corps. — Dans une existence de bien des années passées au sein de l'administration, combien d'actes semblables d'un véritable héroïsme n'ai-je pas eu à enregistrer et à faire valoir auprès de l'autorité supérieure !

— Je ne crains pas de le dire, j'ai vu avec une véritable surprise qu'on était peu généreux envers ces utiles et modestes fonctionnaires dont les services ne sont pas appréciés à leur véritable valeur. — On a vu sans cesse la gendarmerie donner des preuves d'un rare dévouement et d'une intrépidité peu commune dans les jours malheureux, et on s'est habitué à considérer ces actes vraiment admirables comme faisant partie de la profession. — Cependant ils sont tout-à-fait en dehors du service réglementaire et ils doivent être considérés comme tels.

Je sais bien que de temps en temps quelques médailles d'honneur, quelques croix, viennent re-

compenser des actions souvent au-dessus de tout
éloge ; mais elles sont bien peu fréquentes et c'est
un mauvais calcul. — La société telle qu'elle est
constituée a besoin d'une protection incessante ; —
la vertu même, d'encouragement, et le devoue-
ment le plus robuste, finit par s'éteindre lorsqu'il
ne rencontre pas dans la route qu'il parcourt l'é-
guillon dont il a besoin pour se maintenir.

Nous ferons suivre ces considérations préliminaires d'une analyse rapide des devoirs de la gendarmerie, de ses rapports avec l'autorité civile,
afin de donner à MM. les maires une idée suffisante des attributions de cette arme. Elles res-
sortent des dispositions de l'ordonnance royale du
29 octobre 1820.

**Réquisition.** — L'action des autorités sur
la gendarmerie, en ce qui concerne l'emploi de
cette force publique, ne peut s'exercer que par des
réquisitions sans termes impératifs (1).

**Modes.** — Ces réquisitions doivent être mo-
tivées par écrit, datées et signées. (Id. 52, 58).

**Dépêches.** — Mais le pouvoir discrétionnaire des autorités ne saurait aller jusqu'à faire
porter leurs dépêches par la gendarmerie ; elle

---

(1) Voici le modèle de réquisition d'après le texte
de l'ordonnance.

DE PAR LE ROI.

Conformément à l'ordonnance sur le service de la
gendarmerie et en vertu d            (*loi, arrêté,
réglement*) nous requérons le         (grade et lieu de
résidence) de        commander           faire
         se transporter                arrêter, etc.,
      et qu'il nous fasse part (si c'est un officier)
                et qu'il nous rende compte (si
c'est un sous-officier) de l'exécution de ce qui est par
nous requis au nom de Sa Majesté.

Fait à

ne saurait être employée à ce service qu'en cas de circonstances extraordinaires (art. 60).

**Refus d'obtempérer aux réquisitions. — Pénalité.** — Les militaires du corps de la gendermerie qui refuseraient d'obtempérer aux réquisitions légales de l'autorité civile, seront réformés d'après le compte qui en sera rendu au ministre de la guerre, sans préjudice des peines dont ils pourraient être passibles si, par suite de leur refus, la sûreté publique avait été compromise.

**Rapports.** — De leur côté, les commandants de compagnie adressent chaque jour un rapport au préfet sur tout ce qui peut intéresser l'ordre public, et les lieutenants remettent au sous-préfet tous les cinq jours les rapports réunis des brigades.

Ils ne sont pas tenus cependant de faire des rapports négatifs. (Art. 70, 71 et 72).

**Emeutes.** — En cas d'émeutes, et dans des circonstances urgentes, les sous-préfets peuvent requérir le rassemblement de plusieurs brigades, à la charge d'en informer sur-le-champ le préfet. (Art. 74).

**Procès-verbaux.** — Les officiers de gendarmerie, en leur qualité d'officiers de police judiciaire, doivent dresser procès-verbal de tous les délits, rédiger les plaintes, les déclarations et en donner avis, soit aux procureurs-généraux, soit aux procureurs du roi ou à leurs substituts.

**Mandements judiciaires.** — Enfin, les mandements de justice peuvent être notifiés aux prévenus, et mis à exécution par les gendarmes.

**Valeur des procès-verbaux.** — Les procès-verbaux dressés par les officiers font foi jusqu'à inscription de faux; mais ceux des simples gendarmes ne valent que comme dénonciation of-

ficïelle, aussi doivent-ils être appuyés d'autres té-
moignages pour pouvoir servir de base à une condamnation ; cependant plusieurs arrêts de la cour
de cassation ont décidé que cette dénonciation peut
être admise comme preuve de délit jusqu'à preuve
contraire.

Aucune forme n'ayant été prescrite pour la régularité des procès-verbaux dressés par les gendarmes, ces procès-verbaux constatant des contraventions ne peuvent être annulés, sous le prétexte d'omission de formes : par exemple, soit
parce qu'ils n'auraient pas été affirmés devant le
juge de paix, soit parce qu'il n'en aurait pas été
donné lecture aux affirmants, soit parce qu'ils n'é-
nonceraient pas l'heure où ils ont été dressés.
(Cass. 11 mars 1825, D. 25, 1, 264).

**Subordination.** — Les officiers de gendarmerie sont subordonnés aux généraux commandant les divisions militaires et les départements. Dans les places de guerre, et en état de
paix, ils sont subordonnés aux commandants militaires pour les objets qui concernent le service
particulier des places, sans néanmoins être tenus
de rendre aucun compte du service spécial de la
gendarmerie, ni de l'exécution d'ordres autres que
ceux qui seraient relatifs au service particulier
des places et à leur sûreté.

**Etat de guerre et de siége.** — Dans l'état
de guerre ou de siège il en est autrement (art. 77,
78) : Les commandants des divisions ou subdivisions militaires peuvent, dans les circonstances
importantes, et sur la réquisition des préfets, ordonner la réunion de plusieurs détachements.

De leur côté, les officiers de gendarmerie peuvent aussi, en certain cas, requérir l'assistance de
la troupe de ligne, à defaut, en cas d'insuffisance
de la troupe de ligne, ils requièrent main forte de

la garde nationale. A cet effet, ils s'adressent aux autorités locales.

**Serment.** — Tout officier, sous-officier ou militaire de la gendarmerie prêtera serment devant le tribunal civil de première instance dans le ressort duquel il sera employé (pour la formule de ce serment ; ord. du 26 octobre 1835).

Que nul ne sera reçu à prêter serment que sur l'exhibition de ses lettres de service ou de sa commission attestant qu'il est âgé au moins de 25 ans révolus. — Idem (1).

**Douanes.** — Les gendarmes dressent des procès-verbaux en matière de douanes. (Loi 9 flor. an VI, art. 1 et 11) et il a été jugé, par exception au principe, que ces actes faisaient foi jusqu'à inscription de faux, comme ceux des douaniers. (C. inst. crim. 154 ; cass., 5 sept. 1813 ; D. 13, 1, 508).

**Eaux.** — Les brigades surveillent l'exécution des réglements sur la police des fleuves et rivières navigables et flottables, des bacs et bateaux de passage, des canaux de navigation ou d'irrigations, des dessèchements généraux ou particuliers, des plantations pour la fixation des dunes, des ports maritimes de commerce ; elles dressent des procès-verbaux, des contraventions à ces réglements et en font connaître les auteurs aux autorités compétentes.

**Engagements militaires.** — Tout français qui demande à s'engager doit faire constater

---

(1) Des difficultés se sont élevées, quant à l'application de cette ordonnance, par rapport au serment, et des cours royales ont refusé la prestation, attendu que les dispositions d'une simple ordonnance ne pouvaient modifier les principes généraux de la loi à cet égard.

qu'il a les qualités requises pour l'arme à laquelle il se destine. A cet effet, il se présente devant l'officier de gendarmerie le plus voisin de sa résidence, lorsque le chef du corps dans lequel il désire prendre du service ou l'officier de recrutement du département sont trop éloignés. (O. 28 avril 1832, art. 6.)

Ces officiers sont les seuls dont il soit parlé dans cette ordonnance, comme ayant qualité pour constater l'aptitude militaire des engagés volontaires : ainsi la même faculté, accordée par l'instruction du 20 mai 1818 aux maréchaux-des-logis de gendarmerie cesse d'avoir son effet. (Circ. min. 4 mai 1832, art. 28.)

**Escortes**. — Les brigades sont tenues de fournir les escortes légalement demandées, notamment celles pour la sûreté des recettes générales, convois de poudre de guerre, courriers des malles, voitures et messageries publiques chargées de fonds du gouvernement. ( O. 1820, art. 188).

**Foires et marchés.- Fêtes publiques.** — Elles se tiennent à portée des grands rassemblements d'hommes, tels que foires, marchés, fêtes et cérémonies publiques, pour y maintenir le bon ordre et la tranquillité ; et, sur le soir, elles font des patrouilles sur les routes et chemins qui y aboutissent, pour protéger le retour des particuliers et marchands qui seraient allés à ces foires.

**Gardes-champêtres.** — Les gardes-champêtres des communes sont placés sous la surveillance des commandants des brigades de gendarmerie qui tiennent un registre particulier sur lequel ils inscrivent les noms, l'âge et le domicile de ces gardes-champêtres. (D. 11 juin 1807.)

Les officiers et sous-officiers de gendarmerie s'assurent dans leurs tournées, si les gardes-champêtres remplissent bien les fonctions dont ils sont chargés; ils donnent connaissance aux sous-préfets de ce qu'ils ont appris sur la conduite et le zèle de chacun d'eux. (D. juin 1805.)

Dans les cas urgents ou pour des objets importants, les sous-officiers de gendarmerie pourront mettre en réquisition les gardes-champêtres d'un canton, et les officiers, ceux d'un arrondissement, soit pour les seconder dans l'exécution des ordres qu'ils ont reçus, soit pour le maintien de la police et de la tranquillité publique; mais ils sont tenus de donner avis de cette réquisition aux maires et aux sous-préfets, et de leur en faire connaître les motifs généraux.

**Incendie, inondation.** — En cas de l'un de ces évènements ou d'un autre de cette nature, la gendarmerie au premier avis ou signal, se porte sur les lieux. S'il ne s'y trouve aucun officier de police ou autorité civile, les officiers, et non les commandants de brigade, ordonnent et font exécuter toutes les mesures d'urgence; ils pourront requérir le service personnel des habitants, qui sont tenus d'obtempérer sur-le-champ à leur sommation, et même de fournir les chevaux, voitures et autres objets nécessaires pour secourir les personnes et les propriétés. Les procès-verbaux feront mention des refus et retards qu'ils éprouveraient à ce sujet.

Si c'est un incendie, la gendarmerie prend les renseignements les plus exacts sur les causes qui l'ont occasionné; et si la clameur publique inculpe un individu, et le signale comme coupable; elle s'en saisit, et conduit le prévenu devant l'officier de police judiciaire de l'arrondissement. (C. pén. art. 475 n° 12, ord., 29 oct. 1820, art. 189.)

**Instruments de crime.** — Les brigades s'emparent et remettent sur-le-champ à l'autorité locale les coutres de charrue, pinces, barres, barreaux, échelles et autres objets, iustruments ou armes dont pourraient abuser les voleurs, et qui auraient été laissés dans les rues, chemins, places, lieux publics ou dans les champs; elles dénoncent ceux à qui ils appartiennent.

**Jeux de hasard.** — Elles saisissent ceux qui tiennent sur les places publiques, dans les marchés, des jeux de hasard et autres, défendus par les lois et réglements de police.

**Main-forte.**— La gendarmerie prête main-forte :

1° Aux préposés aux douanes pour la perception des droits d'importation et d'exportation pour la répression de la contrebande ou de l'introduction sur le territoire du royaume de marchandises prohibées ;

2° Aux administrateurs et agents forestiers ;

3° Aux inspecteurs, receveurs et percepteurs des deniers royaux, et autres préposés pour la rentrée des contributions directes et indirectes ;

4° Aux huissiers et autres exécuteurs des mandements de justice, porteurs de jugements ou de réquisitoires spéciaux dont ils doivent justifier. (Ord. 1820, art. 188.)

**Mendiants.** — Les brigades surveillent les mendiants, les vagabonds et les gens sans aveu ; à cet effet, les maires ou adjoints sont tenus de donner à la gendarmerie des listes sur lesquelles sont portés les individus que les brigades doivent plus particulièrement surveiller.

Elles arrêtent les mendiants, dans les cas et circonstances qui les rendent punissables, à la charge de les conduire immédiatement devant le juge de paix ; pour être statué à leur égard, conformément aux lois sur la répression de la mendicité.

**Militaires en congé, déserteurs, traînards.**— Elles arrêtent les déserteurs et militaires qui ne seraient pas porteurs de feuilles de route ou de congés en bonne forme ; elles arrêtent pareillement tout militaire absent de son corps, et porteur d'une permission d'absence qui ne serait pas revêtue du visa du sous-intendant militaire.

Elles s'informent également, dans leurs courses et tournées, si les militaires en congé ne commettent pas de désordres, ou ne troublent pas la tranquillité publique ; en cas de plainte, elles les arrêtent sur la déclaration par écrit des maires ou adjoints, dont il est fait mention dans les procès-verbaux qu'ils sont tenus de dresser. Ces militaires sont amenés devant l'officier de gendarmerie de l'arrondissement, qui ordonne de les conduire en prison s'il y a lieu, et en rend compte au commandant de la compagnie, en lui adressant les procès-verbaux d'arrestation.

Elles font joindre les sous-officiers et soldats absents de leurs corps, à l'expiration de leurs congés de semestre ou limités. A cet effet, sous-officiers et soldats porteurs de ces congés sont tenus de les faire viser par le sous-officier de gendarmerie commandant la brigade de l'arrondissement, lequel en tient note pour forcer de rejoindre ceux qui seraient en retard.

Elles se portent en arrière et sur les flancs de tout corps de troupe en marche qui passerait dans leur arrondissement, arrêtent les traînards et ceux qui s'écarteraient de leur route, le remettent au commandant du corps, de même que ceux qui commettraient des désordres, soit dans les marches, soit dans les lieux de gîte et de séjour.

**Passe-ports.** — Elles s'assurent de la personne de tout individu circulant dans l'intérieur du royaume sans passe-ports, ou avec des passe-ports qui ne seraient pas conformes aux lois, à

la charge de le conduire immédiatement devant le
maire ou l'adjoint de la commune la plus voisine.
En conséquence, les militaires de tout grade de
la gendarmerie se font représenter les passe-ports
des voyageurs, et nul ne peut en refuser l'exhibition lorsque l'officier, sous-officier ou gendarme
qui en fait la demande est revêtu de son uniforme,
et décline sa qualité. Il est enjoint à la gendarmerie de se comporter dans l'exécution de ce service
avec honnêteté, et de ne se permettre aucun acte
qui pourrait être qualifié de vexation ou d'abus de
pouvoir. (L. 28 germ., an VI, art. 125; l. 28 sept.
1791, tit. 3, art. 1er; C. pén., art. 471.)

**Prisonniers.**— Elles conduisent les prisonniers, prévenus ou condamnés, en proportionnant
toujours la force de l'escorte au nombre des prisonniers et aux difficultés que leur transférement
pourrait présenter.

A cet effet, l'officier de gendarmerie qui donne
l'ordre de conduite, détermine sur cet ordre le
nombre de gendarmes dont l'escorte doit être composée.

Les signalements des prisonniers sont inscrits à
la suite de l'ordre de transférement.

Les ordres de conduite ou feuilles de route doivent toujours être individuels, quel que soit le
nombre des prévenus ou condamnés, afin que dans
le cas où l'un d'eux viendrait à tomber malade en
route, il puisse être déposé dans un hôpital sans
retarder la marche des autres.

Dans chaque lieu de gîte, les prévenus ou condamnés sont déposés dans la maison d'arrêt. En
remettant les prévenus ou condamnés au concierge,
gardien ou geôlier, le commandant de l'escorte doit
faire transcrire en sa présence, sur le registre de
la geôle, les ordres dont il est porteur, ainsi que
l'acte de la remise des prisonniers au concierge

de la maison d'arrêt ou de détention, en indiquant le lieu où ils doivent être conduits. (V. art. 202, 203, 210, 211, 219, 221, 222; Ord. 1820.)

**Instruction sur la dresse des procès-verbaux.** — Tous procès-verbaux faits par les brigades sont établis en double expédition, dont l'une est remise dans les vingt-quatre heures à l'autorité compétente, et l'autre est adressée au lieutenant de l'arrondissement qui, après avoir fait remarquer aux sous-officiers et gendarmes ce qu'il aurait trouvé de défectueux ou d'omis dans la rédaction de ces procès-verbaux, les transmets avec ses observations au commandant de la compagnie. (Ord. 1820, art. 187.)

Les procès-verbaux des sous-officiers et gendarmes sont faits sur papier libre; ceux de ces actes qui seraient de nature à donner lieu à des poursuites judiciaires sont préalablement enregistrés en debet ou gratis, suivant les distinctions établies par la loi du 22 frimaire an VII.

**Enregistrement.** — Ils seront présentés à la formalité par les gendarmes, lorsqu'il se trouvera un bureau d'enregistrement dans le lieu de leur résidence, dans le cas contraire, l'enregistrement aura lieu à la diligence du ministère public chargé des poursuites. (Ord., art. 308.)

**Routes.** — Les brigades font la police sur les grandes routes, y maintiennent les communications et les passages libres; à cet effet, elles dressent des procès-verbaux, des contraventions en matière de grande voirie, telles qu'anticipations, dépôts de fumier ou d'autres objets, et toute espèce de détériorations commises sur les grandes routes, sur les arbres qui les bordent, sur les fossés, ouvrages d'art et matériaux destinés à leur entretien; elles dénoncent à l'autorité compétente les auteurs de ces contraventions et délits.

**Elles** contraignent les voituriers, charretiers et tous conducteurs de voitures de se tenir à côté de leurs chevaux ; en cas de résistance, elles saisissent ceux qui obstruent les passages et les conduisent devant les maires ou adjoints ; elles arrêtent tout individu qui, par imprudence, par négligence, par la rapidité de leurs chevaux ou de toute autre manière auraient blessé quelqu'un ou commis quelques dégâts sur les routes, dans les rues ou voies publiques.

**Signalements.**— Les signalements des brigands, voleurs, assassins, perturbateurs du repos public, évadés des prisons et des bagnes, et ceux des déserteurs et autres personnes contre lesquelles il est intervenu mandat d'arrêt, sont délivrés à la gendarmerie qui, en cas d'arrestation de ces individus, les conduit de brigade en brigade jusqu'à la destination indiquée par lesdits signalements. ( Ord. 1820, art. 128.)

Pour faire la recherche des personnes signalées ou dont l'arrestation a été légalement ordonnée, la gendarmerie visite les auberges, cabarets et autres maisons ouvertes au public, en se conformant à ce qui lui est prescrit pour les arrestations. (V. ci-dessus.)(Ord. 1828, art. 129.)

**Subsistances.**— Les brigades assurent la libre circulation des subsistances et saisissent tous ceux qui s'y opposeraient par la force.

**Tournées.**— Les brigades font des tournées, courses et patrouilles sur les grandes routes, traverses, chemins vicinaux, et dans tous les lieux de leurs arrondissements respectifs, et les font constater jour par jour, sur les feuilles mensuelles de service, par les maires, leurs adjoints ou autres personnes notables.

Le but de ces tournées est de s'informer avec mesure et discrétion auprès des voyageurs, s'il n'a pas été commis quelque crime ou délit sur la route qu'ils ont parcourue; ils prennent les mêmes renseignements dans les communes auprès des maires ou de leurs adjoints.

**Vagabondage.**— Les brigades saisissent les individus prévenus de vagabondage et en dressent procès-verbal; mais elles relâchent immédiatement ceux qui, étant seulement désignés comme vagabonds ou gens sans aveu, se justifieraient par le compte qu'ils rendraient de leur conduite, ainsi que par le contenu de leurs certificats ou passe-ports.

Le procès-verbal d'arrestation doit contenir l'inventaire exact des papiers et effets trouvés sur les prévenus; il est signé par ces individus, et autant que possible par deux habitants les plus voisins du lieu de la capture; s'ils déclarent ne vouloir ou ne pouvoir signer, il en est fait mention. Les sous-officiers et gendarmes conduisent ensuite les prévenus par-devant l'officier de police judiciaire de l'arrondissement auquel ils font la remise du procès-verbal et des papiers et effets.

**Voitures publiques.**— Tout gendarme de service a aussi en vertu de l'art. 13 de l'ordonnance du 4 février 1820, qualité pour dresser procès-verbal des contraventions aux mesures prescrites par cette ordonnance sur la police des diligences et des autres voitures publiques; et leurs procès-verbaux font foi seulement jusqu'à preuve contraire. (Cass., 8 avril 1825.)

En terminant ce chapitre (1) qui contient un

---

(1) Les dispositions de l'ordonnance royale, du 29 octobre 1820, réglementaire du service de l'arme, qui sont toujours en vigueur, contiennent sur l'institution, la force, l'organisation du corps, les conditions d'admission, l'avancement, le rang, la retraite, les attri-

aperçu des devoirs généraux de la gendarmerie, de leur importance et de leur utilité sous le rapport de la chose publique. Nous insistons vivement sur la nécessité de prendre en considération nos observations préliminaires dans l'intérêt du service, et nous recommandons à MM. les maires de signaler immédiatement à l'autorité supérieure tous les actes de la gendarmerie, qui leur paraîtraient de nature à mériter des récompenses.

butions militaires, la solde, la police, la discipline. Une foule de détails qu'il nous a paru superflu de reproduire dans cet ouvrage. Nous avons extrait seulement tout ce qui nous a paru devoir être porté à la connaissance de l'administration civile, et de l'ordre judiciaire.

16.

# CHAPITRE XVII.

## PRISONS.



**Prisons.**— Les prisons, en France, il y a un demi-siècle laissaient beaucoup à désirer sur le point de vue moral et hygiénique. Les détenus s'y trouvaient entassés, confondus, dans des loges étroites et malsaines, et quelquefois dans des cachots. La nourriture était insuffisante et mauvaise et sans l'intervention d'institutions charitables que l'on appelait œuvres des prisons qui pourvoyaient par des quêtes, des dons, des legs qu'elles recevaient de personnes pieuses, à la nourriture et à l'habillement des prisonniers, la condition de ceux-ci eut été des plus déplorables.

**Amélioration du système.** — Aujour-
d'hui, grâces aux effets d'une civilisation plus
avancée, d'un système de pénalité beaucoup plus
approprié à la nature des crimes et délits, rien de
tout cela n'existe. Le détenu est proprement vêtu,
sa couche est assez bonne, ses aliments sont sains
et suffisants; les prisons sont bien distribuées,
l'air qui y circule parfaitement, les soins de propreté et d'hygiène que prescrivent sans cesse les
commissions de surveillance attachées à ces maisons, empêchent le développement de ces maladies contagieuses, si communes autrefois dans
les prison, et qui se répandaient ensuite dans les
villes.

**Tendance au bien être matériel.**—
Peut-être y aurait-il lieu de reprocher au nouveau système une tendance trop prononcée au
bien être matériel du détenu, surtout dans les
prisons départementales. Il n'est pas rare de voir
des libérés tomber en récidive dans la saison rigoureuse, pour trouver dans une condamnation légère, calculée d'avance, un abri, un gîte, du pain,
des souliers, des vêtements, qu'ils cherchent vainement au dehors.

Mais nous n'irons pas plus loin dans ces considérations, et nous allons donner ci-après le texte
de l'instruction ministérielle du 20 octobre 1810
réglementaire du service des prisons. Nous la ferons suivre ensuite du projet de règlement particulier de M. le ministre de l'intérieur du 30 octobre 1841 qui contient les prescriptions générales
suivies dans les prisons du royaume, sauf les modifications qui y sont introduites par les préfets des
départements et qui sont laissées à leur disposition.

**Dispositions générales.** — Art. 1er. Il
sera pourvu, dans le cours de 1811 à la restau-

ration des prisons, conformément aux dispositions ci-après déterminées, sur les fonds mis à notre disposition et sur ceux qui seront fournis concuremment par les départements et les communes.

**Division des prisons.**— Art. 2. Les prisons seront divisées en cinq espèces, et désormais connues sous les dénominations suivantes :
1° Maisons de police municipale;
2° Maisons d'arrêt; ,
3° Maisons de justice ;
4° Maisons de correction ;
5° Maisons de détention.

**Distinction.**— Art. 3. Les maisons de justice seront distinctes des maisons d'arrêts; les condamnés par voie de police correctionnelle ou par les cours d'assises, ne pourront être renfermés dans l'une ou l'autre de ces maisons, sauf les exceptions que les localités permettraient d'autoriser.

**Maison de police municipale.**— Art. 4. Les maisons de police municipale seront établies par chaque arrondissement de justice de paix. Dans les villes où il y aura une maison d'arrêt, la maison de police municipale pourra y être placée dans un quartier distinct et séparé.

**Maison d'arrêt.**— Art. 5. Il y aura pour chaque arrondissement communal, une maison d'arrêt, et pour chaque département une maison de justice. Les maisons de justice et les maisons d'arrêt ne pourront être réunies dans la même enceinte, qu'autant que l'édifice présenterait, par son étendue, les moyens d'affecter à chacune de ces maisons, un corps de bâtiment séparé.

**Maison de correction.** — Art. 6. Les maisons de correction seront établies à raison d'une par département, sauf à statuer ultérieurement sur les départements où il serait nécessaire de les établir en plus grand nombre (1).

Art. 7. Les maisons de détention continueront d'être organisées ainsi qu'il est prescrit par le décret du 16 juin 1808.

**Maison de dépôt.**— Art. 8. Les maisons de police municipale seront destinées à la réclusion des condamnés par voie de police municipale. Elles serviront aussi de dépôt de sûreté pour les prévenus, les accusés et les condamnés que l'on transfère d'une prison dans une autre, ou qui ne sont pas encore frappés d'un mandat d'arrêt.

**Distinction pour le classement des détenus.**— Art. 9. Les prévenus de délits de la compétence des tribunaux de police correctionnelle seront traduits dans les maisons d'arrêt ; les prévenus et les accusés de crimes et délits de la compétence des cours d'assises, y seront également tenus dans des quartiers séparés, jusqu'à ce que, placés sous les liens d'une ordonnance de prise de corps, il y ait lieu de les transférer dans les maisons de justice (2).

---

(1) Les femmes condamnées à moins d'un an sont dirigées sur les maisons de correction départementales, et lorsque la condamnation excède une année, sur les maisons centrales.

Les enfants au-dessous de 16 ans, quelle que soit la durée de la condamnation, sont toujours dirigés sur les maisons de correction. Au-dessus de cet âge ils subissent leur peine dans les prisons départementales.

(2) Les condamnés militaires qui subissent des condamnations civiles doivent être dirigés sur le pénitencier d'Alger. Lorsqu'il existe des condamnés de cette catégorie dans les prisons, on en prévient le lieutenant-général, commandant la division, et on avertit le gardien chef qu'ils sont à la disposition de l'autorité militaire. C'est le préfet ou le sous-préfet qui doit aviser.

**Maison de justice.** — Art. 10. Les maisons de justice seront exclusivement réservées à la réclusion des accusés frappés d'une ordonnance de prise de corps.

**Catégories.** — Art. 11. Les condamnés par voie de police correctionnelle seront transférés des maisons d'arrêt dans les maisons de correction : pourront, en outre, être reçus dans ces maisons les prisonniers pour dettes, les individus à séquestrer par voie de police administrative, et les enfants à renfermer sur la demande de leur famille, pourra pareillement la police administrative y faire traduire les filles publiques, pour y être traitées, dans des quartiers distincts et séparés, des maladies dont elles seraient atteintes.

**Maisons de détention.** — Art. 12. Les maisons de détentions, telles que l'organisation en est prescrite par le décret du 16 juin 1808, seront spécialement destinées à la réclusion des condamnés par la cour d'assises, et des condamnés par voie de police correctionnelle, à plus d'un an de détention.

**Mesures de sûreté et de salubrité.**— Art. 13. Il sera fait, dans ces diverses maisons, toutes les dispositions nécessaires, tant pour les mettre en état de sûreté et de salubrité, que pour la classification des malades et la séparation des âges, des sexes et des différents genres de délits.

**Ateliers de travail.**— Art. 14. Il sera de plus établi, dans celles où le séjour des détenus doit être de quelque durée, des ateliers de travail dont le produit puisse compenser, en partie, la dépense des détenus.

---

Les condamnés aux fers, militaires ou marins, seront dirigés à l'avenir sur le mont St-Michel où ils habiteront un endroit séparé, le quartier des fers.

**Surveillance.** — Art. 15. L'administration, le régime et la police intérieure de ces maisons, sont placés sous l'autorité des préfets et la surveillance des sous-préfets; elles seront de plus soumises à l'inspection journalière d'un conseil gratuit et charitable, de cinq membres, dont le maire du lieu sera chef et président; les procureurs près les tribunaux seront, en outre, membres-nés du conseil, et pourront, en conséquence, assister aux séances, et prendre part aux délibérations. Les cinq membres du conseil seront nommés par nous sur la proposition des préfets, dans les formes prescrites pour les établissements de charité. Les commissions de surveillance établies dans les prisons du royaume, assurent leur police intérieure, l'exécution des dispositions règlementaires et rendent les plus grands services aux départements dont elles surveillent les intérêts matériels, et aux détenus pour lesquels elles sont une garantie permanente, contre les abus de pouvoir des gardiens.

**Commission de surveillance.** — Il serait à desirer que l'on étendit ce système des commissions de surveillance aux maisons de sûreté et de dépôt dans les petites communes. Déjà M. le préfet des Bouches-du-Rhône a essayé l'organisation des maisons de dépôt dans son département. Cette mesure ne peut manquer de produire d'excellents résultats; car c'est précisément dans ces maisons de passage, où le détenu est complétement livré à la discrétion des gardiens, sans autre contrôle que celui du maire qui n'est pas toujours sur les lieux, qu'il se commet le plus d'actes contraires à la morale et à l'équité. Dans ces prisons de passage, il y a des femmes, des jeunes filles quelquefois, on sent que la surveillance de ces détenues doit être confiée à des personnes de leur sexe, et c'est ce que M. le préfet des Bouches-du-Rhône établit, en exigeant que le gardien des maison de passage soit marié et que sa femme commise à la garde des prisonnières, jouisse d'un traitement en cette qualité.

**Registres.** — Les gardiens des prisons départementales nommés par les préfets sont tenus d'avoir un registre coté et paraphé à toutes les pages, par le juge d'instruction pour les maisons d'arrêt, par le président de la cour d'assises et en son absence par le président du tribunal de première instance pour les maisons de justice, et par le préfet pour les prisons pour peines. (Art. 607 du code d'instruction criminelle.)

Les devoirs généraux de surveillance, de police intérieure, les prescriptions morales et hygiéniques, étant clairement formulées dans cette instruction, il ne restera plus pour la compléter que de mettre sous les yeux du lecteur le projet du réglement ministériel ci-après, qui s'occupe des détails du service et du régime intérieur des prisons. Ce projet qui, ainsi que nous l'avons fait connaître peut être modifié par les préfets dans quelques-unes de ses parties, par rapport à certaines circonstances, dérivant des lieux et des positions, embrasse les détails les plus minutieux du service; et doit servir de modèle à tous les réglements particuliers.

*Projet de réglement particulier, exécution de l'article 128 du réglement général du 30 octobre 1841.*

**Fouille des détenus.** — Art. 1er. Le gardien chef fouille ou fait fouiller les détenus à leur entrée dans la prison.

Il peut, en outre, les fouiller ou les faire fouiller aussi souvent qu'il le juge nécessaire pendant le cours de leur détention.

**Visites.** — Il peut aussi, pour des motifs graves, n'admettre les personnes qui se présentent pour visiter les détenus, que sous la condition d'être préalablement fouillées.

**Compte rendu**.— Il rend compte au maire, dans les vingt-quatre heures, de l'usage qu'il a fait de ce droit.

Il fait également connaître au maire les objets prohibés qui ont été saisis dans l'intérieur de la prison sur les détenus ou trouvés sur les visiteurs.

**Visite des femmes**.—Les femmes ne peuvent être fouillées que par des personnes de leur sexe.

**Rondes**.— Art. 2. Indépendamment des rondes et autres mesures qu'exige de sa part la garde des prisonniers et le maintien du bon ordre et de la décence, le gardien chef est tenu de faire l'appel des prisonniers au moment du lever et au moment du coucher, et de s'assurer fréquemment de leur présence dans le cours de la journée, soit en les appelant de nouveau, soit en les passant en revue.

Pendant la nuit il se borne à les reconnaître.

**Mesures de répression**. — Art. 3. Le gardien chef, dans les cas urgents, prend provisoirement les mesures de répression qui lui paraissent nécessaires, à la charge d'en rendre compte au maire dans les vingt-quatre heures.

**Lettres écrites**.— Art. 4. Lorsque le gardien chef croit devoir retenir une lettre écrite à un détenu ou par un détenu, il la remet au maire ou au membre de la commission de surveillance qui est de service.

**Responsabilité**.— Art. 5. La responsabilité qui pèse sur les gardiens ordinaires, aux termes de l'article 26 du réglement général, est éten-

due au gardien chef, lorsqu'il ne rend pas compte
au maire dans les vingt-quatre heures des dégâts
dont il a connaissance.

**Commissionnaire.** — Art. 6. Tous les
jours à neuf heures, le commissionnaire se rend à
la prison pour recevoir du gardien chef la note
des commissions à faire.

**Soins hygiéniques.** — Art. 7. Le barbier
se rend à la prison tous les vendredis à une
heure.

Les détenus sont rasés une fois par semaine,
et ont les cheveux coupés tous les deux mois.

Ils peuvent se faire raser et couper les cheveux
plus souvent par le barbier de la prison, mais à
leurs frais et d'après un tarif fixé par le maire.

**Devoirs religieux.** — Art. 8. La messe est
célébrée à neuf heures les dimanches et les autres
jours de fêtes religieuses reconnues.

L'entrée de la chapelle est interdite à toute
personne du dehors qui n'a point autorité dans la
prison.

Une instruction religieuse a lieu chaque ven-
dredi à trois heures de l'après-midi.

**Nourriture.** — Art. 9. Il entre dans la composition de la soupe aux légumes pour chaque
individu :

15 grammes de beurre ou 12 grammes de graisse
de porc ;

250 grammes de pommes de terre et 100 grammes de carottes, choux, haricots ou pois verts, etc.

Ou bien, 250 grammes de ces derniers légumes, sans pommes de terre ;

Ou bien, 150 grammes de légumes secs avec un
assortiment de 50 grammes de légumes verts.

La viande à employer pour le régime gras, qui
est donné le dimanche, sera du bœuf.

Art. 10. La distribution du pain a lieu à la sortie des dortoirs : celle des deux demi-rations de la soupe se fait à dix et à trois heures.

Le dimanche, la soupe grasse sera donnée à dix heures, et la distribution de la viande aura lieu au repas du soir.

Tous les prisonniers doivent manger en place en même temps, et aux heures dites, les vivres de la prison et ceux qui leur sont apportés du dehors.

Il leur est interdit de faire la cuisine.

**Vivres venant du dehors. — Art. 11.** Les prévenus et les accusés qui renoncent aux vivres de la prison peuvent faire venir du dehors, par jour :

Du pain à discrétion ;

Une soupe ;

Trois plats ou portions, soit de viande, soit de poisson, légumes, œufs, beurre, fromages, lait ou fruits ;

Un litre de vin ou deux litres de bière ou de cidre.

Art. 12. Les prévenus et accusés qui ne renoncent pas aux vivres de la prison ne peuvent y ajouter que :

500 grammes de pain ;

Deux portions ou plats ;

Un demi-litre de vin ou un litre de bière ou de cidre.

Art. 13. Les détenus pour dettes civiles ou commerciales doivent se renfermer, pour leur nourriture, dans les limites fixées par l'art. 11. Cependant leur dépense ne doit pas dépasser sensiblement le montant de la consignation alimentaire.

Les détenus pour dettes envers les particuliers, en matière criminelle, correctionnelle ou de police, ne peuvent faire venir du dehors qu'une nourriture semblable à celle de la prison ; plus le supplément dont il va être parlé dans l'article suivant.

Les débiteurs de l'état de la même catégorie ne peuvent faire venir que ce supplément.

**Supplément de nourriture.**— Art. 14. Lorsque les condamnés sont autorisés à recevoir de leurs familles, ou à se procurer un supplément de vivres, ce supplément ne peut se composer, par jour, que de 500 grammes de pain semblable au pain de ration de la prison, et d'un seul plat ou portion.

**Trafic des vivres.** — Art. 15. Tout don, trafic, ou échange de vivres ou boissons entre les prisonniers est interdit.

Art. 16. Si un détenu appartient à une famille pauvre ou notoirement gênée, le gardien chef, lorsqu'il croira que les parents s'imposent de trop grandes privations pour lui faire parvenir de secours en rendra compte au maire.

**Détenus pour dettes.**— Art. 17. Les détenus pour dettes en matière civile ou de commerce sont soumis aux mêmes règles disciplinaires que les prévenus.

Les détenus pour dettes en matière criminelle, correctionnelle ou de police, sont soumis aux mêmes règles disciplinaires que les condamnés.

Cependant ils ne sont pas tenus de travailler ni de porter le costume pénal.

**Prohibition du tabac.** — Art. 18. L'usage du tabac, sous toutes les formes, est interdit aux jeunes détenus, même avant qu'ils soient jugés.

**Literie.**— Art. 19. La commission de surveillance désigne les paillasses et les traversins dont la paille a besoin d'être renouvelée. Toutefois, à moins de cas extraordinaires, ce renouvellement ne peut avoir lieu qu'après quatre mois, depuis le jour où la paille a été mise en service.

Art. 20. Les prévenus et les accusés spécialement autorisés, conformément à l'article 71 du réglement général, peuvent faire venir du dehors :

Une paillasse,
Un matelas,
Un traversin,
Des draps,
Deux couvertures.

Art. 21. L'article 73 du réglement général est applicable aux détenus pour dettes envers l'état, en matière civile.

**Couchage des détenus pour dettes.** — Les détenus pour dettes envers les particuliers, en matière criminelle, correctionnelle ou de police, ne peuvent louer dans l'intérieur de la prison, ni être autorisés à faire venir du dehors qu'un coucher semblable à celui de la prison.

**Visite des parents.** — Art. 22. Les visites autorisées ont lieu de dix heures à midi.

Les prévenus, les accusés et les détenus pour dettes civiles ou commerciales, peuvent recevoir des visites tous les jours.

Les condamnés et les détenus pour dettes en matière criminelle, correctionnelle ou de police, ne sont visités que les dimanches, mardi et jeudi.

**Durée de visites.** — Chaque visite ne peut durer plus d'une demi-heure.

Art. 23. Les détenus se lèvent :

En décembre, janvier et février à sept heures;

En mars, avril, octobre et novembre à six heures;

En mai, juin, juillet, août et septembre à cinq heures.

Ils se couchent à huit heures du 1er mai au 30 septembre.

A sept heures pendant le reste de l'année.

**Aumônerie.** — Une prière, indiquée par l'aumônier, sera dite à voix haute, après le lever et avant le coucher.

**Balayage.** — Art. 24. Outre le soins de propreté imposés à tout prisonnier par l'article 96 du réglement général, les condamnés sont tenus, dans leurs quartiers et dans les parties de la maison commune aux diverses catégories, de balayer et nettoyer les escaliers, cours et latrines.

Art. 25. Tout prisonnier qui se refuse au service de propreté dont il est tenu, est mis au pain et à l'eau jusqu'à ce que son refus cesse, sans préjudice des autres punitions s'il y a lieu.

**Dégats.** — Art. 26. Sont considérés comme des dégats ou dommages punissables, les malpropretés de toutes sortes, ainsi que les écrits, barbouillage et dessins sur les murs.

Art. 27. Lorsque le détenu qui a causé un dommage quelconque ne peut en acquitter le montant, l'administration peut s'en rembourser par la retenue de tout ou partie de ses vivres, autres que le pain. Le préfet statue, à cet égard, sur le rapport du gardien chef, l'avis du maire et celui de la commission de surveillance, en prenant en considération les circonstances du fait, le caractère et la conduite habituelle de son auteur.

Si l'auteur du dommage n'est pas connu, tous ceux qui ont été dans la possibilité de le commettre en sont solidairement responsables.

**Inspection des maires.** — Le code d'instruction criminelle (art. 612) fait un devoir au maire de visiter les prisons une fois par mois au moins et de s'assurer lui-même que les prescriptions réglementaires, en ce qui concerne la propreté, la nourriture, la discipline sont ponctuellement observées.

Ses visites seront d'autant plus nécessaires dans les maisons de dépôt et de sûreté, là où il n'existe pas encore de commissions de surveillance, que ces maisons laissent infiniment à désirer sous les rapports moraux et hygiéniques; il devra compte de ses visites au sous-préfet, et faire les propositions d'améliorations qu'il jugera convenables dans l'intérêt du service.

Chaque année, sur l'invitation des préfets, les commissions de surveillance, présentent à la clémence du roi, un état des détenus susceptibles par leur bonne conduite, ou leur position, de recevoir une remise ou une commutation de peine. Cet Etat est conforme au modèle n° 14.

# CHAPITRE. XVIII.

# GARDE NATIONALE.

*Loi du 21 mars 1831.— Esprit de la législation sur la garde nationale. — Procès-verbaux d'élection et de réélection des officiers, sous-officiers, caporaux ou brigadiers de la garde nationale. — Élection ou réélection des chefs de bataillons, des porte-drapeaux.—Modèles. — Etats.*

La garde nationale (1) dit la loi du 22 mars 1831, est instituée pour défendre la royauté constitutionnelle, la charte et les droits qu'elle a consacrés pour maintenir l'obéissance aux lois, conserver ou rétablir l'ordre et la paix publique, seconder l'armée de ligne dans la défense des frontières et des côtes, assurer l'indépendance de la France et l'intégrité de son territoire; la loi ajoute : « Toute délibération prise par la garde nationale sur les affaires de l'état, du département ou de la commune, est une atteinte à la liberté publique, et un délit contre la chose publique et la constitution. Tel est, en substance, l'esprit des devoirs patrioti-

---

(1) La garde nationale a été constituée pour la première fois dans la capitale, le 12 juillet 1789. Peu de jours après, cette institution était répandue dans la France entière; elle fut régularisée par les décrets des 6-12 octobre 1790 et par la loi du 14 octobre 1791.

-ques, que cette loi impose aux citoyens dans un but de liberté, d'ordre public, de conservation et de sûreté intérieure ; elle assigne d'une manière précise l'obligation morale, pour tous les citoyens, de concourir à la défense du pays, qu'elle place sous la sauvegarde de leur honneur et de leur dévouement, en même temps qu'elle pose la limite de leur droit politique; toute extension de ce même droit deviendrait, sans la restriction imposée par la sagacité du législateur, une cause permanente de désordres, et rendrait tout gouvernement impossible.

Nous ne reproduirons pas l'ensemble des dispositions qui y sont introduites pour son organisation, les inscriptions, les incompatibilités, les contrôles, le jury de révision, les élections, les conseils de discipline, etc.

La loi du 22 mars étant fort longue, son insertion dépasserait nécessairement les bornes que nous avons dû assigner à notre travail; MM. les maires la trouveront facilement à la date indiquée, dans les bulletins des lois que possèdent toutes les communes. Nous avons pensé devoir donner quelques formules pour la dresse des procès-verbaux d'élection des officiers, sous-officiers, caporaux ou brigadiers, des chefs de bataillon, et porte-drapeaux pouvant servir de guide en maintes circonstances aux communes dépourvues des ouvrages spéciaux ayant trait à cette matière.

Département d  canton
d  commune d
M. élu au grade de  compagnie
de

## ELECTION DES OFFICIERS.

### Procès-verbal.

L'an  le  heure
d  en la salle (désigner avec précision

le lieu de la réunion), les gardes nationaux du service ordinaire, formant la compagnie d
de la garde nationale d     (désigner la commune ou la ville, et le canton, si la ville est composée de plusieurs cantons).

Dûment convoqués pour les élections de leurs officiers, sous-officiers et caporaux ou brigadiers.)

A cet effet, inscrits sur l'état nominatif dressé par le conseil de recensement, étant réunis au nombre de     sans armes et sans uniformes; en présence de M. (désigner si ce fonctionnaire est le maire, ou un adjoint du maire, ou une personne adjointe au conseil d'après l'art. 15 de la loi, et s'il est président ou remplissant à l'élection les fonctions de président du conseil de recensement), président du conseils de recensement, assisté de M.     et de M.
membres du même conseil, remplissant les fonctions de scrutateurs, à l'effet de procéder, aux termes de la loi du 22 mars 1831, à la nomination de leurs officiers.

M.     (présidant ou remplissant les fonctions de président du conseil de recensement, a déclaré la séance ouverte.

Après quoi il a déposé sur le bureau l'état nominatif dressé comme il a été dit par le conseil de recensement et contenant     noms.

Ensuite il a donné lecture de l'article 51 de la loi, portant : l'élection des officiers aura lieu pour chaque grade successivement, en commençant par le plus élevé, au scrutin individuel et secret, à la majorité absolue des suffrages.

Puis il a invité les gardes nationaux à prendre part à l'élection qui allait avoir lieu pour le grade d
M.     a fait l'appel de tous les gardes nationaux inscrits sur ledit état nominatif dressé par le conseil de recensement.

À cet appel, pour le premier tour de scrutin individuel et secret, ont répondu          votans.

Le nombre des bulletins remis ayant été reconnu égal à celui des votans, le scrutin a été déclaré régulier, et la majorité absolue fixée à

M.          (présidant ou remplissant les fonctions de président du conseil de recensement), président du conseil de recensement, assisté des deux scrutateurs prénommés, a procédé au dépouillement des votes, et ce dépouillement a donné.

   Savoir :

 A M.     voix;
 A M.     voix ;
 A M.     voix ;
      voix ont été perdues.

(Si le premier tour de scrutin a donné la majorité absolue, le reste du cadre du procès-verbal sera biffé jusqu'aux mots M.          ayant réuni.) Personne n'ayant obtenu la majorité absolue des suffrages, il a été procédé à un nouveau tour de scrutin ; à l'appel qui en a été fait, ont répondu          votans.

Le nombre des bulletins ayant été reconnu égal à celui des votans, le scrutin a été déclaré régulier, et la majorité absolue fixée à

M.          (présidant ou remplissant les fonctions de président du conseil de recensement), président du conseil de recensement, assisté des deux scrutateurs prénommés, a procédé au dépouillement des votes, et ce dépouillement a donné,

   Savoir :

 A M.     voix ;
 A M.     voix ;
 A M.     voix ;
      voix ont été perdues.

( Si le second tour de scrutin a donné la majorité, on biffera le reste du cadre jusqu'aux mots M. ayant réuni.) Personne n'ayant encore obtenu la majorité absolue des suffrages, il a été procédé à un scrutin de ballotage entre M.          et M.          qui ont réuni le plus de voix au second tour de scrutin.

A l'appel qui en a été fait, ont répondu votans.

M.          (présidant ou remplissant les fonctions de président du conseil de recensement), président du conseil de recensement, assisté des deux scrutateurs prénommés, a procédé au dépouillement des votes, et ce dépouillement a donné,

Savoir :

A M.                    voix ;
A M.                    voix ;
                       voix ont été perdues.

( Blanc laissé pour le cas où les voix se partageraient également au premier scrutin de ballottage).

M.          ayant réuni la majorité absolue des suffrages, a été proclamé          par M.          (président du conseil en remplissant les fonctions de président du conseil de recensement), président du conseil de recensement.

De laquelle élection a été dressé le présent procès-verbal, qui a été clos séance tenante, et a été signé par M.          (président du conseil ou remplissant les fonctions de président du conseil de recensement), président du conseil de recensement, et par les deux scrutateurs prénommés.

Département d          canton          d
    commune d          compagnie d

# ÉLECTION DES SOUS-OFFICIERS ET DES CAPORAUX OU BRIGADIERS.

## Procès-verbal.

Comme au n°          , jusqu'aux mots : Ensuite il a donné lecture.

Ensuite il a donné lecture de l'art. 51 de ladite loi, portant: Les sous-officiers et caporaux ou brigadiers seront nommés au scrutin individuel et secret, à la majorité relative des suffrages.

Puis il a invité les gardes nationaux à prendre part à l'élection qui allait avoir lieu, pour la nomination :

D'un (sergent-major ou maréchal-des-logis chef.)

D'un (sergent-fourrier ou maréchal-des-logis-fourrier.)

De (le nombre à nommer de sergens ou maréchaux-des-logis.)

De (le nombre à nommer de caporaux ou brigadiers.)

M.                      a fait l'appel de tous les gardes nationaux inscrits sur ledit état nominatif dressé par le conseil de recensement.

A cet appel, pour un seul scrutin secret pour toutes lesdites élections, ont répondu          votans.

Le nombre des bulletins remis ayant été reconnu égal, à celui des votans, le scrutin a été déclaré régulier.

M.                      (présidant ou remplissant les fonctions de président du conseil de recensement), président du conseil de recensement, assisté des deux scrutateurs prénommés, a procédé au dépouillement des votes, et ce dépouillement ayant donné la majorité relative.

Savoir :

Pour le grade de sergent-major ou maréchal-des-logis chef.

A M.                qui a eu          voix.

Pour le grade de sergent-fourrier, maréchal-des-logis-fourrier.

A M.                qui a eu          voix.

Pour les (nombre) grades de sergens ou maréchaux-des-logis.

A M.       qui a eu       voix.
A M.       qui a eu       voix.

*De même pour tous les autres.*

Pour les (le nombre) grades de (caporaux ou brigadiers.)

A M.       qui a eu       voix.
A M.       qui a eu       voix.
A M.       qui a eu       voix.

*De même pour tous les autres.*

M.       (président du conseil ou remplissant les fonctions de président du conseil de recensement), président du conseil de recensement, les a proclamés aux grades et dans l'ordre ci-dessus indiqués.

Desquelles élections a été dressé le présent procès-verbal, qui a été clos séance tenante, et a été signé par M.       (président du conseil ou remplissant les fonctions de président du conseil de recensement), président du conseil de recensement, et par les deux scrutateurs prénommés.

N°

Département d       ville d
M.       élu au grade de
Procès-verbal       canton d'élection
des chefs de bataillon de       et porte
drapeaux       commune d
L'an       le       heure
de       dans la commune d       en la
salle de
Les officiers du       bataillon, au nombre
de       capitaines       lieutenants et
sous-lieutenants ensemble.

Et pareil nombre de sous-officiers, caporaux ou brigadiers, et gardes nationaux, élu dans le batailion, en exécution de l'article 53 de la loi du 22 mars 1831.

Inscrits sur l       état       nominatif       dressé en exécution du dernier paragraphe du titre V de l'instruction du ministre de l'intérieur, du 25 mai 1831, par le maire de ladite commune, par extrait des procès-verbaux des élections des compagnies et subdivisions de compagnies ci-après désignées, savoir : (1).

Ayant été dûment convoqués pour procéder aux élections des chefs de bataillon et porte-drapeau dudit bataillon :

Le nombre de ceux qui ont répondu à la convocation a été de

Lesquels étant réunis, sans armes et sans uniforme, en assemblée, présidée par M.

maire d            assisté de M.                   et de M.                   membres du conseil de recensement, remplissant les fonctions de scrutateurs, M.                   président de l'assemblée, a déclaré la séance ouverte.

Après quoi il a déposé sur le bureau l       état nominatif dressé, comme il a été dit, par le maire.

Ensuite il a donné lecture de l'art. 53 de la loi, portant : (transcrire ici cet article.)

Il a été rappelé qu'en vertu de l'article 51, l'élection devait commencer par le grade le plus élevé.

Puis il a invité les officiers, sous-officiers, caporaux ou brigadiers et gardes nationaux présents, à prendre part à l'élection qui allait avoir lieu pour le grade de            M.            a

---

(1) Désigner chaque compagnie d'infanterie de la garde nationale, et chaque subdivision de compagnie des corps spéciaux.

fait l'appel de tous les citoyens inscrits sur ledit état nominatif dressé par le maire.

A cet appel, pour le premier tour de scrutin individuel et secret, ont répondu          votans.

Le nombre des bulletins réunis ayant été reconnu égal à celui des votans, le scrutin a été déclaré régulier, et la majorité absolue fixée à

M.          président de l'assemblée, assisté des deux scrutateurs prénommés, a procédé au dépouillement des votes, et ce dépouillement a donné, savoir :

    A M.                voix ;

    A M.                voix ;

    A M.                voix ;

                    voix ont été perdues.

(1) Personne n'ayant obtenu la majorité absolue des suffrages, il a été procédé à un nouveau tour de scrutin, à l'appel qui en a été fait ont répondu          votans.

Le nombre des bulletins ayant été reconnu égal à celui des votans, le scrutin a été déclaré régulier et la majorité absolue fixée à          M.

président de l'assemblée, assisté des deux scrutateurs dénommés, a procédé au dépouillement des votes, et ce dépouillement a donné, savoir :

    A M.                voix ; .

    A M.                voix ;

    A M.                voix ;

                    voix ont été perdues.

(2) Personne n'ayant encore obtenu la majorité

---

(1) Si le premier tour de scrutin a donné la majorité absolue, le reste du cadre du procès-verbal sera biffé jusqu'au chiffre 4.

(2) Si le second tour de scrutin a donné la majorité absolue, on biffera le reste du cadre jusqu'au chiffre 4.

des suffrages, il a été procédé à un scrutin de ballotage entre M.       et M.       qui ont réuni le plus de voix au second tour de scrutin.

A l'appel qui en a été fait, ont répondu       votans.

M.       président de l'assemblée, assisté des deux scrutateurs prénommés, a procédé au dépouillement des votes, et ce dépouillement a donné, savoir :

A M.       voix ;
A M.       voix ;
       voix ont été perdues.

(1)

M.       ayant réuni la majorité absolue des suffrages, a été proclamé       par M.       président de l'assemblée.

De laquelle élection a été dressé le présent procès-verbal qui a été clos séance tenante, et a été signé par M.       et par les deux scrutateurs prénommés.

Département d       canton d
       commune d

N°

*Règlement relatif au service ordinaire de la garde
nationale d*

Le maire d

Sur la proposition de M. le (grade) commandant de la garde nationale.

Vu la loi du 22 mars 1831, sur la garde nationale, notamment les art. 73, 78, 82, 83, 84, 85, 86, 87, 88, 89, 90, 91, 92, 93 et 127, qui seront transcrits à la suite du présent ;

---

(1) Blanc laissé pour les cas où les voix se partageraient également au premier scrutin de ballottage.

Considérant que, pour le bien du service, il est urgent de faire le réglement prescrit par l'art. 73 de ladite loi.

Arrête :

Art. 1er. Lorsqu'elle en sera requise, et pour la sûreté publique, la garde nationale occupera tous les postes qui lui seront assignés par l'autorité administrative.

Elle fournira les piquets et détachements que l'autorité administrative jugera nécessaires pour assurer, dans l'intérieur de la commune, l'obéissance aux lois et le maintien de l'ordre public.

(S'il s'agit d'une place de guerre.) Elle se conformera aux consignes générales ou particulières faites ou à faire pour la régularité du service dans la place comme ville de guerre.

Art. 2. La garde nationale prendra les armes une fois par mois pour être passée en revue, à l'exception des mois de décembre, janvier et février.

Il y aura par conséquent neuf revues par an.

Il y aura aussi neuf exercices par an.

Toutefois, les officiers et sous-officiers seront tenus à un nombre d'exercices qui sera le double de celui ci-dessus indiqué, attendu que la parfaite exécution des manœuvres dépend principalement de leur instruction.

Il en sera de même, à dater du premier janvier prochain, pour les citoyens qui, ayant atteint l'âge de vingt ans, seront appelés au service de la garde nationale, mais seulement pour la première année de leur service.

Les jours et lieu où seront passées les revues et faits les exercices seront fixés par des ordres du jour du chef de légion, affichés la veille dans toute l'étendue de la commune.

Indépendamment des deux prises d'armes prescrites ci-dessus, sont tenus les gardes nationaux de faire durant leur tour de garde, deux heures d'exercice. Ces heures leur seront indiquées à la garde montante.

Art. 3. Sur les neuf exercices généraux obligatoires, cinq seront consacrés par l'artillerie et les sapeurs-pompiers, à l'exercice du canon et à la manœuvre des pompes à incendie.

Art. 4. La cavalerie fera son service à pied pour son tour de garde.

Art. 5. En cas de générale battue, ou seulement de rappel dans l'un ou plusieurs des quartiers de la commune, soit de jour, soit de nuit, sans autre commandement ni avertissement, chaque officier, sous-officier et garde national se rendra armé et équipé au lieu désigné pour la réunion de sa compagnie, où chacun rangé sous le commandement de ses chefs immédiats, attendra les ordres de l'autorité civile.

Art. 6. Les lieux de réunion des compagnies sont déterminés ainsi qu'il suit (désigner les lieux de réunion.)

Les ordres du jour du commandant feront connaître chaque fois le lieu de réunion de la garde nationale toute entière.

Art. 7. Les gardes nationaux étant (art. 69 de la loi) responsables des armes à eux délivrées, qui sont la propriété de l'état, et étant tenus à leur entretien, toute détérioration de ces armes, autre que celle provenant d'accidents causés par le service, sera réparée à leurs frais.

Art. 8. Le présent réglement sera, après approbation de M. le préfet, publié et affiché dans toute l'étendue de la commune, dans la forme ordinaire, et sera exécutoire par le fait et dès le jour de cette publication.

Fait à                              Le maire,

Vu et approuvé,

Par nous préfet de

N°

*Procès-verbal de reconnaissance et de prestation*
*de serment des officiers de la garde nationale.*

Cejourd'hui                    mil huit cent
en exécution de l'art. 59 de la loi du 22 mars 1831,
nous maire de la commune d                avons
réuni sous les armes la garde nationale de ladite
commune, pour faire reconnaître le commandant
et les autres officiers élus en exécution de ladite
loi, et recevoir leur serment.

Après avoir indiqué à la garde nationale le motif de la réunion, nous lui avons présenté M.
élu commandant; et après avoir fait battre un ban,
nous l'avons fait reconnaître, en disant :

« Gardes nationaux, en exécution de la loi, vous
reconnaîtrez pour votre commandant M.
et vous lui obéirez en tout ce qu'il vous comman-
dera pour défendre la royauté constitutionnelle, la
charte et les droits qu'elle a consacrés pour maintenir l'obéissance aux lois, conserver ou rétablir
l'ordre et la paix publique.» (Art 1er de ladite loi.)

La reconnaissance de l'officier commandant
étant ainsi faite, il a lui-même fait reconnaître les
officiers sous ses ordres, en les présentant à leurs
compagnies respectives, auxquelles il a adressé la
même interpellation que ci-dessus.

Après quoi chacun des officiers dénommés au
tableau ci-après a prêté individuellement entre
nos mains, le serment de fidélité au roi des français, d'obéissance à la charte constitutionnelle et
aux lois du royaume.

Nous avons ensuite déclaré aux officiers, sous-
officiers et caporaux ou brigadiers, qu'ils étaient
élus pour trois ans, à partir dudit jour.

Nous avons prévenu MM. les officiers qu'ils
avaient quinze jours pour signer le présent procès-
verbal qui, durant ce temps, demeurera déposé à

la mairie, et qu'à défaut de l'avoir signé, ils seront considérés comme démissionnaires.

Le but de la réunion étant rempli, elle s'est séparée.

Fait à                              les jour, mois et an susdits.

Le maire de la commune de

| NOMS et PRÉNOMS. | CORPS SPÉCIAL. ou n° de la comp° à laquelle les officiers appartiennent. | GRADES. | SIGNATURES des officiers. |
|---|---|---|---|
|  |  |  |  |

Voir le Tableau n° 15.

# CHAPITRE XIX.

# POLICE JUDICIAIRE.

*Recherches des crimes et délits. — Actes. — Dénonciations. — Flagrant délit. — Faits correctionnels — Complots contre la sûreté de l'état. — Crimes divers. — Recherches des coupables. — Suicides. — Visites des médecins. — Constatations. — Recherches de l'identité. — Morts subites ou accidentelles. — Cadavres inconnus. — Signalements. — Blessures. — Incendies. — Viols. — Vols. — Recel, — Vols sur les grandes routes et chemins publics. — Maraudage. — Filouterie. — Escroquerie. — Soustractions des comptables des deniers publics. — Infanticides. — Empoisonnements. — Tribunal de simple police. — Frais de justice criminelle. — Etats et tableaux.*

La police judiciaire ayant déjà été traitée dans les ouvrages spéciaux (1) nous nons bornerons à présenter une simple analyse des dispositions législatives qui régissent cette partie du service public, exercée dans une foule de circonstances par les fonctionnaires municipaux auxquels notre ouvrage est particulièrement destiné.

---

(1) Voir Levasseur, justices de paix. — Instructions de M. le procureur du roi de la Seine.

**Recherches des crimes et délits.—** Comme officiers de police auxiliaire du procureur du roi ; MM. les juges de paix, maires, adjoints, officiers de gendarmerie et commissaires de police, sont chargés par les articles 48 et 49 du code d'instruction criminelle de recevoir les dénonciations et les plaintes de tous crimes et délits, de recevoir les déclarations des témoins et de faire tous les actes qui tendent à constater les faits et à en rechercher les auteurs.

**Actes.** — Les actes doivent être transmis en originaux au ministère public. Ils doivent être rédigés de la manière la plus claire possible, et avec des détails suffisants pour en faire saisir la portée. La célérité dans l'expédition de ces envois est une chose très importante, la justice étant intéressée pour rechercher les coupables d'être renseignée de la manière la plus prompte, tout retard devenant préjudiciable à la certitude de ses investigations.

**Dénonciations.** — L'officier de police est obligé de recevoir les plaintes et les dénonciations qui lui sont adressées, en tant que ces plaintes ou dénonciations portent sur des faits graves vrais ou faux. Dans le cas contraire, si les faits articulés sont sans importance, il peut alors refuser de recevoir la plainte, ou mieux encore demander à la partie une plainte écrite qu'il se contente de signer en indiquant le jour où il la reçoit.

**Flagrant délit.—** Dans la police judiciaire on appelle *flagrant délit* le cas où le prévenu est poursuivi par la clameur publique, et celui où le prévenu est trouvé saisi d'effets, armes instruments ou papiers faisant présumer qu'il est auteur ou complice, pourvu que ce soit dans un temps voisin du délit. (Code d'inst. crim. art. 41.)

**Faits correctionnels.** — Nonobstant le cas de flagrant délit qui doit être constaté par l'officier de police judiciaire, dès qu'il parvient à sa connaissance, où qu'il en a été lui-même le témoin, il doit également dresser des procès-verbaux pour des faits purement correctionnels.

**Complots contre la sûreté de l'état.** — La nomenclature des crimes et délits inséparables de l'ordre social est vaste. La perversité humaine se montre sous une infinité de faces, et elle atteste par les désordres qu'elle enfante la nécessité d'une répression rigoureuse. On a classé au nombre des crimes les plus importants et avec raison, ceux qui attaquent la sûrete de l'état (1) un crime contre les personnes, ne peut anéantir qu'une ou plusieurs existences; un crime contre la sûreté de l'état peut faire périr des milliers d'individus. Il importe donc que les fonctionnaires publics ou les citoyens qui seraient instruits de pareils complots en fassent la révélation immédiate à la justice.

**Crimes divers.** — Après les crimes contre la sûreté de l'état, viennent ceux qui peuvent ébranler son crédit et nuire à la confiance publique tels que l'émission de la fausse monnaie (2). Les faux en effets publics. Viennent ensuite les meurtres, les assassinats, les empoisonnements, les infanticides, les incendies, les viols, les vols avec ou sans effraction, la filouterie, le recel, etc., et une foule d'autres dont je tiens à abréger la hideuse nomenclature (3).

---

(1) (Code pénal de 75 à 108.)
(2) Code pénal, 132 à 149.
(3) **J. J.** dans son discours sur *l'inégalité des conditions parmi les hommes*, présente ces crimes comme la preuve la plus décisive contre la civilisation. Rousseau oubliait, sans doute, que l'abus n'est pas la règle, et que les sociétés bien ordonnées quoiqu'avancées

Les officiers de police doivent considérer la re-cherche des coupables comme la partie la plus es-sentielle de leurs devoirs. C'est de leur vigilance, de leur intelligence, de leur adresse que dépend la sûreté publique. Investi des pouvoirs que la loi leur confère, ils doivent en user dans toute leur plénitude pour remplir la mission d'ordre et de dévouement qu'ils ont acceptée; et se rappeler sans cesse que c'est pour la société entière qu'ils agissent.

Nous allons parler maintenant de divers cas de morts violentes et accidentelles que MM. les offi-ciers de police municipale et judiciaire peuvent être dans le cas de constater et qui ont lieu le plus fréquemment.

**Suicides.** — MM. les maires ne devront pas se borner à déclarer dans un procès-verbal que la mort de tel ou tel est le résultat d'un suicide, ils devront recueillir soigneusement toutes les cir-constances qui ont précédé, accompagné ou suivi cette mort. L'état du cadavre, la description des instruments qui l'on procurée doivent être soigneu_ sement consignés dans le procès-verbal.

**Visite du médecin.** — Un médecin sera appelé immédiatement, il aura à décider d'après l'inspection du cadavre et celle des instruments dont on présume qu'il se sera servi pour se donner la mort, s'il a été dans la possibilité d'accomplir cet acte. Son avis sera également consigné dans le procès-verbal ou annexé à cet acte.

---

dans cette carrière, offrent de là ordinairement moins de crimes, moins d'attentats à la sûreté des person-nes et à celles de la propriété, que celles placées dans une échelle inférieure, et que la prétendue perfection de l'homme naturel n'est qu'un rêve creux de la phi-losophie.

**Recherches des papiers et documents.** — On devra rechercher dans les papiers du décédé, s'il existe quelqu'écrit explicatif de sa mort comme cela arrive assez fréquemment et une saisie de tous les actes publics ou privés qui étaient en sa possession devra être opérée et réintégrée à sa famille lorsque le suicide sera suffisamment éclairci.

**Morts accidentelles.** — L'état du cadavre doit être examiné par les hommes de l'art, comme pour le suicidé, et ils devront déclarer s'ils n'ont trouvé aucune trace de violence extérieure, avant de procéder à l'inhumation qui sera ordonnée par le procureur du roi.

**Recherches de l'identité.** — Quelle que soit la cause de la mort, pour assurer l'identité de la personne décédée, on doit faire reconnaître son cadavre par ses parents ou par les personnes qui l'auront connue.

**Cadavres inconnus.** — Lorsqu'une personne homicidée, emprisonnée, morte accidentellement ou subitement, est inconnue, on doit décrire, avec les plus minutieux détails, la taille, les traits, la couleur de ses cheveux, les cicatrices et signes qui pourraient aider à la faire reconnaître ; ses vêtements, les écrits imprimés ou manuscrits ainsi que tous les objets qui seront trouvés en sa possession, doivent être soigneusement conservés (1).

----

(1) Toutes les fois qu'il y a signes ou indices d'infanticides, d'empoisonnement ou de toute autre mort violente, subite ou accidentelle, ou qu'enfin il se fait une levée, un examen ou une ouverture de cadavre, quelle que soit la cause de la mort, parut-elle naturelle, purement accidentelle, ou produite par un suicide, comme la police judiciaire est seule compétente pour prononcer sur toute mort suspecte et extraor-

**Blessures.**— Lorsque par suite d'une rixe, d'un guet-à-pens, d'un cas de légitime défense, il y aura blessures, le premier soin de l'officier de police judiciaire sera de les constater et de faire visiter le blessé par un homme de l'art, qui aura à expliquer l'espèce, la gravité, la durée et les conséquences de ces blessures (1).

S'il y a danger imminent, il faudra se hâter d'entendre la victime avec tous les ménagements que sa situation pourra exiger. Si l'audition immédiate pouvait entraîner des conséquences graves, et un véritable danger pour l'existence du blessé, il faudra attendre que sa situation le permette. Chacun sait que des blessures qui ont occasionné une incapacité de travail de plus de 20 jours, sont considérées par la loi comme des crimes et punis comme tels.

**Incendies.** — Les incendies sont produits assez souvent par la malveillance. Il importe donc de rechercher avec soin les causes qui ont pu déterminer le sinistre, et nonobstant l'avis que l'autorité municipale doit en donner au préfet ou au sous-préfet, un procès-verbal circonstancié de l'événement doit être transmis aussitôt au procureur du roi.

**Viols.**— Dans ces sortes de crimes devenus si

---

dinaire, l'inhumation ne peut s'effectuer sans la permission de M. le procureur du roi. L'officier de police chargé de la constatation doit avoir soin avant que l'inhumation se fasse, de transmettre à l'officier de l'état civil, tous les renseignements recueillis, afin que l'acte de décès soit dressé (art. 82, cod. civ.)

(1) Si la mort s'est ensuivie, le prévenu doit être confronté au cadavre, ainsi que ses complices s'il en existe. Cette confrontation produit quelquefois des aveux et fait naître des observations qu'il est utile de recueillir dans l'intérêt de la justice.

communs aujourd'hui, par un effet de la dépravation ; l'officier de police judiciaire qui aura à constater de pareils événements doit éviter dans ses investigations d'offenser la pudeur de la personne qui en a été victime. Il aura sur-le-champ à appeler un homme de l'art qui en fera rapport (1)

**Vols.**— Les attentats à la propriété sont plus communs que ceux qui attaquent la sûreté des personnes, et depuis quelques années les besoins du luxe, des jouissances matérielles de la vie, rarement le défaut de travail, plus souvent la paresse, l'inconduite, les augmentent dans une proportion qui devient effrayante pour l'avenir moral de la société.

Les vols se compliquent de circonstances aggravantes quand ils ont lieu pendant la nuit, depuis le coucher jusqu'au lever du soleil: quand ils sont exécutés avec violence, fausses clefs, effraction et escalade ; c'est à la justice à apprécier ces distinctions, que nous ne mentionnons que pour mémoire, pour l'application des peines. Il suffit à l'officier de police de les préciser de la manière la plus claire possible (2).

Il existe dans les grandes villes, une foule d'individus sans profession avouée, et qui néanmoins se trouvent tous les jours dans les cafés, les cabarets, les estaminets, les tripots, les maisons de

---

(1) Les viols de filles nubiles ou de femmes sont assez rares. Les viols d'enfants de sept à huit ans, par des hommes d'un âge mûr et quelquefois avancé, sont fort communs. On a vu des vieillards ayant un pied dans la tombe, attenter à la pudeur d'enfants dont ils auraient pu être l'aïeul. Une telle infamie mérite toute la sévérité de la loi.

(2) Le vol commis après bris des scellés est assimilé par la loi au vol avec effraction.

prostitution. Une bonne police doit surveiller attentivement ces oisifs suspects, car ce sont le plus ordinairement ceux qui commettent des attentats à la propriété et à la sûreté des personnes.

Les voleurs nous conduisent par une pente naturelle aux receleurs qui sont de la même famille, leurs agents les plus actifs, leurs auxiliaires les plus dévoués. Ce sont eux qui achètent à vil prix et dénaturent pour pouvoir les vendre, les objets soustraits par les voleurs. La loi les punit avec raison comme complices et l'on doit procéder contre eux avec autant de détails, de célérité et de précautions que contre les voleurs eux-mêmes.

**Vols sur les grandes routes.**— Les vols sur les grandes routes sèment l'inquiétude dans les esprits, impriment un temps d'arrêt aux voyages ordinaires, nuisent aux relations, et amènent une certaine perturbation dans les opérations commerciales; ils sont donc d'une extrême gravité et la recherche de leurs auteurs doit exciter la sollicitude des officiers de police judiciaire et de la gendarmerie chargée spécialement de leur arrestation. En purgeant les grandes routes, ou les chemins publics, des brigands qui y jettent l'épouvante; en les livrant aux tribunaux chargés de les punir, on remplit une mission sociale de la plus haute importance qui mérite d'être récompensée.

**Vols de bois et récoltes pendantes, maraudage.**— La police rurale étant exercée par les gardes champêtres (1) et les gardes forestiers; ce sont ces agents qui constatent ordinairement les vols de bois, de récoltes pendantes, de fruits, de chevaux, de pierres dans les carrières, etc.

---

(1) Voir le chapitre relatif aux gardes-champêtres et forestiers.

**Soustractions des percepteurs. —**
Dans le cas de soustraction commise par un comptable, dépositaire des deniers publics, il faudra constater quelle est la valeur des sommes, pièces, titres, actes et effets soustraits, parce que d'après les articles 169, 170 et 172 du code pénal, cette valeur détermine le caractère du fait. ainsi que la compétence du juge et sert à déterminer l'amende.

**Filouterie.**— Les filoux qui abondent dans les grandes villes, sont des voleurs timides, qui ne sachant ou ne voulant pas affronter les périls que présentent quelquefois l'exécution des vols ordinaires, ou redoutant la pénalité qu'ils entraînent se contentent de s'emparer par la ruse, ou par l'adresse, des objets soumis à leur convoitise. Il y en a (ce sont ordinairement les apprentis) qui affectionnent les montres et les mouchoirs de poche. Ceux qui ont vieilli dans le métier dédaignent ces simples larcins et visent à des soustractions plus lucratives. Leur imagination est fertile en expédients de toutes sortes pour arriver à leurs fins, et la *Gazette des Tribunaux* nous rend compte chaque jour des prouesses de ces dangereux industriels (1).

L'escroquerie est encore un moyen dont se servent d'adroits filoux pour commettre des soustractions. Pour qu'une manœuvre puisse constituer ce délit, il faut que l'on ait fait verbalement usage de faux nom ou cherché à persuader l'existence d'un crédit chimérique. Lorsque le faux nom a été écrit ou signé, il constitue le crime de faux prévu par la loi.

---

(1) Les vols de ce genre les plus ordinaires sont ceux que l'on désigne sous le nom de *vols au bonjour,* ou ceux dit à *l'américaine* qui, malgré leur vulgarité, font encore journellement des dupes.

**Vagabondage.**— Un arrêté du gouvernement du 9 frimaire an XII, porte que tout ouvrier travaillant en qualité de compagnon ou garçon, qui voyagerait sans un livret sur lequel son dernier congé ne serait pas visé par le maire ou l'adjoint du maire, sera réputé vagabond et puni comme tel. En conséquence, quand un individu arrêté se qualifie de compagnon, ou garçon ouvrier, on doit exiger de lui la représentation de cette pièce.

Si un individu arrêté comme prévenu de vagabondage articule qu'il est domicilié dans une commune qu'il désigne, il est inutile de le faire conduire devant M. le maire de cette commune. Il suffit d'écrire pour vérifier cet assertion, sauf à statuer ultérieurement ce que de droit. Le seul cas où il convient d'ordonner le transférement est celui où la preuve de vagabondage ne serait pas suffisamment acquise, et c'est au tribunal investi de la question de se prononcer à cet égard. (Circulaire de M. le procureur-général de la cour royale de Paris du 13 novembre 1821.)

**Infanticides.**— La crainte du déshonneur, les embarras, la déconsidération qui en sont les suites, portent quelquefois des malheureuses à détruire les fruits d'un commerce illicite, et à faire abnégation de ce principe d'amour, de cet instinct que la nature a placé dans le cœur de toutes les mères, mais que la société modifie souvent au gré de ses passions. Les infanticides, d'après des relevés statistiques récents, sont devenus très communs dans les départements, ou des mesures financières ont fait supprimer les tours d'hospices destinés à recevoir les enfants abandonnés.

Les infanticides sont fort difficiles à constater. l'existence d'un nouveau-né est si frêle que le moindre choc peut la détruire, sans qu'on puisse l'imputer à un sentiment dénaturé, à un homicide. C'est à la sagacité de l'officier de police toujours assisté d'un homme de l'art, à discerner les circonstances morales ou physiques qui peuvent établir la criminalité de la mère aux yeux de la justice.

Nous puisons dans les excellentes instructions de M. le procureur du roi de la Seine, des détails à ce sujet qui nous paraissent fort utiles.

« L'homme de l'art, dit ce magistrat, aura à examiner si l'enfant est né à terme, s'il a vécu et de quel genre de mort il a péri. L'officier de police doit aussi faire vérifier si la prévenue est accouchée et si le temps de l'accouchement ne se rapporte à celui de la naissance, et de la mort de l'enfant. Il doit rechercher si l'on a entendu ses cris, il doit saisir dans le domicile ou sur la personne de la prévenue les linges, hardes et objets annonçant un accouchement récent et s'informer auprès des parents voisins, domestiques de la prévenue ou autres qui la connaissent, si sa grossesse a été apparente ou si elle a été cachée ou niée par la prévenue. Il est nécessaire encore de vérifier si quelque parent de la prévenue, ou toute autre personne, ne l'aurait pas provoquée au crime, ou même ne l'aurait pas aidée et assistée (1).

---

(1) Lorsqu'un enfant nouveau-né est trouvé mort, on doit constater si le corps était enfoui ou caché; s'informer si quelque fille était connue pour être enceinte, ou soupçonnée de l'être, si elle l'est encore, ou si elle est accouchée en secret. Il importe de la faire visiter en particulier par des femmes expérimentées; en cas d'accouchement avoué et constaté, rechercher si elle s'est fait assister de quelqu'un ou si la naissance a été subite.

Instruction du procureur du roi de la Seine, page 71.

**Empoisonnement**. — L'empoisonnement, ce crime des lâches, est devenu excessivement commun. L'acide arsénieux, adopté de préférence par les coupables auteurs de ces noirs attentats, joue depuis longtemps un fort grand rôle dans nos modernes sociétés. La constatation de ce crime, dont on cherche ordinairement à faire disparaître toutes les traces, offre bien des difficultés, et les investigations ne sont pas toujours de nature à faire naître une conviction bien prononcée.

Il faut que l'officier de police s'attache à connaître par qui les poisons, les mets ou liqueurs empoisonnés ont pu être fournis (1), et par qui ces mets et liqueurs auraient été apprêtés ou présentés avec le poison à la personne empoisonnée, qu'il s'empare des matières vénéneuses, des mets et liqueurs infectés de poison ou soupçonnés de l'être, des vases non encore nettoyés qui les ont contenus, et des matières rendues par la personne à qui le poison a été donné. S'il y a lieu de procéder à l'ouverture du cadavre, soit parce qu'elle aurait été prescrite, soit dans les cas très-rares où l'on aura été obligé de recourir à cette opération avant d'en prévenir la justice, on devra se saisir des matières solides et liquides renfermées dans l'estomac et les intestins; on s'emparera même de ces viscères et l'on renfermera le tout dans des vases exactement fermés et scellés du sceau de l'officier de police judiciaire. Cet officier ne doit pas souffrir que l'ouverture et l'examen du cadavre se fassent hors de sa présence; il ne doit pas non plus se dessaisir des poisons ni des mets, liqueurs, viscères et objets qui en sont atteints, même pour les

---

(1) S'attacher aussi à connaître s'ils ont été vendus ou fournis dans le dessein de favoriser l'empoisonnement.

confier aux médecins, chirurgiens, chimistes et pharmaciens requis pour en faire l'examen. Il faut que cet examen s'effectue devant lui et par des experts habiles et probes ; qu'il ait soin de conserver autant que possible, une partie des poisons et des matières qu'il s'agira d'analyser, afin que l'on puisse, au besoin, réitérer les expériences lors de l'instruction ultérieure ou du jugement, qu'enfin il envoie promptement tous ces objets que la putréfaction pourrait altérer au point de rendre impossible un nouvel examen.

En cas d'empoisonnement dans les hospices, et dans tous les cas de morts violentes, accidentelles, volontaires ou autres de nature à appeler les investigations de la justice, et particulièrement quand les blessures ou la maladie des individus décédés ont donné lieu à des procès-verbaux des officiers de police judiciaire, et à des instructions, les chirurgiens de ces établissements ne doivent procéder à des autopsies que quand elles ont été régulièrement ordonnées, ou quand le ministère public a autorisé l'inhumation ou jugé une autopsie régulière inutile.

Les commissaires de police doivent avoir le soin de recommander aux chefs des hospices de leur donner immédiatement avis des décès, et de leur faire passer sans délai, un certificat des médecins constatant le décès et ses causes présumées d'après la maladie et l'état extérieur du corps. Les commissaires de police de Paris doivent, en pareil cas, prendre les instructions du procureur du roi, qui s'est réservé d'autoriser seul l'autopsie sur le vu de ces certificats, quand elle lui paraît nécessaire.

On sent qu'il importe essentiellement que des autopsies, du résultat desquels on peut argumenter devant le jury et devant les tribunaux, et qui souvent servent de base à leurs décisions dans les affaires les plus importantes, soient toujours faites régulièrement, et en se conformant aux règles tracées par les lois sur l'instruction criminelle.

**Tribunaux de police.**— Nous allons traiter maintenant des tribunaux de simple police (1)

Nous le ferons succinctement en ce qui concerne MM. les juges de paix et MM. les maires, et nous nous servirons pour cet objet du texte même du code d'instruction criminelle qui explique cette juridiction dans les termes les plus clairs et les plus précis.

Sont considérés comme contraventions de police simple les faits qui d'après les dispositions du 4ᵉ livre du code pénal, peuvent donner lieu, soit à quinze francs d'amende ou au-dessous, soit à cinq jours de prison ou au-dessous, qu'il y ait ou non confiscation des choses saisies et quelle qu'en soit la valeur (C., inst. crim. 137). La connaissance des contraventions de police est attribuée aux juges de paix et aux maires suivant les règles et les distinctions ci-après établies.

**Des juges de paix.**— Les juges de paix connaîtront exclusivement :

1° Des contraventions commises dans l'étendue de la commune, chef-lieu de canton ;

2° Des contraventions dans les autres communes de leur arrondissement, lorsque, dans le cas où les coupables auront été pris en flagrant délit, les contraventions auront été commises par des

---

(1) Dans cette rapide analyse nous avons omis peut-être bien des détails; mais ceux qui nous ont fait l'honneur d'acheter notre livre, voudront bien se rappeler que nous avons beaucoup plus tenu que nos promesses; car la police judiciaire dont nous nous occupons dans ce chapitre, n'est pas une annexe obligée de la police administrative.

personnes non domiciliées ou non présentes dans la commune, ou lorsque les témoins qui doivent déposer ne sont pas résidents ou présents;

3° Des contraventions à raison desquelles la partie qui réclame conclut pour les dommages-intérêts à une somme indéterminée ou à une somme excédent quinze francs;

4° Des contraventions forestières poursuivies à la requête des particuliers, quand la peine n'excède pas leur compétence.

5° Des injures verbales quand elles ne contiennent pas l'imputation d'un vice déterminé et qu'elles ne sont pas publiques;

6° De l'action contre les gens qui font le métier de deviner, pronostiquer ou d'expliquer les songes. (C. inst. crim., art. 139.)

Les juges connaîtront aussi, mais concurremment avec les maires, de toutes autres contraventions commises dans leur arrondissement.

Telles sont les attributions générales de MM. les juges de paix clairement définies par la loi.

MM. les maires sont également institués par elle, juges de police, et leurs attributions dans ce service forment une section du code d'instruction criminelle; mais pour que ces tribunaux puissent fonctionner, il faut qu'ils soit régulièrement organisés et cette organisation n'existe presque nulle part.

On a senti avec raison qu'un pareil service judiciaire était plutôt du ressort des juges de paix, et que les maires avec les fonctions administratives qu'ils exercent, n'avaient ni le temps, ni les moyens nécessaires dans les communes rurales, d'exiger des tribunaux de simple police et de rendre les dispositions de la loi profitables à l'ordre public. Nous nous dispenserons, en conséquence, de reproduire celles qui les concernent.

**Frais de justice criminelle.**— Ces frais sont payés sur production de mémoires conformes aux modèles 16 et 17, annexés à la fin de ce livre, et acquittés par le receveur de l'enregistrement, conformément aux dispositions du décret du 18 janvier 1811.

# CHAPITRE XX.

# CORRESPONDANCE.

*Ordre méthodique. — Confusion résultant des dépêches complexes. — Oubli des dates. — Classement. — Archives et documents importants. — Construction d'armoires pour le classement des papiers et de la correspondance.*

**Ordre méthodique.** — Je ne saurais trop insister, dans ce chapitre, sur la nécessité d'apporter un ordre méthodique dans la correspondance. Il est essentiel de ne jamais traiter plusieurs affaires différentes dans une même lettre, mais d'écrire, pour chaque objet, une lettre distincte et séparée. Ceci est indispensable pour faciliter les recherches et le classement des dossiers, et de relater toujours la date de la lettre à laquelle on répond, ainsi que la division qui s'y trouve indiquée.

**Ne parler que d'une seule affaire dans la même lettre.** — On comprend que si dans une même dépêche on traite, je suppose, deux affaires, dont l'une appartienne à la première division et l'autre à la seconde, on met dans l'embarras l'administrateur supérieur, préfet ou sous-préfet, auquel la dépêche est adressée, pour en opérer le classement. Il ne peut couper le dossier en deux, pour en mettre une partie dans une division et une partie dans une autre, et il se voit forcé de la classer dans une seule, se fiant à ses souvenirs pour se rappeler l'affaire en temps et lieu.

**Confusion résultant des dépêches complexes**. — Mais voici ce qu'il arrive : le maire ou tout autre fonctionnaire public ayant besoin de rappeler une des deux affaires dont la lettre collective faisait mention, ou toutes les deux à la fois, pour solliciter une décision de la part de l'autorité supérieure, on cherchera alors dans la division à laquelle cette nature d'affaire correspond, mais on ne trouvera rien, parce que la lettre collective aura été classée dans une autre.

**Oubli des dates.** — Il en est de même de l'oubli des dates. La multiplicité des affaires, leur excessive variété dans les administrations départementales, doivent imposer aux fonctionnaires municipaux l'obligation de rappeler les dates, pour faciliter les recherches. Sans cette précaution, on expose les employés supérieurs de ces administrations à des recherches très-pénibles, trés-fatigantes et on leur fait perdre un temps précieux qu'ils pourraient consacrer plus utilement à l'expédition des autres affaires ; concluons, règle générale : ne traiter que d'une seule affaire dans une lettre, rappeler les dates de l'envoi.

**Classement.** — Dans les communes rurales, nous conseillons à MM. les maires de faire confectionner deux armoires en bois de sapin, ce qui serait peu coûteux, nous allons en démontrer l'utilité.

Dans la première, on établirait des casiers correspondant à chacune des divisions de la préfecture et sous-préfecture du ressort. Celle des Bouches-du-Rhône compte cinq divisions, archives comprises, plus le cabinet du préfet (1).

----

(1) Cette classification est logique : la première traite des communes et établissements charitables ; la seconde la police et le recrutement ; la troisième les travaux

Une armoire ainsi disposée faciliterait le classe-ment des dossiers pour les affaires courantes, elle entretiendrait MM. les secrétaires dans l'esprit de chacune de ces divisions ; qu'ils n'oublieraient plus alors de relater dans leurs lettres.

**Archives et documents importants.** — Dans la seconde, des tiroirs fermés à clef se-raient destinés à contenir les titres et documents importants des communes, qui s'égarent quelque-fois, faute d'attention et de soins. Des comparti-ments, établis dans l'armoire, contiendraient les archives communales et seraient composés de tous les titres, pièces et documents qui s'y rattachent (1).

---

publics ; la quatrième les finances ; la cinquième les archives. Il existe en outre le secrétariat général et le cabinet particulier du préfet.

(1) L'état des archives laisse beaucoup à désirer dans la plupart des communes du royaume. M. le ministre de l'intérieur, dans sa sollicitude, a prescrit des mesures pour obvier à ce fâcheux état de choses, et a invité MM. les préfets à exiger dans chaque com-mune un inventaire à double de tous les objets appar-tenant aux archives communales, tels que titres, pa-piers, documents, correspondance, livres, etc., etc. Nous savons que ces inventaires ont été fournis à l'au-torité supérieure ; mais nous doutons qu'ils aient pro-duit le résultat qu'on en espérait. Un inventaire, il est vrai, quand il est fait consciencieusement, exige, de la part de celui qui l'opère, un classement qui l'oblige à sentir lui-même la nécessité de l'ordre, pour éviter la confusion, et à apporter plus de soins dans cette partie du service ; mais pour que cette mesure, excellente en elle-même, fût couronnée d'un plein succès, il aurait fallu s'occuper également de l'achat des meubles nécessaires pour la conservation des pa-piers ; il aurait fallu qu'un délégué de l'autorité pré-fectorale, un chef de division, par exemple, commis à cet effet, fût s'assurer par lui-même de l'exactitude des inventaires fournis, de l'état des papiers eux-

**Avantages du mode proposé.** — Nous pensons que cette méthode aurait pour résultat infaillible, la conservation des papiers, qu'elle préserverait de l'humidité, de la dent des rats et des teignes qui les détériorent. Secrétaire pendant longtemps d'une petite commune, je sais à-peu-près ce qui se passe dans les autres, et je crois rendre service à MM. les maires, comme à l'administration supérieure de signaler ce moyen qui me paraît fort convenable.

En terminant ce travail, nous engageons fortement MM. les maires et secrétaires de mairies de mettre de la célérité dans leur correspondance, surtout dans celle relative à la police, qui ne souffre aucun retard. Ils doivent signaler dans les vingt-quatre heures tout ce qui y a trait, et ne pas attendre huit et quelquefois quinze jours pour transmettre leurs rapports.

---

mêmes, et des moyens mis en usage, soit pour les renfermer, soit pour en opérer le classement. Nous avons la ferme conviction que cette nouvelle épreuve n'aurait pas été inutile pour avoir une idée nette des archives communales.

Il existe des inspecteurs pour toutes les institutions charitables, pour toutes les administrations fiscales, pourquoi ne pas en créer pour les administrations communales, qui sont placées sous la tutelle du gouvernement? Cette institution, si elle existait, serait non-seulement utile pour les archives, pour amener de l'ordre et de la célérité dans la correspondance, mais encore pour éclairer l'autorité supérieure sur le personnel des administrations municipales, sur les conflits qui s'élèvent, sur les malversations qui s'opèrent, sur l'insouciance ou l'incurie des agents commis à des services publics, sur les rivalités, l'esprit de coterie, etc. ; toutes choses qu'il est impossible, en l'état actuel, de savoir d'une manière précise, et sur lesquelles l'administration supérieure n'a jamais que des données vagues et souvent erronnées.

19.

# INSTRUCTIONS

*pour l'admission des jeunes gens qui se **destinent**
aux Ecoles Royales.*

Il arrive fort souvent que des particuliers viennent consulter MM. les maires sur les conditions d'admission dans les diverses écoles établies par le gouvernement, et que ces fonctionnaires n'ont pas sous la main les documents propres à satisfaire les familles. Nous avons donc pensé que, quoique ces renseignements n'aient aucune connexion avec les matières traitées dans ce volume, ils seraient néanmoins accueillis avec plaisir. Nous les plaçons donc à la fin de cet ouvrage, ils formeront un chapitre supplémentaire.

Nous devons ajouter que malgré que ces instructions soient renouvelées chaque année par les divers ministères, elles n'ont subi depuis longtemps, à notre connaissance, aucune modification notable, celles de l'année dernière étant conformes à celles de cette année, elles pourront donc servir de guide pour l'année courante et ultérieurement. Si toutefois le gouvernement jugeait nécessaire d'y introduire quelques changements, ces nouvelles dispositions, d'après les précédentes ne porteraient guère sur l'ensemble des connaissances exigées, sur les conditions d'admission et les pièces à produire, ni sur le prix de la pension, demeuré le même depuis fort longtemps; les pères de famille pourront donc puiser dans ces instructions tout ce qui leur est nécessaire de connaître dans leur intérêt personnel, comme dans celui de leurs enfants, sauf à s'enquérir, dans les préfectures ou sous-préfectures, au moment d'effectuer les démarches préalables, s'il n'existe, dans les programmes qui seront publiés ultérieurement, aucun changement qui modifie ceux qui se trouvent dans notre recueil.

# ECOLE POLYTECHNIQUE.

L'École royale polytechnique, établie à Paris, **est** destinée spécialement à former des élèves pour les **ser**-vices ci-après indiqués, savoir :

L'artillerie de terre et l'artillerie de mer,

Le génie militaire et le génie maritime,

La marine royale et le corps des ingénieurs-hydro-graphes,

Les ponts et chaussées et les mines,

Le corps royal d'état-major,

Les poudres et salpêtres,

L'administration des lignes télégraphiques,

L'administration des tabacs,

Enfin, pour les autres services publics qui exige-raient des connaissances étendues dans les sciences mathématiques, physiques et chimiques.

La durée du cours d'études est de deux ans.

Le Gouvernement ne prend, d'ailleurs, aucun en-gagement pour le placement, après les deux années d'études, de la totalité des élèves qui seront admis à l'Ecole. Ceux qui satisfont aux examens de sortie ont le droit de choisir, suivant le rang de mérite qu'ils oc-cupent sur la liste générale de classement dressée par le jury, et jusqu'à concurrence du nombre d'emplois disponibles, le service public où ils désirent entrer, pourvu que leur aptitude à ce service ait été constaté lors de leur rentrée à l'école. Néanmoins, les élèves qui ont profité du bénéfice accordé aux militaires par l'article 4 de la loi du 14 avril 1832 ne peuvent être placés que dans l'armée, à moins qu'ils n'aient accom-pli le temps de service exigé par la loi du recrutement, et dans lequel est comprise la durée de leur séjour à l'école.

L'école est soumise au régime militaire.

Le prix de la pension est de 1,000 francs, celui du trousseau de 500 à 600 francs.

Le bordereau et le tarif des objets de trousseau sont envoyés aux familles avec les lettres de nomination. Les articles qui concernent la lingerie peuvent être fournis en nature, ainsi que les livres.

Vingt-quatre bourses, susceptibles d'être partagées en demi-bourses, sont instituées en faveur des élèves dont les parents sont hors d'état de payer la pension, et qui remplissent les conditions indiquées ci-après, au titre *concession des places gratuites.* Elles sont distribuées, savoir :

8 par le Ministre de l'intérieur,
4 par le Ministre de la marine,
12 par le Ministre de la guerre.

## CONCOURS.

Nul n'est admis à l'école que par la voie de concours.

Le concours est ouvert le 20 juillet, jour où les examens commencent à Paris.

Un avis inséré dans le *Moniteur universel*, et publié par les préfets dans leurs départements, fait connaître, dans le courant de juillet, la ville affectée comme centre d'examen à chaque département, et l'époque à laquelle les examens commencent dans cette ville.

Nul ne peut être admis au concours s'il n'a préalablement justifié :

1° Qu'il est Français ou naturalisé ;

2° Qu'il a eu plus de seize ans et en comptait moins de vingt au 1er janvier de l'année courante.

Néanmoins, aux termes de l'article 4 de la loi du 14 avril 1832, les militaires des corps de l'armée sont admis à concourir jusqu'à l'âge de vingt-cinq ans, pourvu qu'ils n'aient pas accompli cet âge avant le jour de l'examen ; mais ils ne peuvent obtenir de congé pour se livrer aux études préparatoires qu'après deux ans révolus de présence effective sous les drapeaux.

Les candidats qui rempliront les conditions ci-dessus indiquées devront se faire inscrire, *le 15 mai au plus tard, à la préfecture du département où ils étudient.* Nulle inscription ne sera admise après cette époque, aucune liste supplémentaire ne devant être établie.

Les élèves du Collége royal militaire sont seuls dispensés de l'inscription : ils ne peuvent être examinés que dans le centre d'examen déterminé pour le département de la Sarthe.

Les pièces à produire pour l'inscription sont :

1° L'acte de naissance du candidat, revêtu des formalités prescrites par la loi ;

2° Une déclaration d'un docteur en médecine ou en chirurgie, attaché à un hospice civil ou à un hôpital militaire, dûment légalisée et constatant que le candidat a eu la petite vérole ou qu'il a été vacciné ou inoculé, et qu'il n'a ni maladie contagieuse ni infirmité ou difformité qui le rendrait impropre aux services publics;

3° Une déclaration écrite du lieu d'examen choisi par le candidat ou par sa famille, conformément aux dispositions ci-après énoncées.

Les candidats militaires doivent ajouter à ces pièces : 1° un certificat d'immatriculation, délivré par le conseil d'administration du corps et visé par le général commandant le département; 2° une déclaration du chef du corps, indiquant les dates, la durée et les motifs des divers congés ou permissions qu'ils auraient obtenus depuis leur immatriculation, ou constatant qu'il ne leur a été délivré aucun congé ni permission.

Ceux de ces candidats, âgés de plus de vingt ans, qui ont concouru sans succès ne peuvent être admis à se faire remplacer à leur corps que sur l'autorisation spéciale du Ministre de la guerre, et seulement après avoir accompli sous les drapeaux deux ans de service.

Les candidats non militaires ont la faculté de se faire examiner, soit dans l'arrondissement d'examen où le domicile de leur famille est établi, soit dans celui'où ils ont achevé leur instruction, pourvu qu'ils y aient étudié au moins une année : dans ce dernier cas, ils devront justifier, *lors de l'inscription*, qu'ils ont commencé à étudier, depuis l'ouverture de l'année scolaire au plus tard, dans le lieu où ils désirent être examinés.

Les candidats militaires subiront l'examen dans la ville affectée au département où ils se trouveront au moment du concours. Les lieutenants généraux devront leur délivrer, à cet effet, s'il y a lieu, des permissions dont la durée ne pourra excéder le temps nécessaire au voyage et à l'examen.

Dans chaque centre d'examen, la voie du sort détermine dans quel ordre doivent être examinés les candidats.

L'examen pour l'école polytechnique n'est valable, sous aucun prétexte, pour l'école de Saint-Cyr.

Les pièces fournies par les candidats qui ne seraient point admis à l'école polytechnique leur seront ultérieurement restituées par la préfecture où l'inscription aura été effectuée.

## PROGRAMME DES CONNAISSANCES EXIGÉES.

Les connaissances exigées pour l'admission à l'école polytechnique sont :

1° L'arithmétique complète, comprenant la théorie des proportions, des progressions, des logarithmes, et l'usage des tables; l'exposition du système métrique;

2° La géométrie élémentaire, comprenant les propriétés des triangles sphériques; la méthode des limites sera employée exclusivement dans les démonstrations relatives à la mesure du cercle et des corps ronds;

3° L'algèbre, comprenant la résolution des équations des deux premiers degrés, celle des équations indéterminées du premier degré; la théorie des exposants fractionnaires et des exponentielles; la démonstration de la formule du binôme de Newton, dans le cas seulement des exposants entiers et positifs; la composition générale des équations; la règle des signes de Descartes; la détermination des racines commensurables; celle des racines égales; la résolution des équations binômes et trinômes au moyen des lignes trigonométriques; la décomposition des fractions rationnelles en fractions simples; la résolution des équations numériques par approximation; l'élimination des inconnues entre deux équations d'un degré quelconque à deux inconnues, sans exposition d'aucun procédé pour débarrasser l'équation finale des solutions étrangères qu'elle peut renfermer;

4° La trigonométrie rectiligne et l'usage des tables de sinus; les trois principales formules de trigonométrie sphérique sans application des logarithmes ni résolution des triangles;

5° La statique, démontrée d'une manière synthétique; composition et décomposition des forces et des couples; réduction d'un système de force à un couple et à une force; équations d'équilibre d'un corps solide libre ou lié à un point ou à un axe fixe; centre des forces parallèles et coordonnées de ce centre; détermination du centre de gravité du triangle et de la pyramide; équilibre des machines simples, le levier, la poulie, le plan incliné, le coin, le treuil, la vis et les moufles ;

6° La géométrie analytique, comprenant la discussion complète des lignes représentées par les équations du premier et du second degré à deux inconnues, et les propriétés principales des sections coniques ; les équations de la ligne droite dans l'espace ; l'équation du plan, la solution des problèmes qui s'y rapportent, et la transformation des coordonnées ;

7° Les premiers éléments de géométrie descriptive, relatifs à la ligne droite et au plan.

Les candidats seront, en outre, soumis aux épreuves suivantes ;

Ils feront par écrit, une composition mathématique sur des sujets rentrant dans le programme qui vient d'être indiqué ;

Ils feront, aussi par écrit, une composition sur un sujet de physique compris dans le programme suivant :

Propriétés générales des corps, lois de la pesanteur déduites de l'expérience, premiers principes d'hydrostatique, loi de Mariotte, baromètre ; machine pneumatique ; poids et poids spécifiques ; instruments propres à les déterminer ; thermomètre ; exposition des lois de la chaleur rayonnante, de la chaleur spécifique ; tension de vapeur ; hygromètre à cheveu ; hygromètre à condensation ; attractions et répulsions électriques ; machine électrique ; condensateur, bouteille de Leyde, électrophore ; paratonnerre ; description de la pile voltaïque ; attractions et répulsions magnétiques ; déclinaison et inclinaison de l'aiguille aimantée ; production et propagation du son ; réflexion du son ; intervalles musicaux ; propagation de la lumière ; ombre et pénombre ; variation de l'intensité de la lumière en raison de la distance et de l'inclinaison des surfaces ; lois de la réflexion et de la réfraction simple ; miroirs et lentilles sphériques ; formules relatives à la détermination de leurs foyers ; dispersion de la lumière.

Il leur sera proposé un exemple de résolution de triangle rectiligne, pour constater qu'ils savent se servir des tables de logarithmes ; il sera fait usage, pour les calculs, des tables à sept décimales.

Ils traduiront, sous la surveillance d'un des examinateurs, un morceau d'un auteur latin de la force de ceux que l'on explique en rhétorique, et traiteront, par écrit, en français, un sujet de composition donné. Ils devront écrire d'une manière lisible et orthographier correctement. *Il sera tenu compte du diplôme de bachelier ès lettres dans le classement des candidats.*

Ils copieront une académie ombrée au crayon, d'après un modèle qui leur sera donné par l'examinateur ou par les commissaires délégués.

Ils remettront, au second examinateur, les épures de géométrie descriptive sur la ligne droite et le plan, ainsi que le lavis à l'encre de chine d'une surface cylindrique de douze centimètres de diamètre sur ving-cinq centimètres de hauteur, se détachant sur un fond à teinte plate. Tous ces dessins devront être revêtus de leur signature et du visa du professeur, avec la date de ce visa pour chaque épure.

*Les aspirants sont prévenus que toutes ces parties du programme sont également obligatoires, et qu'ils n'en doivent considérer aucune comme accessoire. Les candidats pourraient être exclus de la liste d'admission, s'ils n'avaient pas satisfait à l'examen sur les connaissances physiques, en littérature ou en dessin, bien qu'ils eussent, sur toutes les autres, plus que l'instruction demandée.*

*Les candidats ne sont examinés que sur les connaissances exigées par le programme; on leur recommande cependant l'étude de la chimie, ainsi que celle des langues allemande et anglaise, qui font partie de l'enseignement de l'école.*

## CONCESSION DES PLACES GRATUITES.

Les bourses et demi-bourses ne sont accordées qu'aux élèves placés dans les deux premiers tiers des listes générales d'admission à l'école ou de passage de la première à la deuxième année d'études.

Les bourses accordées aux élèves de première année leur seront retirées s'ils ne sont pas compris dans les deux premiers tiers de la liste de passage en seconde année.

Les candidats qui, dénués de fortune, prétendraient à une des places gratuites ou demi-gratuites disponibles, doivent le faire connaître par une demande adressée à celui des Ministres de l'intérieur, de la marine ou de la guerre, *dans les attributions duquel rentrent les services qui motivent la demande*. A cet effet, un état desdits services, émané du ministère auquel ils se rattachent, sera remis avec la demande au *préfet du département où résident les parents du candidat*. Cette demande devra, en outre, être appuyée d'un relevé du rôle des contributions et d'un certificat délivré par le maire du lieu du domicile de la famille, énonçant exactement les moyens d'existence, le nombre d'enfants et les autres charges des parents.

*Les demandes produites après le 15 mai ne seront point admises pour le concours aux places gratuites ou demi-gratuites.*

## CONDITIONS EXIGÉES POUR L'ENTRÉE A L'ÉCOLE.

Tout candidat nommé élève qui ne se sera pas présenté au commandant de l'école dans le délai fixé par sa lettre de nomination, sera considéré comme démissionnaire.

A leur arrivée à l'école, les élèves seront soumis à de nouvelles épreuves, pour constater qu'ils sont bien les auteurs des compositions littéraires, dessins, épures et lavis qu'ils ont présentés. En cas de fraude reconnue, l'élève qui l'aurait commise serait exclu.

Chaque élève est soumis à une visite des officiers de santé; puis, s'il y a lieu, à une contre-visite, qui ont pour objet de constater qu'il n'a aucun vice de conformation ni aucune infirmité qui le mettrait hors d'état d'être admis aux cours ou qui le rendrait impropre aux services publics.

Nul ne peut, d'ailleurs, être reçu à l'école s'il ne fournit immédiatement le trousseau et ne remet au commandant une promesse sous seing-privée, dans la forme indiquée par l'article 1326 du Code civil, par laquelle son père, sa mère ou son tuteur s'engagent à verser, dans la caisse du receveur central du trésor public, le montant, par trimestre et d'avance, de la pension si l'élève est pensionnaire, ou de la demi-pension s'il a obtenu une demi-bourse. Cette promesse, qui doit être légalisée par le maire ou le sous-préfet, sera faite par l'élève lui-même, s'il est majeur et s'il jouit de ses biens.

Il est donc essentiel que, dans la prévision de leur admission à l'école, les candidats se procurent à l'avance la pièce exigée ci-dessus, et se mettent en état de fournir le trousseau ou d'en payer la valeur dès qu'ils auront reçu leur lettre de nomination.

Les élèves dont les père, mère ou tuteur ne résident pas à proximité de Paris doivent, en outre, avoir un correspondant dûment accrédité auprès du général commandant l'école.

Paris, le 7 mars 1847.

# ÉCOLE MILITAIRE DE St-CYR.

L'école spéciale militaire, établie à Saint-Cyr, est destinée à former des officiers pour

    L'infanterie,
    La cavalerie,
    Le corps royal d'état-major,
    L'infanterie de marine.

La durée du cours d'instruction est de deux ans.

Les élèves qui ont satisfait aux examens de sortie ont le droit de choisir, suivant le rang de mérite qu'ils occupent sur la liste générale de classement dressé par le jury, et jusqu'à concurrence du nombre d'emplois disponibles dans l'infanterie de terre, la cavalerie et l'infanterie de marine, celle de ces armes dans laquelle ils désirent servir. ( Ordonnance du 22 décembre 1841. ) Toutefois, les élèves qui optent pour la cavalerie ne peuvent y être admis que s'ils sont reconnus aptes au service de cette arme. Les trente premiers concourent, avec trente sous-lieutenants de l'armée, pour l'admission à l'école d'application d'état-major.

L'école spéciale militaire est soumise au régime militaire.

Le prix de la pension est de 1,000 francs, et celui du trousseau de 500 à 600 francs.

Le bordereau et le tarif des objets du trousseau sont envoyés aux familles avec les lettres de nomination. Les articles qui concernent la lingerie peuvent être fournis en nature, ainsi que les livres.

Des bourses et demi-bourses sont instituées en faveur des élèves dont les parents sont hors d'état de payer la pension, et qui remplissent les conditions indiquées ci-après, au titre *concession des places gratuites*. Elles sont accordées de préférence aux orphelins.

Le nombre des bourses peut s'élever au dixième de l'effectif de l'école, et celui des demi-bourses au sixième.

## CONCOURS.

Nul n'est admis à l'école que par voie de concours.

Il y a deux degrés d'examen : le premier degré, pour constater l'instruction des candidats et pour désigner ceux qui sont admissibles; le deuxième degré, classer par ordre de mérite les candidats reconnus admissibles : il est délivré à ces derniers un certificat d'admissibilité.

Les épreuves consistent en compositions écrites et en examens oraux.

Les compositions se font le 20 juin *dans toutes les villes chefs-lieux de département*, et en outre dans les villes ou chefs-lieux d'arrondissement désignés ci-après :

| | |
|---|---|
| Alger. | La Flèche. |
| Bastia. | Lorient. |
| Béziers. | Reims. |
| Brest. | Rochefort. |
| Brives (Corrèze). | Saint-Omer. |
| Castres (Tarn). | Toulon. |
| Cherbourg. | Vendôme. |
| Douai. | |

Chaque candidat doit faire ses compositions dans la ville le plus à proximité du lieu où il étudie.

Les compositions sont l'un des éléments de l'examen du premier degré, qui se compose, en outre, de deux épreuves orales : l'une sur les mathématiques, l'autre sur l'histoire, la géographie et l'Allemand. Dans chacune de ces deux épreuves, le candidat est interrogé par un examinateur spécial Toutefois, il est dispensé de la partie de l'examen oral du premier degré relative à l'histoire et à la géographie, s'il présente le diplôme de bachelier ès-lettres; mais cette dispense ne peut s'étendre à l'examen oral du deuxième degré.

L'examen du deuxième degré, qui est fait par un jury, consiste en interrogations qui portent sur toutes les parties du programme des connaissances exigées.

A Paris, les examens du premier degré commencent le 15 juillet, et ceux du deuxième degré le 20 du même mois.

Les époques d'ouverture de ces examens dans les départements, soit pour le premier, soit pour le deuxième degré, seront ultérieurement fixées par le Ministre. L'ordre dans lequel ont eu lieu jusqu'ici les tournées d'examen ne peut être considéré comme invariable. Un avis inséré, en août, au *Moniteur universel*, et publié dans chaque préfecture, fera connaître les villes où auront lieu les examens du premier degré, et celles où seront fait les examens du deuxième degré; ceux-ci succéderont aux premiers, à quelques jours d'intervalle.

Nul ne peut être admis au concours s'il n'a préalablement justifié :

1° Qu'il est Français ou naturalisé;

2° Qu'il aura dix-sept ans au moins et vingt au plus au 20 juin de l'année courante, date d'ouverture des épreuves.

Néanmoins, les sous-officiers, les caporaux ou brigadiers, et les soldats des corps de l'armée qui ont fait une campagne ou sont au service depuis un an au moins, sont admis à concourir jusqu'à l'âge de vingt-cinq ans, pourvu qu'ils n'aient pas accompli cet âge au 20 juin. Mais ils ne peuvent obtenir de congé pour se livrer aux études préparatoires qu'après une année de présence effective sous les drapeaux. Il est bien entendu que la durée du service n'est point exigée du candidat militaire ayant moins de vingt ans.

Les candidats qui rempliront les conditions ci-dessus indiquées devront se faire inscrire, *avant le 1er mai, à la préfecture du département où ils étudient.* Nulle inscription ne sera admise après cette époque, *aucune liste supplémentaire ne devant être établie.*

Les élèves du collége royal militaire sont seuls dispensés de l'inscription : ils ne peuvent être examinés que dans le centre d'examen déterminé pour le département de la Sarthe.

Les pièces à produire pour l'inscription sont :

1° L'acte de naissance du candidat, revêtu des formalités prescrites par la loi ;

2° Une déclaration d'un docteur en médecine ou en chirurgie, attaché à un hospice civil ou à un hôpital militaire, dûment légalisée et constatant que le candidat a eu la petite vérole, ou qu'il a été vacciné ou inoculé, et qu'il n'a ni maladie contagieuse ni infirmité qui le rendrait impropre au service ;

3° Une déclaration écrite du lieu d'examen choisi par le candidat ou par sa famille, conformément aux dispositions ci-après énoncées.

Les candidats militaires doivent ajouter à ces pièces :

1° Un certificat d'immatriculation délivré par le conseil d'administration du corps et visé par le général commandant le département ;

2° *Un certificat délivré par le chef de corps, sous sa responsabilité, et constatant que le candidat est à l'école de bataillon ou d'escadron, ou qu'il est cannonier de première classe, s'il appartient à l'artillerie* ( ce certificat n'est pas, toutefois exigible pour le candidat militaire ayant moins de vingt ans );

3° Une déclaration du chef de corps indiquant les dates, la durée et les motifs des divers congés ou permissions que le candidat aurait obtenus depuis son immatriculation, ou constatant qu'il ne lui a été délivré aucun congé ni permission.

Les candidats non militaires ont la faculté de se faire examiner dans la ville d'examen assignée au département où le domicile de leur famille est établi, ou à celui où ils ont achevé leur instruction, pourvu qu'ils y aient étudié au moins une année. Dans ce dernier cas, ils devront justifier, *lors de l'inscription*, qu'ils ont commencé à étudier, depuis l'ouverture de l'année scolaire, au plus tard, dans le lieu où ils désirent être examinés.

Les candidats militaires subissent les épreuves dans la ville d'examen la plus voisine de celle où ils se trouvent. Les lieutenants généraux devront leur délivrer, à cet effet, s'il y a lieu, des permissions dont la durée ne pourra excéder le temps nécessaire au voyage et à l'examen.

La voie du sort détermine dans quel ordre les candidats subissent l'examen du premier degré. En conséquence, ils devront être rendus, la veille du jour fixé pour cet examen, dans la ville où ils auront droit de le subir. Les candidats admissibles subissent l'examen du deuxième degré dans l'ordre de la date et subsidiairement du numéro de leur certificat d'admissibilité. Quand ce numéro est le même, le sort décide du tour d'examen.

Les pièces fournies par les candidats qui ne seraient point admis à l'école, leur seront ultérieurement restituées par la préfecture où l'inscription aura été effectuée.

## PROGRAMME DES CONNAISSANCES EXIGÉES.

### 1° COMPOSITIONS ÉCRITES.

1° Épreuve pour le dessin. Les candidats exécuteront, d'après un modèle qui sera donné, l'esquisse d'une académie et en ombreront une partie : trois heures seront consacrées à ce dessin.

2° Un calcul numérique sur l'une quelconque des théories exigées par le programme. Les candidats feront usage, pour ce calcul, des tables de logarithmes à sept décimales. La durée de cette composition sera de deux heures et demie au plus.

3° Une version latine de la force de celles que l'on fait en troisième dans les colléges royaux, une narration française dont le sujet sera donné, et une dictée contenant les principales difficultés de la langue française. L'écriture devra être lisible et correcte. Le temps accordé pour ces deux compositions et la dictée n'excédera pas trois heures et demie.

4° Un thème allemand dont le texte sera en rapport avec les connaissances exigées des candidats dans cette langue, et pour lequel il sera accordé une heure et demie.

*Les candidats dont la composition ou la dictée prouveraient qu'ils ne possèdent pas l'instruction exigée ne seraient pas reçus à l'examen oral du premier degré. Les fautes graves d'orthographe ou de langue suffiraient pour motiver cette exclusion, applicable de droit à tout candidat qui n'aurait pas fait toutes les compositions et le dessin.*

### 2° EXAMENS ORAUX.

1° L'arithmétique, comprenant les quatre règles

fondamentales; le système complet des nouvelles mesures; les propriétés relatives aux puissances, aux diviseurs et aux multiples des nombres; la recherche du plus grand commun diviseur, les fractions ordinaires et décimales; l'extraction des racines carrées et cubiques des nombres; les proportions, progressions et logarithmes; la construction et l'usage des tables, ainsi que leurs principales applications : on insistera sur la pratique du calcul numérique.

2° L'algèbre, comprenant les quatre opérations fondamentales, la résolution et la discussion des équations du premier degré à une et plusieurs inconnues, la résolution et la discussion des équations du deuxième degré à une seule inconnue.

3° La géométrie élémentaire, comprenant: 1° les matières renfermées dans les six premiers livres de la géométrie de Legendre; 2° dans le 7e livre du même ouvrage; les définitions et les propositions I, II, III, VII et VIII, relatives à quelques propriétés de la sphère ; 3° les matières du 8e livre, relatives aux trois corps ronds.

Les candidats seront appelés à faire ressortir les lieux géométriques aussi souvent que les questions le comporteront.

4° La trigonométrie rectiligne, avec l'usage des tables trigonométriques.

5° Les préliminaires de la géométrie descriptive, comprenant la ligne droite et le plan. On insistera sur les rabattements.

Les candidats seront tenus de présenter et d'expliquer les épures suivantes : 1° le rabattement, sur l'un des plans de projection, d'une droite située dans un plan donné, ce plan étant perpendiculaire aux deux plans de projection, perpendiculaire à l'un d'eux, oblique à l'un et à l'autre ; 2° l'intersection de trois plans, en y joignant les différentes vérifications que comporte la solution; 3° la distance d'un point à une droite ; 4° l'angle de deux plans ; 5° par une droite tracée dans un plan, faire passer un plan qui fasse avec le premier angle donné; 6° par trois points donnés dans l'espace, faire passer une circonférence et déterminer la grandeur du rayon; 7° la plus courte distance de deux droites non situées dans le même plan ; 8° la réduction d'un angle à l'horizon.

Les candidats qui ne répondront pas sur leurs épures seront considérés comme ne les ayant pas faites.

6° L'histoire générale de le France, jusqu'au règne de Louis xiv exclusivement.

7° Des notions générales sur la géographie physique et politique du globe, comprenant l'histoire des principales découvertes; plus particulièrement la géographie de l'Europe, et, dans l'Europe, celle de la France. Des questions seront adressées sur les divers cercles de la sphère terrestre, ainsi que sur les définitions de la latitude et de la longitude.

8° La langue allemande. Les candidats devront savoir lire couramment l'allemand imprimé et écrit, et l'écrire facilement sous la dictée, connaître les règles principales de la grammaire, et répondre en allemand à quelques questions simples adressées aussi en allemand par l'examinateur.

*Les candidats sont prévenus que toutes les parties du programme étant également obligatoires, on n'en peut considérer aucune comme accessoire, et que les compensations ne sont pas admises.*

## CONCESSION DES PLACES GRATUITES.

Nul ne peut obtenir une place gratuite ou demi-gratuite s'il n'est fils de militaire ou militaire lui-même, comptant deux ans de service ou ayant fait une campagne, et s'il n'est compris dans les deux premiers tiers de la liste d'admission.

Les candidats militaires qui, dénués de fortune et remplissant une des conditions de service militaire ci-dessus indiquées, prétendraient à une des places gratuites ou demi-gratuites disponibles, doivent le faire connaître par une demande adressée au Ministre de la guerre, et qu'ils remettront au préfet avec leurs états de service délivrés par les conseils d'administration des corps auxquels ils appartiennent. Ils y joindront un relevé du rôle des contributions et un certificat délivré par le maire du lieu du domicile de leur famille, énonçant exactement les moyens d'existence, le nombre d'enfants et les autres charges des parents.

Les mêmes formalités seront remplies par les candidats fils de militaires, non militaires eux-mêmes, en faveur desquels l'admission gratuite ou demi-gra-

tuite serait également demandée pour cause de dé-
nûment de fortune. La demande sera alors appuyée
d'un état des services du père, délivrés par le conseil
d'administration du dernier corps dont il a fait partie
ou par le département de la guerre, et *sera remise au
préfet du département où résideront les parents du
candidat.*

Les demandes produites après le 1er mai ne seront
point admises pour le concours aux places gratuites ou
demi-gratuites.

## CONDITIONS EXIGÉES POUR L'ENTRÉE A L'ÉCOLE.

Tout candidat nommé élève qui ne sera pas présenté au commandant de l'école dans le délai fixé
par sa lettre de nomination, sera considéré comme
démissionnaire.

Nul ne peut être admis s'il se trouve dans un des
cas de réforme prévus par les ordonnances et règlements sur le recrutement de l'armée. En conséquence,
les élèves, à leur arrivée à l'école, sont soumis à une
contre-visite des officiers de santé.

L'engagement volontaire étant obligatoire pour tous
les élèves non militaires, lors de leur passage en première division (article 44 modifié de l'ordonnance),
ils devront être munis, à leur arrivée à l'école, du
consentement de leur père, mère ou tuteur, et d'un
certificat de bonne vie et mœurs délivrés par le maire
du lieu de leur dernière résidence. Ce certificat est
celui qui est exigé pour les engagements volontaires
par l'article 32 de la loi du 21 mars 1832 sur le recrutement.

Ces pièces, qui leur sont indispensables, aux termes de la loi, pour contracter leur engagement volontaire, devront être dûment légalisées et resteront
déposées dans les archives de l'école jusqu'au moment
où elles devront être produites à l'officier de l'état
civil qui dressera l'acte d'engagement.

Nul ne peut d'ailleurs être reçu à l'école s'il ne
fournit immédiatement le trousseau et ne remet au
commandant une promesse sous seing-privé, dans la
forme indiquée par l'article 1326 du Code civil, par
laquelle son père, sa mère, ou son tuteur s'engage à

verser dans la caisse du receveur général du département de Seine-et-Oise, par trimestre et d'avance, le montant de la pension si l'élève est pensionnaire, ou de la demi-pension s'il a obtenu une demi-place gratuite. Cette promesse, qui doit être également légalisée par le maire ou par le sous-préfet, sera faite par l'élève lui-même, s'il est majeur et s'il jouit de ses biens.

Il est donc essentiel que, dans la prévision de leur admission à l'école, les candidats se procurent à l'avance les trois pièces exigées ci-dessus, et se mettent en état de fournir le trousseau ou d'en payer la valeur dès qu'ils auront reçu leur lettre de nomination.

Les élèves, dont les père, mère ou tuteur ne résident pas à proximité de Saint-Cyr doivent, en outre, avoir un correspondant dûment accrédité auprès du général commandant l'école.

Paris, le 5 mars 1847.

---

# ECOLE NAVALE.

La loi du 20 avril 1832 a autorisé l'ouverture d'un concours public à l'effet d'admettre, en qualité d'élèves à l'école navale, les jeunes gens qui se destinent au corps des officiers de la marine. Cette école est organisée conformément aux dispositions des ordonnances des 1er novembre 1830, 24 avril 1832 et 4 mai 1833.

## PROGRAMME DE L'EXAMEN.

### 1re PARTIE. — *Examen oral.*

L'arithmétique, comprenant la numération et le calcul des nombres pour une base quelconque, l'exposition du nouveau système métrique, la théorie des proportions et des progressions, et celle des logarithmes déduite de celle des progressions;

La géométrie élémentaire complète;

La trigonométrie rectiligne;

L'algèbre élémentaire, comprenant la résolution des équations des deux premiers degrés;

Les éléments de la géométrie descriptive, comprenant la ligne droite et le plan.

*Quelques difficultés grammaticales seront proposées aux candidats, pour être par eux résolues au tableau.*

**II<sup>e</sup> PARTIE.** — *Compositions écrites, épreuves littéraires, dessin.*

Les candidats résoudront par écrit un triangle rectiligne.

Ils feront une version de la force des auteurs que l'on explique en quatrième.

Ils traiteront par écrit, en français, un sujet donné ; ils devront écrire lisiblement et avoir une orthographe correcte.

Ils feront un thème anglais et devront être à même d'échanger quelques phrases en cette langue.

Les candidats devront faire, en outre :

1° Le tracé graphique de la solution d'une question de géométrie descriptive ;

2° Le dessin d'une tête ou d'un paysage, d'après un modèle qui leur sera donné.

L'un des examinateurs surveillera les trois premières épreuves ; l'autre examinateur surveillera les trois dernières.

Les candidats seront rigoureusement interrogés sur toutes les matières indiquées ci-dessus ; elles sont *également obligatoires.* L'insuffisance d'un candidat dans l'une des épreuves écrites peut, aussi bien qu'un mauvais examen oral, motiver la non-admission de ce candidat.

### CONDITIONS DU CONCOURS.

L'ouverture du concours aura lieu à Paris le 5 juillet, et successivement dans les villes ci-après et aux époques fixées par un avis qui sera publié au *Moniteur* dans le courant dudit mois, savoir :

Tournée du Nord et de l'Ouest : Dunkerque, Cherbourg, Rennes, Brest, Lorient, Nantes.

Tournée du Sud et de l'Est : Rochefort, Angoulême, Toulouse, Montpellier, Toulon, Lyon, Besançon et Nancy.

Les candidats devront se faire inscrire, *du 1<sup>er</sup> au 15 avril* à la préfecture du département où est établi le domicile de leur famille. Ils seront examinés dans le chef-lieu d'examen le plus voisin de ce domicile ou du collége où ils auront achevé leur première éducation.

et l'intention en sera exprimée par eux au moment de leur inscription ; il ne pourra être rien changé à cet égard lorsque les villes d'examen auront été déterminées.

Nul ne pourra se présenter au concours, s'il n'a justifié, par la production de son acte de naissance, qu'il est né Français ; par un certificat de médecin, qu'il a été vacciné ou qu'il a eu la petite vérole, et enfin qu'il n'a aucune infirmité qui le rendrait impropre au service de la marine. Les cas de myopie, de presbytie et de surdité sont des causes absolues d'exclusion.

Le maximum de l'âge d'admission est fixé à seize ans, au 1er janvier de l'année du concours, de manière que nul candidat ne pourra être admis à l'examen s'il a dépassé ce maximum d'âge à cette époque. Cette condition est de rigueur, il ne sera accordé aucune dispense d'âge.

Le candidat devra produire à la préfecture de son département, outre les pièces ci-dessus, un acte sur papier timbré. par lequel ses parents s'engageront envers le trésor public à payer, par trimestre et d'avance, une pension annuelle de 700 francs. Un acte séparé portera engagement de fournir le trousseau, un étui complet de mathématiques et les livres nécessaires aux études, dont le détail sera fourni par l'administration de l'école navale aux parents ou à leurs correspondants. Le prix de ces objets est d'environ 600 fr.

## PLACES GRATUITES.

Les demandes de places gratuites instituées par l'ordonnance du 4 mai 1833, pour les fils des officiers des armées de terre et de mer, devront être faites au moment de l'inscription et être accompagnées des certificats des maires, visés par les préfets et sous-préfets, constatant le défaut de fortune des parents. Cette formalité est de rigueur ; toute demande qui ne sera pas appuyée de ces pièces sera écartée.

## NOMINATION ET MODE D'ÉTUDES.

Un jury réuni à Paris, présidé par un officier général de la marine, déterminera le rang des candidats admissibles. Sur le rapport de ce jury, le ministre de.

la marine nommera les élèves jusqu'à concurrence du nombre qu'il aura déterminé, et il fera expédier des lettres d'avis aux parents des candidats dont l'admission en qualité d'élève aura été ainsi prononcée.

La durée du cours complet d'instruction à l'école navale sera de deux ans ; l'année scolaire commence le 1er octobre. L'élève qui arrive après cette époque, sans justifier d'un motif valable, est soumis aux peines disciplinaires du bord : l'élève qui n'a pas rejoint dans le délai de quinze jours est considéré comme démissionnaire.

L'instruction donnée aux élèves embrassera les cours et exercices tels qu'ils sont détaillés aux programmes d'enseignement de l'école.

Chaque année, après la clôture des cours, tous les élèves subiront un examen public devant une commission dont l'examinateur des élèves de la marine royale fait partie, et qui est présidée par le préfet maritime de Brest.

Les examens de la seconde division serviront à former la liste des élèves qui pourront être admis à suivre les cours de la première.

Les examens de la première division régleront la nomination des élèves au grade d'élève de la marine de deuxième classe, conformément à l'article 5 de la loi du 20 avril 1832, sur l'avancement dans l'armée navale.

Les élèves qui n'auront pas été jugés susceptibles de passer de la deuxième division à la première, ou qui, après avoir suivi les cours de la première division, n'auront pas été reconnus aptes à passer au grade d'élèves de deuxième classe, seront licenciés.

Paris, le   février 1847.

Nota. Les lettres adressées par les familles à M. le Préfet maritime à Brest, ou au Commandant de l'École navale, devront être affranchies.

---

# ÉCOLES ROYALES D'ARTS ET MÉTIERS.

Les écoles royales d'arts et métiers sont destinées à former des contre-maîtres, des chef-d'ateliers et des ouvriers instruits et habiles.

La durée des études est de trois ans.

L'instruction est à la fois théorique et pratique.

L'instruction théorique comprend la grammaire française, l'écriture, le dessin des machines, l'arithmétique, la géométrie, la géométrie descriptive, la mécanique et les éléments de la chimie et de la physique.

L'instruction pratique est donnée dans quatre ateliers, et embrasse le travail de la forge, de la fonderie, de l'ajustage et des tours et modèles.

Il y a, dans chaque école, trois cents élèves boursiers ou pensionnaires, savoir :

A la charge de l'état : 75 élèves à bourse entière, 75 à trois-quarts de boure, et 75 à demi-bourse ;

A la charge des familles : 75 élèves payant pension entière.

Sur le nombre total des bourses, une bourse entière, deux trois-quarts de bourse et deux demi-bourses sont affectées à chaque département.

Les élèves boursiers et les élèves pensionnaires sont nommés par le ministre de l'agriculture et du commerce.

Le prix de la pension est de 500 francs par an, payables par trimestre et d'avance. Le prix du trousseau est fixé à 200 francs. Chaque élève est tenu, en outre, de verser, en entrant, à sa masse d'entretien, une somme de 50 francs, dont il lui est tenu compte particulièrement.

## CONDITIONS D'ADMISSIONS.

L'admission des élèves a lieu une fois par an, le 1er octobre.

Un jury d'examen, dont la composition est réglée par l'article 5 de l'ordonnance royale du 23 septembre 2832, prononce l'admissibilité et détermine l'ordre de mérite des candidats.

Aucun élève boursier ou pensionnaire ne peut être admis, s'il n'a été déclaré admissible par le jury.

Les conditions de l'admission sont les suivantes :

1° Etre âgé de 15 ans au moins et n'avoir pas 17 ans ;

2° Avoir été vacciné ou avoir eu la petite vérole ;

3° Etre d'une bonne constitution, et n'être atteint d'aucune infirmité ou affection permanente ;

4° Savoir lire et écrire couramment, et pratiquer

facilement les quatre premières règles de l'arithmétique et pouvoir en exposer la théorie ;

5° Avoir fait un an d'apprentissage dans un métier
analogue à l'un de ceux qui sont enseignés dans les
écoles. Cette condition n'est pas exigée des pensionnaires aux frais de leur famille.

Pour assurer l'exécution de ces diverses conditions,
le candidat doit produire :

1° Son acte de naissance ;

2° Un certificat de vaccine ;

3° Un certificat d'un médecin, constatant qu'il satisfait à la condition et qu'il n'est pas dans les cas d'exclusion prévus par le n° 3 qui précède ;

4° Un certificat d'apprentissage, délivré par le maître
chez lequel le candidat a travaillé ; ce certificat, indiquant le commencement et la fin de l'apprentissage,
et la nature du travail, doit être visé et certifié par le
maire de la commune où ledit apprentissage a eu lieu ;

5° Un engagement, sur papier timbré, des père,
mère ou tuteur, d'acquitter le prix de la pension ou
portion de pension de l'élève, et le montant du trousseau et de la subvention de 50 francs à verser à sa
masse d'entretien.

Indépendamment de l'examen subi devant le jury
départemental, les élèves *admis par le ministre* sont
soumis à un nouvel examen en arrivant à l'école, et
ceux qui sont reconnus incapables ou d'une constitution trop faible, ou qui sont atteints d'infirmités, maladies ou affections prévues ci-dessus, sont rendus à
leur famille. Cette circonstance mérite d'autant plus
l'attention des familles et des jurys, que les frais de
voyage restent nécessairement à la charge des élèves.

Enfin l'élève, à son entrée à l'école, doit justifier :

1° Qu'il a versé à la caisse du receveur général ou
particulier de son département la somme de 200 francs
pour la valeur du trousseau, et la portion du premier
trimestre de la pension à la charge de sa famille ;

2° Qu'il a versé entre les mains de l'agent comptable
de l'école la somme de 50 francs, destinée à sa masse
d'entretien.

## PROGRAMME

*De l'instruction donnée dans les écoles royales d'arts et métiers.*

L'ensemble de l'instruction se compose d'études théoriques et de travaux pratiques, et comporte trois années, ce qui donne lieu à trois divisions.

LES ÉTUDES THÉORIQUES sont établies ainsi qu'il suit dans chaque division :

3me *Division* (1re année) : Arithmétique, éléments d'algèbre, géométrie, dessin d'ornement, grammaire, écriture.

2me *Division* (2me année) : Géométrie, trigonométrie, géométrie descriptive, dessin au trait et au lavis; grammaire, géographie, écriture.

1re *Division* (3me année) : Géométrie descriptive, mécanique, physique, chimie, dessin et démonstration de machines; cours de langue française, d'histoire, de morale civile et d'économie industrielle.

Il est fait en outre, pendant les vacances, un cours de topographie et un cours de comptabilité aux élèves de la 2me division qui passent à la première.

Un cours d'instruction religieuse est fait une fois par semaine aux trois divisions réunies.

POUR LES TRAVAUX PRATIQUES : les élèves, selon la profession qu'ils ont embrassée, sont classés dans l'un des ateliers suivants, sans distinction de division, savoir :

*Ajustage*, *Forges*, *Fonderie*, *Tours et Modèles* et *Menuiserie*.

Les études théoriques ont lieu, après le lever des élèves, depuis 5 heures 3/4 jusqu'à 10 heures 1/2, en y comprenant 1/2 heure pour le déjeuner, et après le souper, depuis 7 heures 1/2 jusqu'à 8 heures 3,4, 1/4 d'heure avant le coucher.

Les travaux pratiques durent 7 heures, en deux séances, depuis 10 heures 1/2 du matin jusqu'au dîner 2 heures, et après la récréation, depuis 3 heures 1/2 jusqu'au souper à 7 heures.

# Circonscription des Ecoles Royales d'Arts et Métiers.

## ÉCOLE DE CHALONS.

Aisne.
Allier.
Ardennes.
Aube.
Côte-d'Or.
Doubs.
Eure.
Jura.
Marne.
Marne (Haute-)
Meurthe.
Meuse.
Moselle.
Nièvre.

Nord.
Oise.
Pas-de-Calais.
Rhin ( Bas-)
Rhin (Haut-).
Saône (Haute-).
Seine.
Seine-et-Marne.
Seine-et-Oise.
Seine-Inférieure.
Somme.
Vosges.
Yonne.

## ÉCOLE D'ANGERS.

Calvados.
Charente.
Charente-Inférieure.
Cher.
Côtes-du-Nord.
Creuse.
Dordogne.
Eure-et-Loire.
Finistère.
Gers.
Gironde.
Ille-et-Vilaine.
Indre.
Indre-et-Loire.
Landes.
Loir-et-Cher.

Loire-Inférieure.
Loiret.
Lot-et-Garonne.
Maine-et-Loire.
Manche.
Mayenne.
Morbihan.
Orne.
Pyrénées ( Hautes-).
Pyrénées ( Basses-).
Sarthe.
Sèvres ( Deux-).
Vendée.
Vienne.
Vienne (Haute-).

## ÉCOLE D'AIX.

Ain.
Alpes (Basses-).
Alpes (Hautes-).
Ardèche.

Hérault.
Isère.
Loire.
Loire (Haute-),

| | |
|---|---|
| Ariège. | Lot. |
| Aude. | Lozère. |
| Aveyron. | Puy-de-Dôme. |
| Bouches-du-Rhône. | Pyrénées-Orientales. |
| Cantal. | Rhône. |
| Corrèze. | Saône-et-Loire. |
| Corse. | Tarn. |
| Drôme. | Tarn-et-Garonne. |
| Gard. | Var. |
| Garonne (Haute-). | Vaucluse. |

## COLLÉGE ROYAL DE LA FLÈCHE.

Le collége royal militaire établi à la Flèche, et spécialement institué pour l'éducation des fils d'officiers, peut aussi recevoir d'autres enfants.

L'instruction donnée au collége comprend un cours d'humanités, des cours de mathématiques, de physique, de chimie, d'histoire, de géographie, de langue allemande et de dessin.

Les élèves y pratiquent également les exercices militaires et la gymnastique, y compris la natation; ils y complètent, en outre, leur instruction religieuse, et sont mis à même de concourir ultérieurement, suivant leur âge et leur aptitude, pour l'admission à l'école spéciale militaire et à l'école royale polytechnique.

Les élèves ne peuvent rester au collége que jusqu'à la fin de l'année scolaire dans le courant de laquelle ils ont complété leur dix-huitième année.

Ceux qui sont admis à l'école spéciale militaire y conservent la place gratuite ou la demi-place dont ils jouissaient au collége, au moment du concours.

Ils sont, d'ailleurs, dispensés de fournir un nouveau trousseau.

Le collége est soumis au régime militaire.

Le prix de la pension est de 850 francs, et celui du trousseau d'environ 500 francs.

Le devis des objets de trousseau est envoyé aux familles avec les lettres de nomination. Les articles qui concernent la lingerie peuvent être fournis en nature.

Trois cents places gratuites et cent demi-places sont

instituées en faveur des *fils d'officiers* dont les parents sont hors d'état de payer la pension, et qui remplissent les conditions indiquées ci-après, au titre *Concession des places gratuites.*

Toutefois, une partie de ces places peut être accordée, à titre de récompense, à des fils de sous-officiers, caporaux ou brigadiers et soldats, dans les positions suivantes :

Morts au champ d'honneur;

Amputés pour blessures reçues sous les drapeaux ;

Retraités ;

Libérés après vingt ans au moins de services.

*(Décision royale du 16 mars 1841).*

## CONCOURS.

Nul enfant ne peut être présenté comme candidat pour une place d'élève au collége militaire, si la famille n'a justifié :

1° Qu'il est né Français ;

2° Qu'il aura plus de dix ans et en comptera moins de douze à l'époque unique des admissions, fixée invariablement au 1er octobre de chaque année.

Les demandes d'admission au collége royal militaire doivent parvenir au ministre de la guerre, avant le 1er août de chaque année, par l'intermédiaire des lieutenant généraux commandant les divisions militaires, en suivant la voie hiérarchique, s'il s'agit de fils de militaires en activité de service, en disponibilité ou en non-activité; et par l'intermédiaire des préfets, si elles sont formées par des personnes étrangères à l'armée ou qui ont cessé de lui appartenir.

Ces demandes doivent être appuyées des pièces indiquées ci-après :

1° L'acte de naissance de l'enfant, revêtu des formalités prescrites par la loi;

2° Une déclaration d'un docteur en médecine ou en chirurgie, attaché à un hospice civil ou à un hôpital militaire, dûment légalisée, et constatant que l'enfant a eu la petite vérole, ou qu'il a été vacciné ou inoculé, et qu'il n'a ni maladie contagieuse ni infirmité.

Chaque famille devra, en outre, faire établir, *mais dans le courant de juillet seulement,* et adresser *directement* au ministre de la guerre, avant la fin du même mois, un certificat indiquant le degré d'instruction de l'enfant, la classe dont il suit le cours et celle où il sera capable d'entrer au renouvellement de l'année scolaire. Ce certificat sera délivré par le chef de l'établissement où l'enfant étudie, et devra être légalisé par le maire.

## PROGRAMME DES CONNAISSANCES EXIGÉES.

*Connaissances exigées des élèves ayant moins de onze ans au 1er octobre de l'année de leur nomination, pour l'admission dans la classe de* SEPTIÈME.

1° Lecture courante et qui servira de texte pour l'analyse française;

2° Écriture lisible;

3° Éléments de la grammaire française, jusques et y compris les verbes réguliers;

4° Notions élémentaires d'orthographe;

5° Éléments de la grammaire latine, jusqu'à la syntaxe exclusivement, d'après l'ouvrage de M. J.-L. Burnouf, intitulé : *Premiers principes de la grammaire latine*, ou bien d'après Lhomond (1);

6° Explication des soixante premiers chapitres de l'*Epitome historiæ sacræ*, avec l'analyse grammaticale des mots.

*Connaissances exigées des élèves ayant onze ans révolus au 1er octobre de l'annnée de leur nomination, pour l'admission dans la classe de* SIXIÈME.

1° Lecture courante d'un texte français, qui servira d'exercice pour une analyse grammaticale;

2° Connaissance des règles de la grammaire française de Lhomond;

3° Notions de l'histoire sainte;

4° Connaissance des premiers principes de la grammaire latine de Burnouf, moins les articles 146 à 158 inclusivement, et 167 à 196 inclusivement, ou bien des deux premières parties de la grammaire de Lhomond;

5° Explication mot à mot, ou version écrite, d'un passage pris dans un auteur de la force de la classe de septième, comme l'*Appendix*, l'*Epitome historiæ*

_____

(1) La grammaire latine suivie au collége est celle de M. J.-L. Burnouf.

*grœcœ* ou le *De viris*, et analyse grammaticale de cette explication ;

6° Le candidat, abandonné à ses propres forces, donnera, par écrit, la traduction française du morceau expliqué, ce qui servira d'exercice pour l'orthographe et pour l'écriture ;

7° Pour dernière épreuve et pour achever d'éclairer le jury sur l'intelligence du candidat, celui-ci fera l'analyse grammaticale d'une phrase prise au hasard dans l'un des auteurs de sixième vus au collége royal militaire.

*Ces connaissances sont toutes rigoureusement exigées.*

## CONCESSION DES PLACES GRATUITES.

Les places gratuites et demi-gratuites, réservées exclusivement aux enfants dont les pères ont servi ou servent encore dans les armées françaises, sont accordées de préférence aux orphelins de père et de mère, et subsidiairement aux enfants à la charge de leur mère, dans l'ordre ci-après :

1° Aux orphelins dont les pères ont été tués au service ou sont morts de blessures reçues à la guerre ;

2° Aux orphelins dont les pères sont morts au service ou après l'avoir quitté avec une pension de retraite ;

3° Aux enfants dont les pères ont été amputés ou sont restés estropiés ou infirmes par suite des blessures reçues à la guerre.

Les familles qui voudraient faire concourir leurs enfants pour une des places gratuites ou demi-gratuites disponibles devront joindre, aux pièces exigées pour les demandes d'admission, un état des services du père du candidat, délivré par le conseil d'administration du dernier corps dont il fait ou faisait partie, ou par le département de la guerre ; un relevé du rôle des contributions et un certificat délivré par le maire du lieu du domicile de la famille, énonçant exactement les moyens d'existence, le nombre d'enfants et les autres charges des parents.

Les demandes qui parviendront au Ministre après le 1er août ne seront point admises pour le concours aux places gratuites ou demi-gratuites. *Cette exclusion s'étendra aux demandes à l'appui desquelles les familles auraient négligé de produire en juillet le certificat d'aptitude exigé à l'article concernant le concours.*

## CONDITIONS EXIGÉES POUR L'ENTRÉE AU COLLÉGE.

Les enfants nommés élèves sont présentés au commandant du collége dans le délai déterminé par la lettre que le Ministre de la guerre adresse aux familles pour leur donner avis des nominations.

A leur arrivée, les élèves sont soumis à une visite des officiers de santé de cet établissement, et, si rien ne s'oppose, sous ce rapport, à leur admission, ils sont immédiatement interrogés par le jury chargé d'examiner s'ils ont le degré d'instruction voulu. Lorsque le résultat de cette épreuve ne leur est pas favorable, ils doivent, après un délai de huit jours, se présenter à un nouvel et dernier examen. Aucun autre délai ne peut être accordé, et l'enfant qui n'a pu satisfaire à ce dernier examen n'est point admis au collége.

Lorsque le jury d'examen propose d'ajourner l'admission ou de révoquer la nomination, il en est référé au Ministre.

Nul élève ne peut, d'ailleurs, être reçu au collége si sa famille ne fournit immédiatement le trousseau, et ne remet au commandant une promesse sous seing-privé, dans la forme indiquée par l'article 1326 du Code civil, par laquelle son père, sa mère ou son tuteur s'engagent à verser dans la caisse du receveur général du département de la Sarthe, par trimestre et d'avance, le montant de la pension si l'élève est pensionnaire, ou de la demi-pension s'il a obtenu une demi-place gratuite.

Il est donc essentiel que, dans la prévision de l'admission de leurs fils au collége, les familles se procurent à l'avance les deux pièces exigées ci-dessus, et se mettent en état de fournir le trousseau ou d'en payer la valeur dès qu'elles auront reçu la lettre de nomination.

Paris, le 17 mars 1847.

DÉPARTEMENT
d

ARRONDISSEMENT
d

ᵉ Trimestre 18

**État** *nominatif des déserteurs des corps français pendant le  ᵉ **Trimestre** de 18    , dont l'arrestation donne droit à la gratification de 25 fr., accordée par le décret du 12 janvier 1811.*

| N° d'ordre. | NOMS ET PRÉNOMS des capteurs. | leur qualités. | leur résiden. | DATE DE l'arrestation pour laquel-le les 25 fr. sont dûs. | NOMS ET PRÉNOMS des déserteurs arrêtés. | Lieux de naissance | Département. | DÉSIGNATION de leur état militaire. | DESTINATION qui leur a été donnée par *le commandant de gendarmerie.* | obseavations |
|---|---|---|---|---|---|---|---|---|---|---|
| | | | | | | | | | | |

NOTA. Le procès-verbal de capture doit être dressé par le maire, adjoint ou commissaire de police. Le tableau est pro-duit à double copie et est annexé à cet acte. Le dossier est transmis ensuite au préfet où sous-préfet.

*Fait*        *à*        *le*        18

Le Maire ou le Commissaire de Police d

DÉPARTEMENT
d

ARRONDISSEMENT
d

# REGISTRE

*Des Visas de Passe-ports.*

| NUMÉROS. | | DATES | | Autorités qui ont délivré le passe-port | NOMS et PRÈNOMS des porteurs. | Profession ou fonctions. | Demeure actuelle. | INDICATIONS PORTÉES | | | Observations. |
|---|---|---|---|---|---|---|---|---|---|---|---|
| d'ordre. | des passe-port | des passe-port | des visas. | | | | | sur le passe-port | sur le dernier visa. | sur le visa obtenu à la mairie | |
| | | | | | | | | | | | |

DÉPARTEMENT
d
ARRONDISSEMENT
d
° Trimestre 18

**ETAT** Nominatif (1) *des avances faites aux voyageurs indigents (ou forçats libérés) par la commune d* pendant le ° *Trimestre 18*

| N°ˢ d'ordre. | NOMS et PRÉNOMS. | DATE du passe-port. avec indemnité. | LIEU de la délivrance. | DESTINATION | Observations. |
|---|---|---|---|---|---|
| | | | | | |

*Fait à* le 18

Le Maire d

(1) L'état des forcats libérés doit être dressé à part et à double expédition comme celui-ci; ils doivent être accompagnés l'un et l'autre des pièces justificatives des avances, c'est-à-dire, des mandats acquittés par le receveur municipal.

DÉPARTEMENT
d
ARRONDISSEMENT
d
° Trimestre 18

**ÉTAT** *des assujettis à la surveillance de la police, dans la commune*
d          *pendant le      ° Trimestre 18*

| N° d'ordre. | NOM de la commune. | NOMS et PRÉNOMS des assujettis. | Profession. | Age. | NATURE DE LA condamnation (1). | s'ils sont mariés ou célibataires. | s'ils exercent une profession à résidence fixe. | prévenus pendant le ° trimestre | | | condamné pendant le ° trimestre | | | observations |
|---|---|---|---|---|---|---|---|---|---|---|---|---|---|---|
| | | | | | | | | de crimes. | de délits. | de rupture de ban. | pour crimes. | pour délits. | p. rupture de ban. | |

(1) Forçats réclusionnaires ou condamnés correctionnels.

*Fait à          le          18*

Le Maire ou le Commissaire de Police,

DÉPARTEMENT
d
ARRONDISSEMENT
d
MAIRIE    d
d    d

**ETAT** *des mutations survenues pendant la*    ° *quinzaine du mois parmi les réfugiés espagnols en résidence dans la commune département d*

| N°s d'ordre. | NOMS ET PRÉNOMS. | QUALITÉS GRADES ou professions. | femmes. | ENFANTS MINEURS (1). | | DÉPARTEMENTS. | | observations |
|---|---|---|---|---|---|---|---|---|
| | | | | garçons. | filles. | où se rendent ceux qui partent. | d'où viennent ceux qui arrivent | |
| | Nota. Indiquer exactement les noms suivant l'ordre alphabétique, ne pas omettre les prénoms. | | | (1) Les mineurs seront individuellement inscrits sur l'état. | | | | |

Fait à     le     18
*Le Maire ou Commissaire de Police,*

**CONTROLE NOMINATIF** de

de l'article 26 de l'instruction du 2? réfugiés subventionnés au 18 , en exécution

juillet 1843.

( Modèle n° 6. )

| N° d'ordre. | NOMS et PRÉNOMS. | AGE. | POSITION civile ou militaire avant l'émigration. | GENRE d'occupation actuelle ou cause d'innocupation. | PRODUIT mensuel du travail | SUBSIDES MENSUELS | | ALLOCATIONS fixée à divers titres en dehors du tarif. | NOTES sur la conduite habituelle. | OBSERVATIONS. Si le réfugié est marié depuis l'émigration. Indiquer dans cette colonne s'il a épousé une française ou une étrangère, non réfugiée. |
|---|---|---|---|---|---|---|---|---|---|---|
| | | | | | | tarif n° 4. | tarif n° 2. | | | |

Fait à le 18

Le Maire d

DÉPARTEMENT
d
ARRONDISSEMENT
d
MAIRIE
d

**Etat nominatif** *des individus qui demandent le passage gratuit pour l'Algérie,
conformément à la circulaire de M. le Ministre de l'intérieur, du 30 août 1838, et
à celle de M. le Ministre de la guerre, du 29 octobre suivant.*

NOTA. Le Ministre de la guerre n'accorde que le passage gratuit de Toulon en Algérie. Les secours ordinaires de route demandés par les indigents ne peuvent leur être alloués que par MM. les Préfets.

| NOMS et PRÉNOMS. | AGE. | PROFESSION. | NOMS ET PRÉNOMS des femmes, enfants et autres individus accompagnant chaque chef de famille. | AGE. | NOMBRE DE PERSONNES composant chaque famille. | Observations. |
|---|---|---|---|---|---|---|
| | | | | | | Indiquer dans cette colonne quels sont les femmes, enfants et autres individus accompagnant le chef de la famille qui sont en état de travailler. |

Fait à　　　　　le　　　　　18

*Le Maire d*

( Modèle n° 8. )

Nous Maire d                                    , certifions que le
sieur ( *indiquer les noms et prénoms* ) , âgé de                ans demeurant
à                                    exerce réellement la profession
d                        qu'il est valide, qu'il jouit d'une bonne réputation,
et que sa conduite est exempte de tout reproche.

En foi de quoi nous lui avons délivré le présent certificat.

A                    le                    18

*Le Maire d*

Vu pour légalisation de la signature de M. le Maire d

**MAIRIE d**
Gratification pour
délit de chasse.
Année 48

**Mémoire** des gratifications dues en vertu de l'ordonnance royale du 5 mai 1844, au garde-champêtre de la commune d     pour avoir constaté des délits de chasse qui ont donné lieu aux jugements dont les extraits sont ci-joints.

| N° d'ordre. | DATE du procès-verbal. | NOMS des gardes-champêtres | NOMS des délinquants. | DATES des jugements et articles de lois. | COMMUNE où le délit a été commis | MONTANT de la gratification | observations |
|---|---|---|---|---|---|---|---|
|  |  |  |  |  |  |  |  |

Je soussigné, ( nom et prénoms ) garde-champêtre ( communal ou particulier ) , certifie le présent Mémoire sincère et véritable, pour la somme de

NOTA. Il doit être joint au présent mémoire; l'extrait sur papier libre du procès-verbal où des procès-verbaux qui ont donné lieu à la gratification accordée par la loi; ces extraits sont délivrés par le greffier du tribunal civil.

A     le     18
( Ici la signature. )
Vu par nous Maire d
A     le     18
( Ici la signature. )

( Modèle n° 10. )

**TABLEAU** *des vaccinations pratiquées dans la commune d*
*pendant l'année 18*

| COMMUNE. | NOMBRE DE | | | | | Observations. |
|---|---|---|---|---|---|---|
| | Naissances. | Vaccinations. | Sujets atteints de la petite vérole. | Sujets défigurés ou infirmes par suite de cette maladie | Morts de la petite vérole. | |
| | | | | | | |

*Fait à*                              *le*                              18

Le Maire ,

département
d
arrondissm<sup>t</sup>.
d

(Modèle n° 11.)

**Liste** *des Docteurs en médecine et en chirurgie, Chirurgiens, Officiers de santé, Sages-femmes, Pharmaciens et Herboristes établis dans la commune d*

| NOMS et PRÉNOMS. | DOMICILE. | arrondissement. | LIEUX et dates des RÉCEPTIONS. |
|---|---|---|---|
|  |  |  |  |

A                              le                              18

**Le Maire d**

DÉPARTEMENT
d

ARRONDISSEMENT
d

MAIRIE
d

d

**RELEVÉ** des incendies survenus pendant le   e **Trimestre** dans la commune d

| DATE DES INCENDIES. | CAUSES connues ou présumées. | MONTANT DES PERTES PAR | | Observations. |
|---|---|---|---|---|
| | | approximation. | assurances. | |
| | | | | |

Fait à          le          18

*Le Maire d*

DÉPARTEMENT

ARRONDISSEMENT

° Trimestre 18

**TABLEAU** *des décès extraordinaires survenus dans la commune*
d *pendant le courant du* ° *Trimestre 18*

| NOMS des COMMUNES. | DÉCÈS SELON LEURS NATURES. | | | | | | | | | | | | | | Observations. |
|---|---|---|---|---|---|---|---|---|---|---|---|---|---|---|---|
| | MORTS de la variole. | | SUICIDES. | | MEURTRES. | | EXÉCUTIONS. | | MORTS accidentelles. | | ÉPIDÉMIES. | | | | |
| | Hommes. | Femmes. | Hommes. | Femmes. | Hommes. | Femmes. | Hommes. | Femmes. | Hommes. | Femmes. | Hommes. | Femmes. | | | |

A le 18

Le Maire d

DÉPARTEMENT
d

ARRONDISSEMENT
d

• Trimestre 18

( Modèle n° 14. )

**LISTE** *des détenus des prisons, proposés pour des grâces, ou des commutations de peines.*

| N° d'ordre. | NOMS PRÉNOMS, profession et domicile. | âge lors du jugement. | NATURE du crime ou du délit qui a motivé la condamnation. | COURS OU TRIBUNAUX qui ont prononcé. | PEINES prononcées. | DATES | | | COMBIEN de temps doit encore durer la détention. | Observations. |
|---|---|---|---|---|---|---|---|---|---|---|
| | | | | | | de la condamnation. | du commencement de la peine. | de l'entrée dans les prisons. | | |

Fait à      le      18

*Les Membres de la Commission de Surveillance ,*

DÉPARTEMENT
d
ARRONDISSEMENT
d
MAIRIE
d

**Tableau** *des officiers, sous-officiers, caporaux et gardes nationaux qui sont appelés à former, dans la commune d*　　　　*, le conseil de discipline de*

(Indiquer ici si le conseil de discipline est de compagnie, de bataillon ou de légion.)

| CHEFS de LÉGION. | CHEFS de BATAILLON. | capitaines. | lieutenants. | sous-lieutenants. | sergents. | caporaux. | GARDES nationaux. | OBSERVATIONS. |
|---|---|---|---|---|---|---|---|---|
|  |  |  |  |  |  |  |  | Nota —La dernière colonne. celle des gardes nationaux, doit contenir deux fois autant de noms que toutes les autres ensemble. Les officiers, sous-officiers, caporaux et gardes-nationaux, doivent être classés par rang d'âge, dans chacune des colonnes où ils sont appelés à figurer. ( Art. 105 de la loi ). On supprimera les deux premières colonnes dans les communes où il n'y a point de bataillon et la première seulement dans celles où il n'y a point de légion. |

**MAIRIE d**
DÉPARTEMENT d
arrondissement d

**État** *des frais faits par N....., gendarme , à          pour avoir conduit N....*
*en poste, depuis N..... jusqu'à N....., chef-lieu de la cour d'assises du départemen*
*de          par ordre de*

| Nos. d'ordre. | Époque à laquelle les frais ont eu lieu. | NATURE DES FRAIS. | Nombre de postes. | Prix par poste y compris la voiture fournie par la moitié de poste. | MONTANT. |
|---|---|---|---|---|---|
| | | Payé au maître de poste de          suivant quittance ci-jointe. Nourriture par jour , tant pour le prisonnier que pour le gendarme.<br><br>TOTAL· . . .<br><br>Sur cette somme, le soussigné a reçu une avance de          du receveur de l'enregistrement de          , ainsi qu'il est constaté au pied de la réquisition ci-jointe.<br><br>RESTE A PAYER. . . . | | | |

Fait à          le          184

( Ici la signature.)

(1) Pour l'ordre de la comptabilité, il est nécessaire que le mandat d'à-compte soit adressé par l'adminis
tration de l'enregistrement ou le préposé de cette administration qui doit acquitter le reste du mémoire, afi
que ce mandat soit joint à l'exécutoire qui devra être décerné pour le montant total de l'état. Ce mandat
sera encore nécessaire pour s'assurer du montant de l'avance faite au gendarme, dans le cas où le réquisitoire
n'en ferait pas mention, ou en cas de perte de ce réquisitoire.

Si l'avance est plus forte que le montant de l'état, le gendarme est tenu de faire ce versement de l'excédant dans la caisse du préposé de l'enregistrement du lieu du prisonnier, et le préposé doit certifier au bas
de l'exécutoire qu'il a reçu cet excédant.

**MAIRIE** d
DÉPARTEMENT d
arrondissement d

**Mémoire** *des sommes dues à N....., messager de la voiture publique de N.....*
*à N..., pour transport d'objets pouvant servir à conviction pendant le mois de*

| Numéros d'ordre. | DATE du transport. | AUTORITÉS qui ont requis le transport. | DÉSIGNATION DES OBJETS pouvant servir à conviction. | PRIX du transport. |
|---|---|---|---|---|
| | | | Objet saisis dans l'affaire de N..., prévenu de vol avec effraction, marqué W, avec malle n. 1, pesant    kilog.<br>Idem une idem n. 2.<br>Idem une cassette n. 3.<br>                                        TOTAL. . . .<br>Les 160 kilog., à raison de    le kilog. produisent (1)<br>Un petit paquet de toile, marqué W, saisi dans l'affaire de N....., prévenu de vol, pesant    kilog. à raison de       pour les objets dont le poids est au-dessous de    kilog.<br>                                        TOTAL. . . . | |

Fait à                    le                    184

( Ici la signature. )

(1) Joindre les réquisitions à l'appui de chaque article, sous peine du rejet du mémoire.

DÉPARTEMENT
d

ARRONDISSEMENT
d

• Trimestre 18
N°

**TABLEAU** *des décès des assujettis à la surveillance de la police pendant le* ° *Trimestre 18* .

21.

| NOMS ET PRÉNOMS. | NATURE de la condamnation Forçat réclusionnaire ou condamné correctionnel. | DURÉE de la SURVEILLANCE. | PROFESSION | AGE | LIEU DU DÉCÈS. | DATE DU DÉCÈS. |
|---|---|---|---|---|---|---|
| | | | | | | |

( Modèle n° 20. )

**TABLEAU** *des individus de retour de l'Algérie, pendant le courant du     ᵉ Trimestre 18         *.*

| NOMS et PRÉNOMS. | PROFESSION. | AGE. | NOMBRE D'ENFANTS. | DESTINATIONS. | MOTIFS du retour s'il est connu. |
|---|---|---|---|---|---|
|  |  |  |  |  |  |

A                               le                          18

Le Maire d

* Cet État doit être produit tous les trimestres.

DÉPARTEMENT
d
ARRONDISSEMENT
d
° Trimestre 18

**TABLEAU** *des individus partis pour l'Algérie pendant le courant du* ° *Trimestre 18* *, soit comme ouvriers, soit en qualité de colons con-cessionnaires* *.

| COMMUNE | NOMS et PRÉNOMS. | PROFESSION. | AGE. | NOMBRE D'ENFANTS. | DESTINATION | CHIFFRE approximatif de la somme qu'ils ont pu emporter. | MOTIFS de l'émigration. |
|---|---|---|---|---|---|---|---|
|  |  |  |  |  |  |  |  |

Fait à            le            18

Ln Maire d

* Cet État doit être produit tous les trimestres, au commencement du mois qui suit son expiration.

# TABLE DES MATIÈRES.

## CHAPITRE Iᵉʳ.

### Arrestation.



## CHAPITRE II.

### Passe-ports.

# CHAPITRE III.

## Condamnés libérés.

## CHAPITRE III. (*bis.**)

### Réfugiés politiques.



---

(*) C'est par suite d'une erreur typographique que
le chiffre de ce Chapitre a été porté à III, étant le
quatrième du livre.

# CHAPITRE IV.

## Commissaires de Police.

# CHAPITRE V.

## Algérie.

# CHAPITRE VI.

## Louveterie.

# CHAPITRE VII.

## Chasse.

## CHAPITRE VIII.

### Gardes-Champêtres.



## CHAPITRE IX.

### Salubrité Publique.

# CHAPITRE X.

## Police Locale.



# CHAPITRE XI.

## Police Médicale.

# CHAPITRE XII.

## Épizooties.

# CHAPITRE XIII.

## Evénements divers.



# CHAPITRE XIV.

## Mendicité.

# CHAPITRE XV.

## Poids et mesures.



# CHAPITRE XVI.

## Gendarmerie.

# CHAPITRE XVII.

## Prisons.

# CHAPITRE XVIII.

## Garde nationale.



# CHAPITRE XIX.

## Police judiciaire.

# CHAPITRE XX.

## Correspondance.



## Ecoles Royales.

---

## ERRATA.

Page 8, ligne 14; au lieu de : *Juges de paix et leurs substituts*, lisez : *Juges de paix et leurs suppléants.*

Page 215, ligne 38, au lieu de : *La vente de la localité*, lisez : *Le vent de la localité.*

Page 273, ligne 1<sup>re</sup> de la note; supprimez *de là.*

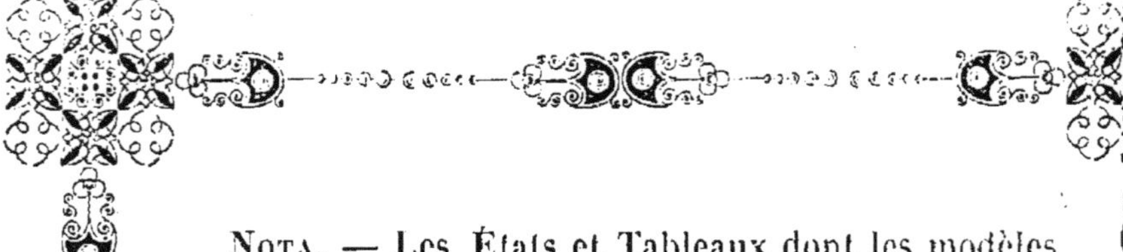

www.ingramcontent.com/pod-product-compliance
Ingram Content Group UK Ltd.
Pitfield, Milton Keynes, MK11 3LW, UK
UKHW020121130726
13696UKWH00001B/139